全国高等院校规划教材·连锁经营系列

连锁经营管理与实务

主　编　陈葆华
副主编　任广新

北京大学出版社
PEKING UNIVERSITY PRESS

内容简介

本书对连锁经营企业的运作进行了全面、系统的分析，具体内容包括：连锁经营基本类型识别、连锁经营企业战略规划、连锁经营组织结构设计、连锁经营企业店址选择，连锁经营企业商品经营策略、连锁经营企业商品采购管理、连锁经营企业物流与配送管理、连锁经营企业人力资源管理、连锁经营企业信息化管理等。

本书适合作为高等院校应用型本科连锁经营管理专业的教材，还可供高等职业院校、成人高校及其他相关专业的教学使用，并可作为社会从业人员的参考读物。

图书在版编目(CIP)数据

连锁经营管理与实务/陈葆华主编. —北京：北京大学出版社，2014.3
(全国高等院校规划教材·连锁经营系列)
ISBN 978-7-301-23806-6

Ⅰ.①连… Ⅱ.①陈… Ⅲ.①连锁经营—经营管理—高等职业教育—教材 Ⅳ.①F717.6

中国版本图书馆 CIP 数据核字(2014)第 020880 号

书　　名：连锁经营管理与实务
著作责任者：陈葆华　主编
策 划 编 辑：温丹丹
责 任 编 辑：温丹丹
标 准 书 号：ISBN 978-7-301-23806-6/F·3851
出 版 发 行：北京大学出版社
地　　址：北京市海淀区成府路 205 号　100871
网　　址：http://www.pup.cn　新浪官方微博：@北京大学出版社
电 子 信 箱：zyjy@pup.cn
电　　话：邮购部 62752015　发行部 62750672　编辑部 62765126　出版部 62754962
印 刷 者：北京富生印刷厂
经 销 者：新华书店
787 毫米×1092 毫米　16 开本　14.25 印张　356 千字
2014 年 3 月第 1 版　2019 年 1 月第 3 次印刷
定　　价：30.00 元

前　言

自20世纪90年代初连锁经营在我国出现以来，这种先进的经营模式在中国取得了突飞猛进的发展，显示出了强劲的生命力和蓬勃的发展力。在短短30年的时间里，中国出现了西方零售业所有的业态形式，世界零售巨头纷纷进驻中国。内外资零售企业进入竞争的白热化阶段。如何借鉴西方发达国家的成功经验，结合中国的国情，为中国连锁业的发展出谋划策，培养更多适合企业需要的连锁业人才已成为当务之急。

本书内容分为十章。第一章连锁经营概述，介绍了连锁的起源与发展、优势、业态选择和存在的问题及发展趋势；第二章连锁经营基本类型识别，对比分析直营连锁、特许连锁和自由连锁三种模式的利弊；第三章连锁经营企业战略规划，分析了连锁经营企业常见的、独特的发展战略；第四章连锁经营组织结构设计，分析了连锁经营企业的组织结构设计原则、职能；第五章连锁经营企业店址选择，介绍了商圈调查和选址方法；第六章连锁经营企业商品经营策略，分析了连锁经营企业商品定位、组合、定价和促销策略；第七章连锁经营企业商品采购管理，介绍了连锁经营企业的采购管理流程；第八章连锁经营企业物流与配送管理，介绍了连锁经营企业的物流和配送中心的作业管理；第九章连锁经营企业人力资源管理，介绍了连锁经营企业人力管理的流程；第十章连锁经营企业信息化管理，介绍了连锁经营企业信息软件的使用。

本书既有对连锁经营基本理论的深刻分析，又有针对具体实践的介绍；既有对连锁经营企业历史的回顾，也有对当今环境对连锁经营企业发展趋势的分析和预测；既有对连锁经营企业宏观战略的介绍，也有对连锁经营企业微观经营的说明。本书特点如下。

(1) 系统性。本书分别从连锁经营原理、连锁经营企业运营、商品采购、物流配送、信息化管理等角度，全面、系统、深入地介绍和分析了连锁经营企业各方面的运作。

(2) 技能性。本着理论够用的原则，注重突出业务可操作性和实务性，每章都有相应的技能训练题和实战案例分析。

(3) 前瞻性。随着电子商务的发展，本书融入了连锁经营新的业态、新的经营模式，把握了行业的最新动态和发展趋势。

本书由北京吉利大学管理学院陈葆华担任主编，负责全书结构设计、统稿、审稿；任广新担任副主编。本书编写分工如下：陈葆华负责编写第一、三、六章；沈君负责编写第二、五、八章；任广新负责编写第四章；张艳萍负责编写第七、十章；任广新、杨波负责编写第九章。

随着市场经济的发展，连锁经营管理理论也在不断发展之中，由于编者水平有限，时间仓促，书中仍存在不足之处，敬请广大读者批评指正。

编　者

2014.2

目　录

第一章

连锁经营概述

【本章介绍】

连锁经营是一种新型的商业经营模式，能为商业企业带来机遇，具有独特的规模效益的优势。学习连锁经营发展的历史，把握连锁经营模式的本质特征，深入分析美国、欧洲、日本三大"连锁帝国"的连锁经营发展道路的特点，从而更加深刻地认识连锁经营，更好地运用这种模式，形成规模效益。

【学习目标】

知识目标：掌握连锁经营的本质和特征；理解连锁经营企业的业态类型；熟悉连锁经营的优势和风险；了解国内连锁经营企业的发展道路及特点。

技能目标：能够合理规避企业的风险；能够根据企业的特点合理选择经营业态。

【学习内容】

1. 连锁经营的本质和特征。
2. 连锁经营业态类型和特点。
3. 国外连锁经营发展道路的特点。
4. 中国连锁经营的发展现状和发展趋势。

【案例引导】

连锁经营成就了世界的零售巨头

世界最大的零售企业沃尔玛公司，2012 年的营业收入达到 4469.5 亿美元，在 2012 年财富世界 500 强排行榜中荣居第三位，超过了英国石油公司、中国石油化工集团公司、通用汽车公司。一家传统产业零售企业，能够在营业收入上超过制造业之王的汽车工业，超过一些大银行、石油公司等金融机构，超过引领世界经济的信息企业，其中奥秘之一就是发展连锁经营。

（资料来源：www. finance. ifeng. com/fortune 5001c/2012-07/09/content_106854. htm）

思考题

1. 沃尔玛是如何实现连锁经营扩展的？

2. 连锁经营的优势有哪些？

第一节　连锁经营本质与特征

一、连锁经营的内涵

连锁经营是指经营同类商品或服务的若干个店铺，按照一定的规则，组合成一个联合体，在整体规划下进行分工的专业化和标准化运作，最终使复杂的商业活动简单化，以扩大规模，实现规模效益。

连锁经营的本质就是要实现规模经济。规模经济是指由于生产经营规模的扩大，各种经济主体的经济效益增加的现象。规模经济是把现代化大生产的原理有效地运用到流通产业中来，从而把复杂的商业活动分解为像工业生产流水线上那样相对简单的一个个环节，提高经营效率，实现规模效益。

连锁经营不只是一种业态的创新，它是一种先进的组织形式、经营方式和管理模式。

二、连锁经营的特征

虽然世界各国对连锁经营的概念及应具备条件的规定不尽相同，但我们可以看到，它的本质特征是一致的。作为一种现代化的经营管理模式，连锁经营与其他经营模式有着明显的区别，具体表现在以下三个方面。

（一）规模化的经营方式

规模化是连锁经营最显著的特点，连锁经营企业必须首先表现为多个门店，是一种规模化、集团化的商业经营形式。连锁经营企业统购分销，采购进货由总部负责，各门店只负责销售，庞大的连锁经营可以最大限度地降低连锁经营企业的营运成本，实现规模效益，主要表现在以下几个方面。

1. 采购规模化

连锁经营企业在对外采购时一般采取集中采购方式，因为这样采购量比较大，可以对供应商形成很大的压价能力，能够获得低价进货的优势。同时，集中采购可以减少采购次数、减少采购人员，从而降低了直接采购成本。连锁经营企业正是通过集中采购来降低商品的进货成本，最终降低了商品的销售价格来吸引更多顾客，提高市场份额。

2. 物流规模化

连锁经营企业物流成本的控制主要是对配送中心物流成本的控制，一般而言，我国一些运转正常的连锁零售企业，其配送中心的成本一般要占连锁公司总部成本费用的90%以上。可见对配送中心成本的控制是非常重要的。集中采购可以在总部设置仓库，这要比单店独立存储更节省仓储面积，可以根据各店的不同销售情况，实现合理库存，通过总部集中配送可以选择最合适的路线，大大降低了物流成本。

3. 促销规模化

现代的连锁经营企业没有促销就很难在这个竞争激烈的市场立足,连锁总部统一的促销计划和广告投入会使整个连锁店共享这种促销的利益。当然,所有的促销费用是分摊到多家门店上去的,因此,连锁经营企业的门店越多,即规模越大,其平均促销成本就越低。

4. 人力资源管理规模化

连锁经营企业众多门店在统一经营管理机制下共享一个管理总部的资源,避免了传统单店各需要一个管理机构的现象。单个门店若要对自己的员工进行系统培训,费用非常大。而连锁经营企业对员工开发、培训的费用可以由许多门店共同承担,平均人力成本相对较低。

(二) 统一化的组织形式

连锁经营在我国商业模式中越来越显示出它强劲的生命力,这与它组织形式所具有的独特的特征是分不开的。

1. 统一企业形象

统一企业形象是连锁经营最基础层次的统一,是连锁经营企业外在形象的统一。连锁经营企业的总部要提供统一的企业形象,包括连锁经营企业的招聘、标志、商标、装潢、外观设计、卖场布局、商品陈列、包装材料、员工服装等。这些统一象征着该连锁经营企业的整体设计和经营实力,它在一定程度上是一种极好的大众广告,有利于让广大消费者认同该企业,对企业产生好的印象。

2. 统一商品和服务

统一商品和服务是连锁经营企业经营内容的统一。一般而言,连锁经营企业各个门店的商品在商品分类上是一致的,这样可以打出企业的品牌特色,同时还便于企业进行大批量的采购。连锁经营企业各个门店所提供的服务业都是一致的,由总部进行统一规划,对所有门店的服务措施进行统一规范,让消费者无论去哪一家门店都可以享受到同样的商品和服务,从而增强顾客的忠诚度。

3. 统一经营理念

统一经营理念是连锁经营精神层面的统一,也是文化层面的统一。企业管理的目的是要更好地实现企业的目标,而连锁经营企业目标能否实现,很大程度上依赖于各个门店的经营理念的统一。连锁经营企业的经营理念是指该企业的经营宗旨、经营哲学、价值观念、企业定位和长期战略的综合,是所有门店经营管理活动的依据,所有门店都必须持有共同的经营理念。对连锁经营企业而言,只有真正做到各门店的经营理念统一,才能保证连锁经营所带来的规模效益。

4. 统一经营手册

统一经营手册是连锁经营企业制作规范的统一。经营手册的内容包括了连锁经营活动的方方面面,它是连锁经营企业工作流程的行动指南和规范标准。所以,有了经营手册才能做到真正的统一。如麦当劳,无论你到全世界的哪一家门店,你都能吃到原汁原味的汉堡包。

5. 统一采购和配送

为了提升连锁经营企业的竞争力,降低采购和物流成本,保证商品的质量,连锁经营必须采取统一采购和配送,这也是采取连锁经营模式最诱人的地方。

(三) 规范化的管理方式

连锁经营企业如果没有规范化的管理方式,就会导致各个门店虽然店面形象相同,但是各自为政。连锁经营企业一定要有规范化的制度规范着企业运营，如职能划分、工作流程、人力资源管理等方面，具体如下。

1. 规范化的分工与合作

一般来说，连锁经营企业由总部、配送中心、门店三部分组成，三者都有明确的分工。

① 总部负责整个公司的经营、采购、制订并执行促销计划、开拓新的门店、筹集资金、培训员工等几项工作。

② 配送中心主要负责商品的转运，把商品配送到各个门店以及对部分商品进行加工、处理等几项工作。

③ 门店主要负责商品的销售，为顾客提供相关服务等几项工作。

这三个部分都根据制度规范，有条不紊地执行着自己的工作。

2. 规范化的工作流程

连锁经营企业的工作流程运转方面，总部制定出明确的规章制度，严格规范着企业运转的各个环节，总部、配送中心、门店的所有工作都必须按照总部所拟定的工作流程以及工作制度来完成，以至于各个分店所提供的商品和服务都是一致的。只有这样，才能达到保证消费者到任何一家连锁门店都可购买到同样的商品、享受到同等的服务。

三、连锁经营的“3S”原则

“3S”原则是目前比较公认的连锁经营的最基本原则。“3S”即简单化(Simplification)、专业化(Specialization)、标准化(Standardization)。

(一) 简单化

简单化就是将连锁经营企业的作业流程“化繁为简”。连锁经营企业的系统庞大而复杂，必须将财务、采购、物流、信息等各个子系统简明化，去掉不必要的环节和内容，创造任何人都能轻松且快速作业的条件。因此，在连锁经营企业运作的各个环节上都需要有一套特定的运作规则，要求精简不必要的环节。一般来说，为了实现作业的简单化，连锁经营企业会根据整个作业流程中的各工作程序，制定相应的简明扼要的操作手册，使所有的员工都依照手册的规定来操作。这个手册对各个岗位的工作流程都有详细的规定，任何人都可以理解并在较短的时间内学会操作，这样，即使有人员的变动，新员工也能借此手册迅速掌握工作要领，使工作有条不紊地进行。

(二) 专业化

当前的社会劳动已不断走向专业化分工的体系，而且越分越细。这是提高生产力的需要，也是社会经济发展的需要。在连锁经营企业运营中，所有的商业活动都具有详细而具体的分工，以保证连锁经营的正常运转。专业化，就是将连锁经营的各个环节根据不同的经营过程分成各个业务部门，并使其固定下来。这种专业化既表现在总部与门店的专业分工上，也表现在各个岗位、人员的专业分工上。

(三) 标准化

连锁经营的标准化是连锁经营企业适应市场竞争的需要而采取的形式，是为持续生产、销售预期品质的商品而设定的既合理又较理想的状态、条件，以能反复运作的经营系统。连锁经营企业的所有工作都按规定的标准去做。连锁经营企业的标准化，主要体现在以下几个方面。

① 科学制定各项作业标准。

② 通过严格的培训让操作人员掌握各项标准。

③ 通过严格的管理保证标准化的实施。

四、连锁经营的优势与风险

（一）连锁经营的优势

连锁经营作为现代商业的主流模式，使世界商业的发展出现了质的飞跃，取得了突破性的进展，对世界经济特别是商业经济的发展产生了深刻的影响。连锁经营之所以被世界上许多国家采用并快速发展，关键就在于这种经营模式有许多传统企业无法比拟的优势。具体体现在以下几点。

1. 连锁经营的效益优势

连锁经营之所以能取得良好的经济效益，最根本的原因在于把现代化工业大生产的原理应用于零售业，实现了商业活动的标准化、专业化和统一化。这也构成了连锁经营产生规模效益的重要基础。一方面，先进的经营技术可以在众多的店铺大规模推广，从而获得经营技术共享效益；另一方面，投资的成本和风险又可以在众多的店铺得到均摊，从而可以降低商品的成本。连锁经营的效益优势体现在以下几方面。

（1）连锁经营技术的开发，有利于连锁门店经营水平的提高

连锁经营企业总部统一开发的经营技术，可以广泛地应用于各个门店，使各门店的经营水平普遍提高，各门店获得了技术共享的效益，门店越多，分摊技术开发的成本越低，这是非连锁经营企业无法比拟的。

（2）配送中心承担了部分批发职能，降低连锁经营企业的流通费用

连锁零售环节的利润很大程度上取决于商品所经过的流通环节的数量。一般而言，流通环节越少，费用越低，连锁经营企业的利润就越高。因此，连锁经营企业一般都有配送中心，专门负责门店商品的转运，这些商品多数是直接从工厂进货的，减少了批发环节，还有一部分商品需要在配送中心进行加工、包装、分类等装配作业，增加了商品的附加价值，从而为企业创造更多的利润。

（3）集中化的经营与管理，有利于降低企业的经营成本

连锁经营的标准化经营，可以使众多连锁店共享一套经营技术，共享一套管理机构，无需门店再设同样的机构，无需配备相应的工作人员。如商品采购、促销策划、商品陈列设计等均可由总部统一操作即可。这样能够大大降低企业的管理成本。同时也能大大降低经营成本，如进货，所有门店统一采购，批量较大，可以获得较低的进货价。

（4）连锁经营降低了商业投资风险

连锁经营企业有多个门店，门店可以在不同的国别、不同的区域，即使某个地方门店经营失败也不会影响连锁经营企业的整体经济效益。同时，总部某个决策的失误，可以由很多门店来分摊，这样大大降低了商业投资风险。

（5）连锁经营有利于提升连锁零售业的地位

零售业采用连锁经营形式，网点多、辐射范围广、市场占有率高，能够迅速大规模地吸纳资金，实现投资的灵活转移，取得市场机会效益等，这些都有利于连锁经营企业地位的提高，获得良好经济效益。

2. 连锁经营的竞争优势

连锁经营通过标准化、简单化、专业化原则提高经营效率，实现规模效益，有着其他零售

组织形式无法比拟的竞争优势。具体表现在以下几方面。

(1) 容易快速聚集资本,有利于抓住市场机会

连锁经营方式,特别是加盟连锁方式,能够把众多单个资本迅速集中起来,形成整体力量,在同样的市场竞争条件下,可以及时抓住市场机会,进行投资,给企业带来良好的经济效益和发展机会。

(2) 组织化程度高,增强了市场竞争能力

连锁经营是商品流通中一种组织化程度较高的集生产加工、零售、批发为一体的组织形式。通过连锁体系的销售网络和销售渠道与消费者相联系,能快速准确地了解和掌握市场信息,迅速将生产厂家的产品推向市场,扩大自身的市场占有率,增强自己的市场竞争力。

(3) 产品销售能力强

连锁经营企业的商品或服务比单店经营更具有价格优势,而且,规模大、集中采购又使商品的品质有所保证,所以对顾客有较强的吸引力。连锁经营企业的各个门店位置分散、运输方便、配送快捷,能够为消费者提供快捷优质的服务。

(4) 实现规模经济

门店只有采取连锁经营模式,才能实现规模经济。

正因为连锁经营有上述优势存在,才使连锁经营有较强的竞争能力,具有巨大的发展前景,才使连锁经营在全球经久不衰。

(二) 连锁经营的风险

连锁经营虽然有巨大的优势,但也存在一定的风险。连锁经营不是一用就灵,它只不过是一种经营组织方式,只有和经营者的能力、资金以及市场环境等各方面因素相结合才能发挥出最大的功能。连锁经营中可能存在如下几方面的风险。

1. 连锁体系的整体性风险

还记得曹操把很多船只"连锁"在一起征战的历史故事吗?船只"连锁"后发挥的优势,同时也隐藏着劣势——当孙权、刘备用"火"攻来破曹时,曹操把很多船只"连锁"的劣势表现得淋漓尽致。

连锁经营企业也一样,它的劣势同样隐藏在它的优势中,这就是连锁体系的整体性风险。即使是世界超级连锁企业,也难以避免和防范这种整体性风险。从2003年亚洲爆发大规模禽流感以来,以鸡为主打食品的肯德基亚洲连锁体系遭遇了打击,据悉年营业额下降高达20%。2005年,肯德基又遇到了"苏丹红1号"危机,一个小小佐料中的隐患却让一个庞大的快餐连锁王国遭遇了短时间的重创。

2. 总部对连锁体系的管控风险

整个连锁体系是原创店的复制和放大、是总部管理能力的放大和输出。如果原创店和总部做不好,整个连锁体系中的绝大部分店面也做不好;如果原创店做得好,整个连锁体系中的每一家店面也不一定能做得好;但是如果原创店做得好,同时总部管得好,整个连锁体系中的绝大部分店面也容易做得好。

3. 市场需求变化带来的风险

市场变化莫测,消费者的需求呈现多层次、多样化的趋势,连锁经营者面对的是不确定因素的增加和更加激烈的市场竞争。连锁经营企业是卖产品或者卖服务的,当市场上不再需求某一类产品或者某一类服务时,连锁经营企业需要尽早感知市场需求的变化,以变化来应对变化,从而保证连锁网络的有效性。

【案例分析】

德国阿尔迪超市的零售精髓

阿尔迪取自 Albrecht 和 Discount 的前两个字母，意为由阿尔布莱希特家族经营的廉价折扣店，它是德国连锁零售商，开的店非常小，单店面积 500 平方米到 700 平方米左右，单品数量也有限，大概是 500 种。而沃尔玛的单品可能超过 20 万种。

在 2009 年度的福布斯富豪排行榜上，全球最有钱的人第一是比尔·盖茨，第二是巴菲特。当时，阿尔布莱希特家族的卡尔和泰欧两兄弟都进入前十位。2009 年比尔·盖茨个人财富是 400 亿美金，卡尔和泰欧两兄弟资产加起来超过了比尔·盖茨。作为小小零售商，他们所创造的财富是惊人的。阿尔迪公司非常低调，也很神奇，他们有可能在商店卖电脑，甚至比戴尔卖得好，卖的自行车甚至比捷安特还好。从这家企业，能看到零售的真正本质，接下来就是分享关于阿尔迪零售的精髓。

第一，最本质的东西，就是物美价廉

物美是指商品品质非常好，价廉就是指商品价格便宜。如果质量越好，价格越便宜，性价比就越高。很多中国企业在做自有品牌的时候，放弃了一个很重要的原则——质量原则。有些自有品牌的质量非常糟糕，企业只关心价格，认为做自有品牌就要价格便宜，其实这种想法是错误的！首先，产品必须要有好的质量，在这个前提下，再去追求产品的价格。阿尔迪就是这么做的，它有 500 个单品，每一个单品的质量跟在德国市场上卖的一流产品一样好，甚至更好。德国是商品质量检验非常严格的国家，他们的质量报告往往显示阿尔迪的东西只会比一流产品好，不会差。

第二，降低了运营成本

比如在一个企业的运营当中，零售商认为最重要的是选址，位置是第一位的。阿尔迪不这么认为，觉得那些高租金最后都会加到商品的零售价格里。因此，阿尔迪会选位置比较偏僻的地方，把租金降下来，把零售价格降下来。门面的装修也非常朴素，阿尔迪觉得不应该将灯光成本加入到商品的价格当中去。比如物流，乃至运货的车辆，都是生产厂商自己来负责。因为阿尔迪觉得这样做是成本最低的，所有的轮胎定期打磨，这样可以跑更远的路。又比如市场推广，阿尔迪没有广告，认为广告会增加商品的售价，而是通过顾客的口口相传来提升自己的知名度。阿尔迪对于消费者来说是一个非常具有价值的零售商。

第三，信息技术

阿尔迪早期没有 POS 机，他们认为这样会增加商品的成本。因此，所有的单据都是收银员开的，首先要把 500 个单品的价格记住。比如退货这个领域，如果顾客认为商品有问题，阿尔迪肯定会退货。阿尔迪认为，如果纠缠，就会产生成本并加入到商品的零售价格当中。阿尔迪店里甚至没有电话，如果消费者认为商品有问题不用打电话，直接拿东西来，阿尔迪不问原因都给退货。因此，一般的店铺可能要 6 个工作人员，而阿尔迪只要 3 个人就够了。阿尔迪的效率成本是非常高的，但是人员的薪水是同行的 150%，阿尔迪愿意付出比同行更高的薪水来体现员工的表现、绩效和高效率。阿尔迪公司没有货架，他们认为货架也会增加成本。阿尔迪所有的商品都是用箱子堆在那里。在阿尔迪，所有的商品包装箱都只是原有纸箱的一半，也就是半截商品露在外面，不用人工花时间去切箱子。

而且箱子只有一半，成本更低。阿尔迪这样的做法是非常偏执的，但是最后不仅德国的消费者接受了它，而且美国、澳大利亚等很多国家也接受了它。

第四，股东分红

当一个零售企业的经营者、股东宁愿把自己2块钱的分红砍一半，只拿1块钱而使顾客买到的可乐，可以从5块钱降到4块钱。在四个环节上多去节省，省到最后就是省自己。这不是商业上的问题，而是价值观和哲学的问题。对商业的理解到最后就是企业的老板，自己本身不追求名利，但是到最后在市场竞争中能力越来越强，反而给自己带来了更多的财富。

阿尔迪公司现在还没有上市，也不想上市。虽然上市以后个人财富可以翻很多番，但是阿尔迪认为上市会增加成本。为什么呢？上市要有费用，有会计事务所、交易所，每年还有各式各样的公告费，阿尔迪觉得这些都会增加了成本。因此，今天反过来说，一个企业最终的零售价格，商场能不能把价格降下来，也包括股东是不是一个好的股东，是不是一个愿意为顾客去牺牲的股东。如果你是这样的股东，那么你的创业者是这样的人，你的企业一定具有市场竞争能力。

（资料来源：http://www.linkshop.com.cn/web/archives/2010/131844.shtml）

思考题

1. 概括出阿尔迪连锁零售成功的经历。

2. 通过分析案例，你认为阿尔迪成功的最重要启示是什么？

技能训练

21世纪初，中国连锁业进入了快速发展时期，对比阿尔迪，找出中国连锁经营企业的一些案例，分析两者的差距。

第二节　连锁经营业态类型

随着零售业的快速发展，传统业态无法满足多元化的消费需求。在竞争激烈的零售行业里，能够在市场长久立足，零售业需要经营多种业态。当前传统零售业正面临着两方面的冲击：一是网购快速发展在一定程度上影响了实体零售业；二是房租和人工费用上涨影响零售业的利润率。摆在零售企业面前的就是要转变业态、更新业态、细分业态。

一、零售业态的内涵

（一）零售业态定义

当前世界各国对零售业态的定义由于侧重点不同而有所区别，但通常认为，业态是零售店向确定的顾客群提供确定的商品和服务的具体形态，业态是零售活动的具体形式。通俗理解，业态就是指零售店卖给谁、卖什么和如何卖的具体经营形式。可见，以业态来设定零售店是符合市场环境变化实际的，这是现代零售业的要求。

（二）零售业态的特征

① 零售业态的特征是一种零售经营理念和经营方式的外在体现，这种经营理念和经营方式能让消费者容易识别，例如，消费者容易将一家连锁经营企业门店归类于大卖场、便利店、精品百货等形式，从而能更好引导消费者根据需要选择。

② 这种经营理念和经营方式是根据不同消费需求人群和目标顾客形成而形成的，每一

种零售业态都是为了满足某一特定目标市场需求而存在的。

③ 目标市场需求决定了连锁经营企业门店的经营效率，只有采取适应目标市场要求的零售业态形式，这样对连锁经营企业的经营才是有效益的、有竞争力的。

二、零售业态类型

随着中国经济的发展和人民消费需求的发展变化，中国零售业态的发展十分迅速，新的业态不断涌现。为了引导零售业稳步、协调发展，商务部于 2004 年 6 月颁布了新的国家标准——《零售业态分类》。按照零售店铺的结构特点，根据其经营方式、商品结构、服务功能，以及选址、商圈、规模、店堂设施、目标顾客和有无固定营业场所等因素将零售业分为食杂店、便利店、折扣店、超市、大型超市、仓储会员店、百货店、专业店、专卖店、家居建材店、购物中心、厂家直销中心、电视购物、邮购、网上商店、自动售货亭、电话购物等 17 种业态，并规定了相应的条件。

与旧标准相比，新标准最大的变化是多种无店铺销售方式“登堂入室”。主要增加了 5 种无店铺零售方式，即电视购物、邮购、网上商店、自动售货亭、电话购物。2005 年 9 月，中国又恢复了直销。至此，全国有 18 种业态。零售业态从总体上可以分为有店铺零售业态和无店铺零售业态两大类。

(一) 有店铺零售业态

1. 食杂店

食杂店是指以香烟、酒、饮料、休闲食品为主，独立、传统的无明显品牌形象的零售业态。业态结构特点如下。

① 选址：一般位于居民区内或传统商业区内。

② 商圈与目标顾客：辐射半径 0.3 公里，目标顾客以相对固定的居民为主。

③ 营业面积：一般在 100 平方米以内。

④ 商品(经营)结构：以香烟、饮料、酒、休闲食品为主。

⑤ 商品售卖方式：柜组式和自选式相结合。

⑥ 服务功能：营业时间 12 小时以上。

⑦ 管理信息系统：初级或不设立。

2. 便利店(方便店)

便利店是指满足顾客便利性需求为主要目的的零售业态，具有消费及时性、小容量和应急性特点。业态结构特点如下。

① 选址：商业中心区、居住区、交通要道以及车站、医院、学校、娱乐场所、办公楼、加油站等公共活动区。

② 商圈与目标顾客：商圈范围小，顾客步行 5 分钟左右能到达，目标顾客主要为单身者、年轻人。顾客多为有目的的购买。

③ 营业面积：100 平方米左右，营业面积利用率高。

④ 商品(经营)结构：即时食品、日用小百货为主，有即时消费性、小容量、应急性等特点，商品品种在 3 000 种左右，售价高于市场平均水平。

⑤ 商品售卖方式：以开架自选为主，结算在收银处统一进行。

⑥ 服务功能：营业时间 16 小时以上，提供即时性食品的辅助设施，开设多项商品性服务项目。

⑦ 管理信息系统：程度较高。

3. 折扣店

折扣店是指店铺装修简单，提供有限服务，商品价格低廉的一种小型超市业态。拥有不到 2 000 个品种，经营一定数量的自有品牌商品。业态结构特点如下。

① 选址：居民区、交通要道等租金相对便宜的地区。

② 商圈与目标顾客：辐射半径 2 公里左右，目标顾客主要为商圈内的居民。

③ 营业面积：300～500 平方米。

④ 商品(经营)结构：商品价格一般低于市场平均水平，自有品牌占有较大的比例。

⑤ 商品售卖方式：开架自选，统一结算。

⑥ 服务功能：用工精简，为顾客提供有限的服务。

⑦ 管理信息系统：一般。

4. 超市

超市是指开价售货、集中收款，满足社区消费者日常生活需要的零售业态。根据商品结构的不同，可以分为食品超市和综合超市。业态结构特点如下。

① 选址：市、区商业中心、居住区。

② 商圈与目标顾客：辐射半径 2 公里左右，目标顾客以居民为主。

③ 营业面积：6 000 平方米以下。

④ 商品(经营)结构：经营包装食品和日用品。食品超市与综合超市商品结构不同。

⑤ 商品售卖方式：自选销售，出入口分设，在收银台统一结算。

⑥ 服务功能：营业时间 12 小时以上。

⑦ 管理信息系统：程度较高。

5. 大型超市

大型超市是指实际营业面积 6 000 平方米以上，品种齐全，满足顾客一次性购齐的零售业态。根据商品结构，大型超市可以分为以经营食品为主的大型超市和以经营日用品为主的大型超市。业态结构特点如下。

① 选址：市、区商业中心、城郊结合部、交通要道及大型居住区附近。

② 商圈与目标顾客：辐射半径 2 公里以上，目标顾客以居民、流动顾客为主。

③ 营业面积：6 000 平方米以上。

④ 商品(经营)结构：大众化衣、食、用品齐全，一次性购齐，注重自有品牌开发。

⑤ 商品售卖方式：自选销售，出入口分设，在收银台统一结算。

⑥ 服务功能：设有不低于营业面积 40％的停车场。

⑦ 管理信息系统：程度较高。

6. 仓储式会员店

仓储式会员店是指以会员制为基础，实行储销一体、批零兼营，以提供有限服务和低价格商品为主要特征的零售业态。业态结构特点如下。

① 选址：城乡结合部的交通要道。

② 商圈与目标顾客：辐射半径 5 公里以上，目标顾客以中小零售店、餐饮店、集团购买和流动顾客为主。

③ 营业面积：6 000 平方米以上。

④ 商品(经营)结构：以大众化衣、食、用品为主，自有品牌占相当部分，商品品种在

4 000种左右，实行低价、批量销售。

⑤ 商品售卖方式：自选销售，出入口分设，在收银台统一结算。

⑥ 服务功能：设有相当于营业面积的停车场。

⑦ 管理信息系统：程度较高并对顾客实行会员制管理。

7. 百货店

百货店是指在一个大建筑内，经营若干大类商品，实行统一管理，分区销售，满足顾客对时尚商品多样化选择需求的零售业态。业态结构特点如下。

① 选址：市、区级商业中心、历史形成的商业集聚地。

② 商圈与目标顾客：以追求时尚和品位的流动顾客为主。

③ 营业面积：6 000～20 000平方米。

④ 商品(经营)结构：综合性，门类齐全，以服饰、鞋类、箱包、化妆品、礼品、家庭用品、家用电器为主。

⑤ 商品售卖方式：采取柜组销售和开架面售相结合的方式。

⑥ 服务功能：注重服务，具备餐饮、娱乐场所等服务项目和设施，功能齐全。

⑦ 管理信息系统：程度较高。

8. 专业店

专业店是指以专门经营某一大类商品为主的零售业态，具备丰富专业知识的销售人员，满足消费者对某大类商品的选择需求的零售业态。例如办公用品专业店、玩具店、家具店、服装店等。业态结构特点如下。

① 选址：市、区级商业中心以及百货店、购物中心内。

② 商圈与目标顾客：以有目的选购某类商品的流动顾客为主。

③ 营业面积：根据商品特点而定。

④ 商品(经营)结构：以销售某类商品为主，体现专业性、深度性、品种丰富，选择余地大。

⑤ 商品售卖方式：采取柜组销售或开架面售方式。

⑥ 服务功能：从业人员具有丰富的专业知识。

⑦ 管理信息系统：程度较高。

9. 专卖店

专卖店是指为满足消费者对品牌选择的需求，专门经营或被授权经营某一主要品牌商品为主的零售业态。业态结构特点如下。

① 选址：市、区级商业中心、专业街以及百货店、购物中心内。

② 商圈与目标顾客：以中高档消费者和追求时尚的年轻人为主。

③ 营业面积：根据商品特点而定。

④ 商品(经营)结构：以销售某一品牌系列为主，销售量少、质优、高毛利。

⑤ 商品售卖方式：采取柜组销售或开架面售方式，商店陈列、照明、包装、广告讲究。

⑥ 服务功能：注重品牌声誉，从业人员具备丰富的专业知识，提供专业性服务。

⑦ 管理信息系统：一般。

10. 家居建材商店

家居建材商店是指以专门销售建材、装饰、家居用品为主的零售业态，国外称为家居中心。业态结构特点如下。

(1) 选址：城乡结合部、交通要道或消费者自有房产比较高的地区。

(2) 商圈与目标顾客：以拥有自有房产的顾客为主。

(3) 营业面积：6 000 平方米以上。

(4) 商品(经营)结构：商品以改善、建设家庭居住环境有关的装饰、装修等用品、日用杂品、技术及服务为主。

(5) 商品售卖方式：采取开架自选方式。

(6) 服务功能：提供一站式购物和一条龙服务，停车位 300 个以上。

(7) 管理信息系统：程度较高。

11. 购物中心

购物中心是指多种零售店铺、服务设施集中在由企业有计划地开发、管理、运营的一个建筑物内或一个区域内，向消费者提供综合性服务的商业集合体。分为社区购物中心、市区购物中心、城郊购物中心三种社区型购物中心。业态结构特点如下。

① 选址：中心商业区域或城乡结合部交通要道。

② 商圈与目标顾客：商圈根据不同的商品经营种类、经营规模而定；目标顾客以流动顾客为主。

③ 营业面积：根据购物中心类型而定。

④ 商品(经营)结构：主要由百货商店或超级市场作为核心店，与各类专业店、快餐店等零售业态和娱乐设施组合而成。

⑤ 商品售卖方式：采取柜组销售和自选销售方式。

⑥ 服务功能：功能齐全，集零售、餐饮、娱乐为一体。

⑦ 管理信息系统：各个租赁店使用自己的管理信息系统。

(二) 无店铺零售业态

1. 电视购物

电视购物是指以电视作为向消费者进行商品推介展示的渠道，并取得订单的零售业态。业态结构特点如下。

① 目标顾客：以电视观众为主。

② 商品(经营)结构：商品具有某种特点，与市场上同类商品相比，同质性不强。

③ 商品售卖方式：以电视作为向消费者进行商品宣传展示的渠道。

④ 服务功能：送货到指定地点或自提。

2. 邮购

邮购是指以邮购商品目录为主向消费者进行商品推介展示的渠道，并通过邮寄的方式将商品送达给消费者的零售业态。业态结构特点如下。

① 目标顾客：以地理上相隔较远的消费者为主。

② 商品(经营)结构：商品包装具有规则性，适宜储存和运输。

③ 商品售卖方式：以邮寄商品目录为主向消费者进行商品宣传展示的渠道，并取得订单。

④ 服务功能：送货到指定地点。

3. 网上商店

网上商店是指通过互联网进行买卖活动的零售业态。业态结构特点如下。

① 目标顾客：有上网能力，追求快捷性的消费者。

② 商品(经营)结构：与市场上同类商品相比,同质性强。

③ 商品售卖方式：通过互联网进行买卖活动。

④ 服务功能：送货到指定地点或自提。

4. 自动售货亭

自动售货亭是通过售货机进行商品售卖活动的零售业态。业态结构特点如下。

① 目标顾客：以流动顾客为主。

② 商品(经营)结构：以香烟和碳酸饮料为主,商品品种在30种以上。

③ 商品售卖方式：由自动售货机完成售卖活动。

④ 服务功能：没有服务。

5. 电话购物

电话购物是指主要通过电话完成销售或购买活动的一种零售业态。业态结构特点如下。

① 目标顾客：根据不同的产品特点,目标顾客不同。

② 商品(经营)结构：商品单一,以某类品种为主。

③ 商品售卖方式：主要通过电话完成销售或购买活动。

④ 服务功能：送货到指定地点或自提。

三、选择发展势头良好的业态

上面所介绍的零售业态类型是我国商务部颁布的零售业业态标准。以前被青睐的百货商店、购物中心、大卖场三大业态,如今这三大业态面临着较大的冲击。中国零售业已进入了业态的细分阶段,让消费者体验到有特色或服务便利是当今连锁零售业的发展方向。下文所列零售业态在当今会有较大的市场发展潜力。

(一) 社区超市

1. 社区超市业态优势

(1) 庞大的潜在市场

社区超市是片蓝海,很有市场前景。尤其是近两年来,零售业租金和人力成本上升,毛利逐渐下降。由于社区超市的面积较小,前期投入少,收回成本的速度也较快。还有,人们外出购物的成本也逐渐增加,为了迎合人们的消费需求,社区超市应运而生,并如雨后春笋般迅速开店。目前,主攻大卖场和综合超市业态的大型零售集团逐渐把未来的开店方向瞄向社区超市。

(2) 灵活性强

俗话说,船小好掉头,社区超市的进货和销售可以随时根据顾客需求调整。社区超市不用大规模储备商品,商品积压少,资金运转快。由于店面不大,顾客可在门口停车,走几步就可进店门,让顾客感到方便快捷,不像大超市有时停车远要走上几百米才能进店门。

2. 社区超市业态特点

(1) 市场定位明确

社区超市要做好自己的定位,才能实现差异化经营。能够明显突出自己的核心竞争力,比如,与大卖场比便利性,与便利店比品类齐全和价格优势;社区超市的定位是解决老百姓的“一日三餐”外加一些日用品的购买。有了精确定位后,社区超市应该研究自己的消费者和客户群,根据自己的定位来选择适当的商品组合。比如,社区超市80%的商品是日用品和生鲜食品等。

(2) 融入社区

要想做好社区超市,必须立足于社区,真正把自己当成社区的一分子,切实了解社区居民的需要,只有满足他们的需求,才能为企业找到真正的立足根基,才能真正形成差异化优势。

(二) 高端超市

1. 高端超市业态优势

(1) 避开同质化竞争

随着国内一线城市的消费能力逐渐饱和,超市业态的市场竞争也日益趋向于白热化。当沃尔玛、家乐福等外资零售巨头纷纷开设大卖场,大卖场竞争已异常激烈,且同质化程度较高。与此同时,连锁超市在频繁的价格战中利润被大幅摊薄,为寻求更多的生存空间,连锁超市纷纷采取高端超市业态,并以此来避开竞争惨烈的普通大卖场。

(2) 利润高

高端超市大多主打“进口牌”,尤其是以“进口食品”为主。而这些“进口食品”都是一些高毛率的商品,并能够大大提升零售商的盈利水平。显然,高端超市经营的商品决定了其目标消费群体主要是以都市白领、外籍人士以及有生活品位的消费群体为主。北京、上海、广州、深圳等国内一线城市成为了各大零售商“暗战”高端超市的主要战场,高端超市与普通大众超市的最大不同就是能够为零售商赚取高额的利润。

2. 高端超市业态的特点

(1) 应融入本土文化

高端超市应该要有自己的本土特色,不能完全照搬国外的模式,应该加以创新。可以考虑如何将中华民族几千年传承下来的优良饮食传统、饮食习惯、饮食文化等进行有机的结合,并形成真正的特色加以保留、放大。这样才能吸引更多的高端消费者。

(2) 服务周到

高端超市不仅需要在经营商品上动心思,也应在服务上下工夫。高端超市需要一种“以客为尊”的服务理念,高端超市要让高端消费者无论从服务硬件还是服务软件上都能感受到这种服务的体贴感,从而能打动每一位高端消费者。

(3) 个性化促销

在普通大卖场里随处可见的“特价牌”,这种促销方式在高端超市里并不常见。高端超市的促销不是以“价格”取胜,而是以“个性”取胜。因此,高端超市可以适当举办一些个性化的促销活动,这些促销活动可以从高品质的生活方式、创意商品、体现高品质生活品位的商品等方面来对高端消费者进行长时间引导以及培育。

(三) 实体+电子商务

中华人民共和国商务部在2012年1月发布《关于“十二五”时期促进零售业发展的指导意见》中提出,促进网络购物,鼓励大型零售企业开办网上商城。面对网购的冲击,传统百货、零售业等实体店应根据市场实时转变思路,向综合性发展。

传统百货的商业模式要从传统的专柜联营打造平台,向部分直营创新,包括代理、直采、自有品牌等方向经营。另外,不仅大型的购物中心要实现综合性,就是小型的门店也要向综合性发展,将线下、线上结合起来。2012年商务部就曾经建议电子商务实行线上线下共同发展(Online to Offline,简称O2O模式),但是现在网购给大家的感觉还是信誉不够,如果一个传统实体店能够在线上也开店，就相当于给自己的线上和线下同时加了一分。

新旧零售模式的矛盾与融合，从实质上看，并非谁取代谁，而是能起到相互补充的作用。未来在互联网大技术背景下，电子商务会驱动制造商从定型、定款、定料、定价，到仓储终端、对销售体系整个产业链条进行全面和深刻的改造，不是交锋，而是整个产业链产生天翻地覆的变化。我国零售业已进入市场细分阶段，让消费者感到更有特色商品或便利服务是未来超市发展方向。未来还将出现更高端的、更专业的超市业态。

【案例分析】

沃尔玛的优势业态——山姆会员店

在整个实体零售业遭遇内外交困的时候，没有谁可以例外，包括沃尔玛，关闭业绩不好或无法续租等其他原因导致不能继续开业的门店。还有它的购物广场业态在这不利的外部环境下也正在进行调整。不过，近两年的零售业，边开店边关店事实上已被熟视无睹。只是，对这家全球零售业的老大也关店有些新鲜。但沃尔玛的另一种业态——每年向会员收取 150 元会费才能进入卖场购物的山姆会员店反而如一匹黑马在中国市场迅速蹿红。

1. 4 400 种单品

每年 150 元的会费仍是阻挡很多消费者涌向山姆会员店大门的不小的一道坎。

在中国市场，更多的消费者仍不会习惯必须先交费用才能获得去卖场购物的资格——要知道，中国传统文化里自古便有“此处不留人，自有留人处”的情结。更何况，山姆会员店就算再好，在目前也并非不可替代，而且对大多数消费者来说可替代性并不低。

持有这种想法的消费者是没错的。中国零售市场竞争充分，内外资卖场遍地开花。对消费者而言，不是没有选择，而是选择太多。对于全国尚只有 10 家店的山姆会员店而言，不去也绝对影响不到自己的生活。

早前，麦德龙虽然不收会费，却只针对公司等专业客户办理会员卡，个人消费者同样被其拒之门外。但最终还是妥协，现在普通消费者已经可以随意在麦德龙购物，只需进入卖场前领一张临时会员卡即可。

但山姆会员店没有打算改变它对会员店的定位和收取会费的策略。对于不愿缴纳 150 元年费的消费者，并未被其视为它的目标顾客群体。在山姆购物的消费者中，70%以上的顾客是开车前来，即所谓的中高端消费人群——它要抓住的是这部分人。

的确，这要看怎么算账。150 元会费可能会让消费者感觉不值。但是，举个例子吧，Levi’s经典牛仔裤在这家卖场里仅卖 398 元，而在中国其他商场，它的价格基本不会低于 1 000元。如果你喜欢这个牌子的衣服，一年只需购买一件，就已节约几个 150 元了。

山姆会员店最有杀伤力的“武器”就是商品和价格。

几年前，山姆会员店在中国的单品数量也在 10 000 种左右，但现在已经削减了近 60%，2 万多平方米的面积只有 4 400 种单品，进口商品占比为 20%～30%之间。而一般大卖场的单品数量在 2 万～3 万种。

山姆会员店反其道而行之，仅为会员提供有限的单品。这被解释为：减少商品种类，为会员免除了挑选商品的烦恼，节省时间和金钱。

这是一个颇为有效的经营策略。消费者往往会在大卖场某个品类前踌躇不已，比如酱油，有着几十个品牌，每个品牌往往还有十多种不同产品，究竟选哪种？这让消费者很头痛。

山姆会员店则在很多时候让你“没的选择”——因为很多品类都是仅此一种或有限的两三种，反而会让顾客更迅速地做出购买选择。

2. 低价的手段

当然，山姆会员店的这些商品可不是一时兴起被随意引进卖场的。山姆会员店根据会员的需求来选择商品，每年都定期访问会员，研究会员购买行为变化，及时淘汰不符合会员需求的商品。山姆会员店会在多年经营的基础上，通过数据分析会员的购物习性，总结他们对于某个品牌或品类的定向需求，最终只保留会员购买频率最高的品牌。

优质的同时还有低价。山姆会员店的商品定价平均比其他卖场低8%左右。在山姆会员店里，可以买到22.2元的瓦伦丁小麦啤酒(4听装)，4瓶装星巴克咖啡仅售52.8元……而保证如此低价的手段是，包括进口商品在内的所有商品基本直采，抛弃经销商环节，即使无法以厂家直供的商品也尽量从全国最大的一级经销商拿货。另外，山姆会员店会和厂家、供应商基地联合购买，这样即使仍由经销商供货，经销商也只赚取物流费用。而对于畅销商品，山姆会员店是以货柜的形式买断，以保证价格优势。

由于采取大批量进货，山姆会员店销售的产品多为大而简单的复合包装。陈列采用的是带板陈列，即成箱的商品整齐码放在规格为1m×1.2m的标准木制托盘上，高度为1.4m左右。根据澳大利亚、美国等国外经验，通过带板运输可使综合物流成本比散装运输方式下降近40%，再加上商品从配送中心送到商场后，打开外包装后直接用叉车摆放到地面即可销售，省去了员工拆装、上货、补货的烦琐流程，从而进一步降低了运营成本。

(资料来源：据中华合作时报·超市周刊《看沃尔玛山姆会员店与普通大卖场相比有何特色》改编)

思考题

1. 在当今的市场环境下，为何沃尔玛的山姆会员店业态会发展得如此好？

2. 请分析业态选择对连锁经营发展的重要性。

技能训练

请调查几家你所熟悉的综合性百货商店、大卖场，分析其发展现状，并指出应如何在零售业态中进行调整以应对激烈的市场竞争。

第三节 国外连锁经营的发展道路

连锁经营是在第二次零售业革命时产生和发展的，店铺以连锁经营的方式，改变了世界零售业的经营观念和面貌，经过一百多年的发展，如今已形成了世界范围的连锁经营潮流。

一、美国

连锁经营不受国家和地域的限制、不受民族的限制、不受文化习俗的限制、不受商业习惯的限制、不受行业和业态的限制，它作为一种现代流通业新的经营模式，产生于美国，很快传遍世界。

（一）美国连锁经营发展历史

从世界范围来看，世界最大的连锁帝国是美国，在整个零售业发展过程中充当着领头羊的角色。美国连锁业的发展，大致可以分为以下三个阶段。

第一个阶段，产生阶段。连锁业的产生阶段大致在19世纪中叶至20世纪50年代。1859年，世界上公认的第一家直营连锁商店诞生了，它是由两个名叫乔治·F.吉尔曼和乔治·亨廷顿哈特福特的美国人在纽约创办的“大美国茶叶公司”，后来改名为“大西洋和太平洋茶叶公司”。当时美国已经具备了连锁经营的交通条件和信息化条件，已经拥有全国的铁路网和通信网络建设，再加上先进的交通工具和通信工具的使用，为连锁经营的产生与发展创造了必备的外部环境。到1865年，“大西洋和太平洋茶叶公司”已经拥有25个连锁分店，到1880年达到100个，1936年已经扩张到5 000多家分店。该公司已经取得了对单个零售店而言绝对的竞争优势。精明的商人们很快被这种成功的经验所吸引，不少连锁经营企业相继开业，但发展得并不很迅速。到1914年，全美国只有约2 000家连锁经营企业，其分店也不过20 000家，营业额近10亿美元，到20世纪20年代，连锁店开始在美国的零售业中占有一定的位置。

第二个阶段，发展阶段。20世纪的50年代至80年代，连锁业进入了一个全面开拓的发展时代。自从第二次世界大战后，美国高速公路网的建成、计算机技术的普及、自我服务的销售方式以及多种营销策略的兼容并蓄，这些条件促成了美国连锁商业在这一时期突飞猛进的发展。

第三个阶段，成熟阶段。20世纪80年代后，美国连锁业进入一个全面国际化的连锁时期，连锁经营的方式多样化了，除了直营连锁外，还有特许连锁形式，连锁经营的行业扩充到了非食品零售业、酒店业、不动产业、商业服务业等。随着世界经济一体化的要求，连锁经营的国际化成为了一大潮流。世界各地通信手段的现代化、科技的发展，为连锁经营的国际化做了必要的准备。

在这个时期美国的连锁经营企业在大刀阔斧地开拓海外市场的同时，也注意协调国际化和本土化的关系，使美国的连锁业在国际化发展中逐步走向成熟。

（二）美国连锁经营发展道路的特点

连锁零售业是美国最大的产业，拥有最多的企业和最多的就业人口。高度发达的商业是美国社会的一大特色，也是美国经济优势中易被人忽视的一个环节。概括来说，美国的连锁经营发展道路有如下基本特点。

(1) 有着丰富的零售业商业业态，方便了居民的生活

随着环境的变化和消费者的需要，不断更新零售业态。如沃尔玛非常重视适时更新零售业态，1955年至1975年这20年是美国折扣店发展的黄金时期，20世纪80年代初这一业态趋于成熟，沃尔玛开拓性地推出了仓储商店。

(2) 连锁零售业市场集中度极高

美国在1950—1959年出现了连锁零售业兼并的趋势，共发生了17 000多起企业兼并，其中商业巨头希尔斯公司销售总额高达100亿美元，同期销售额在10亿美元以上的工业大公司也不过129家。在1993年，美国50家最大连锁零售企业的销售总额占全美当年零售总额的比重为21.34%。到1995年，美国排名前25位的连锁零售企业的销售总额约占美国当年零售总额的19%。到1998年，美国100家顶尖连锁零售企业商品销售总额占全国销售总额的42%，随着经济的发展，美国连锁零售企业的市场集中度还在不断加快。

(3) 在连锁零售企业发展道路上始终有政府的保护和支持

在连锁零售业的整个发展过程中,美国政府充当了解决纠纷和维持秩序的角色。美国的商业政策的基本理论是自由放任主义,让连锁零售企业享受充分自由经营权,不对其活动加以制约,政府主要作用是维持市场和促进竞争,确保连锁零售业机会均等。但美国先后制定了一系列的法律、法规,如反垄断法、联邦劳动基准法、营业时间法规、消费者保护法等,对连锁零售业的支持、规范并激励其健康有序的发展,起到了保驾护航的作用。

(4) 积极开拓国际市场,实现规模经济

随着连锁零售企业在美国不断涌现,数量不断增多,市场竞争日益激烈,国内市场趋于饱和,为了扩大规模,实现规模效益,美国的大型连锁零售企业开始到世界各地"跑马圈地"的开设门店。1991 年,沃尔玛、肯德基等大型连锁零售企业开始向海外大肆扩张。

二、欧洲

(一) 欧洲连锁经营发展历史

连锁经营在美国产生后不久,即开始传入欧洲,欧洲连锁经营的发展比起美国毫不逊色。但是欧洲连锁经营的发展模式、发展进程等方面与美国有显著的区别,连锁经营在欧洲的发展,带有浓厚的文化、经济色彩。英国、法国、德国、荷兰能够代表欧洲连锁经营发展的概况。

1862 年,英国第一个连锁经营企业"无酵母面包公司"在伦敦宣告成立;第二次世界大战以后,连锁经营企业在英国迅速发展起来,尤其是在 20 世纪六七十年代,连锁经营在英国获得了突飞猛进的发展,整个零售商业结构几乎以连锁经营模式为主。连锁经营的销售总额要占到零售业销售总额的 70%。到 1984 年,拥有 10 家以上门店的大型连锁经营企业有 1 200 家,其营业额占整个零售业的 69%,市场集中度非常高。如英国最大的连锁零售商店马狮公司在全英国拥有 260 家门店,每周接待 1 400 万人次。

当时的法国连锁经营有两大特色,一是中小型连锁店众多,二是大型连锁商店在总销售额中占较大比重。欧洲最大的购物中心——拉法耶特百货集团(也称巴黎老佛爷百货商店,Lafayette)目前在法国拥有 60 家规模不等的连锁店,巴黎总店的营业面积达到 5 万平方米,中等城市的门店则为数千平方米。开云集团(原名是巴黎春天百货集团,Kering)拥有 20 余家百货商店,设有 120 家大众商店,1998 年销售额达 16 541 百万欧元。1959 年成立的家乐福公司(Carrefour)于 1999 年公司收购了另一家法国大型零售超市公司,使之在世界零售业中的排名由第六位跃升至第二位,年销售额 470 亿欧元(约合人民币 3 938 亿元左右),仅次于美国的沃尔玛。

德国的连锁经营风格独特,已成为德国普遍的连锁商业企业的组织形式,德国最大的连锁商业集团——成立于 1920 年的卡尔斯塔特百货公司(Karstadt),目前在全国有 186 家门店,年销售额达 210 亿德国马克(约合人民币 898 亿元左右)。德国最大的以经营食品为主的连锁折扣商店——阿尔迪(ALDI),该连锁店主要以薄利多销而驰名世界,连锁商店在德国已有 4 000 家门店,年销售额高达 510 亿德国马克(约合人民币 2 180 亿元左右),占德国零售总额的四分之一。德国大型连锁超市——成立于 1964 年的麦德龙(Metro),则是经营从食品、生活日用品到建筑材料、电器等多种多样的商品。如今麦德龙已拥有 2 144 家门店,年销售额达 917 亿德国马克(约合人民币 3 924 亿元左右),已是世界第三、欧洲第一的商业集团,是世界百强企业之一。

荷兰目前最大的连锁经营企业——阿霍德(AHOLD)创建于1887年，主营食品饮料和药品批发，兼作食品生产商，目前在全世界拥有3 927家门店，其中在全荷兰有612家门店，2000年其排在全球零售业第4位。近年来荷兰阿霍德通过跨国收购兼并，企业规模迅速扩大，2001年的销售额已超过了法国家乐福公司的销售额，一跃成为世界第二大零售企业。

总之，连锁经营在欧洲每一个发达国家都是最活跃的经营模式。

（二）欧洲连锁经营发展道路特点

欧洲连锁经营的发展道路具有以下特点。

（1）欧洲连锁经营是美国的跟随者，也是竞争者

在连锁经营的发展过程中，欧洲很善于向美国学习，但是美国连锁经营的模式、业态总是在不断更新和发展中，相比之下，欧洲的连锁经营发展要比美国慢一拍。

（2）欧洲主要国家连锁经营的特色有些差异

英国，多种连锁经营业态并存且发展迅速，连锁经营企业形成了巨大的销售网络。德国，公司联号是普遍存在的商业组织形式，规模也日趋集中。薄利多销是德国连锁的显著特点，较低的货价也容易促成大额长期合同的签订，使资金周转速度非常快，避免占用大量的资金，达到可以利用较少的资金运营较多物资商品的效果。

（3）善于创新

欧洲对世界连锁经营的最大贡献是创建了大卖场这一零售业态，这一业态辉煌了将近50年的时间。还有麦德龙集团的“未来商场”计划，引入信息化系统即无线射频技术，成为零售业技术创新的领导者。

三、日本

（一）日本连锁经营的发展历史

连锁经营在亚洲国家的出现相对较晚，但是称得上是连锁经营发展的后起之秀，连锁经营在日本的发展大致经过了以下三个阶段。

第一个阶段，连锁经营的萌芽期(1929年至第二次世界大战)。1929年在日本东京成立了亚洲第一家连锁经营企业——“大东京洋品商联盟”，自此拉开了连锁经营的序幕，之后相继出现了大东京文具连锁、大东京瓷品连锁、大东京鞋业连锁店联盟以及和服共同进货联盟等自由连锁经营企业。由于当时经济条件恶劣，加上第二次世界大战的爆发，这些企业都被当时的统制经济逐步吞没，日本从自由连锁起步的连锁经营没有发展起来。

第二个阶段，连锁经营的发展阶段(1955年至1964年)。1956年以后，日本出现了被称为“神武景气”和“岩户景气”的两次经济发展高峰，形成了大众消费社会。在这段时间，日本加大了对零售业的投资。知名的大荣公司、伊藤洋华堂相继成立。及时地引进了连锁经营，同时其经营管理者们纷纷赴欧美学习连锁经营技术与管理方法，并不断地开设或吸收门店，不断扩大销售网点。

第三个阶段，连锁经营的突飞猛进阶段(20世纪80年代至今)。连锁经营企业纷纷采取信息化管理，销售终端系统(POS)和局域网(LAN)逐步运用到连锁经营企业的运营中来，并迅速得以推广。例如，伊藤洋华堂于1985年在全部125家门店中引入8 000台POS机，大荣公司于1987年在全部169家门店中引入POS系统。

（二）日本连锁经营发展道路的特点

通过对日本连锁经营的分析，总结出日本是世界连锁经营的学习者、发展者，具体具有

以下特点。

(1) 善于学习美国先进的经验

日本许多连锁巨头的总裁都曾到美国考察学习过，如大荣公司的中内功、八佰伴的和田一夫还有伊藤华堂的铃木敏文。伊藤洋华堂的铃木敏文在20世纪70年代初就将目光投向了连锁业典范的美国。通过对美国市场的调查，铃木敏文注意到了便利店这一业态。这样才有后来诞生的7-ELEVEN便利店。又如，大荣公司除了善于学习先进经验外，还根据自身的情况不断总结自身的经验，在1962年芝加哥召开的全美超市协会创立25周年大会上，中内功就意识到日本超市时代一定会回来。从此，中内功加快扩张经验规模，增加门店和商品的数量。

(2) 日本连锁经营企业不断走创新之路

日本连锁经营企业的发展可以说是后起之秀，日本通过学习美国先进完善的连锁体系，然后，根据本国的情况，加以改造，在较短的时间内完成了日本商业连锁化的进程。如日本的直营连锁店是在引进美国连锁技术的同时，将超级市场与廉价商店的做法加以结合，发展成了具有日本独特风格的大型综合超级市场。日本在连锁经营的实践中，进一步发展了自由连锁理论，提出了“同志联合体”的新理念，即认为自由连锁组织的总部和加盟店是分工合作的统一，连锁店要联合开展各项活动，而且要具备共同的价值观念，抱着“依靠有组织的经营提高竞争力，最终对自己的门店也有益处”的共同目的来经营。在这种理念的指导下，日本不断创造新的连锁经营模式，探索如何将自由连锁和特许连锁结合起来的有效方法。

(3) 有着完善的流通政策体系

日本流通政策的大致路径是：首先，保护中小企业，限制大店的发展和经营，促进中小连锁经营企业的发展；其次，是推动流通设施的改造及流通的共同化、组织化；最后，进一步放宽流通管制，促进市场竞争，减少政府对大企业发展的限制和干预。有健全的法律体系对日本连锁经营的发展道路起到保驾护航的作用，如1966年，日本政府制定零售商业连锁化政策，在自由连锁研究会的基础上，建立了社团法人“日本自由连锁协会”；1976年制定《中小零售业振兴法》，从税收、贷款利率、设备更新、营业选择场所等方面，扶持自由连锁发展。政府还对流通基础设施进行规划布局，防止盲目投资，重复建设。

四、对中国连锁经营发展的启发

通过对美、欧、日三方连锁经营发展道路的分析，可以得到以下几点启发。

(1) 政府政策的支持和保护是非常重要的

如从美国的经验来看，在连锁商业的发展初期，政府通常在法律和经济方面给予大力支持，美国的14个州都制定了连锁店加盟法。总之，无论是连锁经营发展最早的美国，还是后起之秀的日本，在连锁经营发展的道路上，政府起了重要的作用。

(2) 健全的法律体系是连锁经营发展的必备条件

国外连锁经营发展速度快，发展模式、业态丰富，完善的法律体系为其发展塑造了公平、安全的市场环境。

(3) 善于学习他人的经验

其实，中国是较晚发展连锁经营的国家，只要我们认真研究学习美国、欧洲、日本三方经过长期实践而总结出的宝贵经验，我们就会少走弯路，但是，在学习他人经验时，要根据我国的国情，进行消化创新。

【案例分析】

日本7-ELEVEN公司的连锁之道

日本7-ELEVEN公司的原名洋克七公司，是由日本最大的连锁集团之——伊藤洋华堂于1973年年底设立的。当初，伊藤洋华堂设立7-ELEVEN子公司，是受美国方便店连锁经营的启示，想在日本探索适合日本人消费习惯的方便连锁店。在总部伊藤洋华堂的支持下，7-ELEVEN公司当年与美国南陆公司签订了在日本开展地区特许连锁合同。1974年5月，日本7-ELEVEN公司总部与东京汇东区的一家山本茂酒店签订合同，成为该公司，也是日本第一家便利连锁店。当年共有15家连锁便利店开业，一年后发展到69家，经营额为48亿日元(约合人民币3亿元左右)。1976年5月，连锁店发展到100家，开始实行汇总批发、共同配送的物流业务体制，并在许多连锁店开始实行24小时营业。1978年1月，由原名洋克七公司正式改称为日本7-ELEVEN公司。1992年12月，该公司成为拥有世界22个国家和地区的1.359万个连锁店的国际连锁网络企业，到1993年年底，该公司在日本国内已经发展到近6 000家连锁店，成为日本零售业中最有竞争实力的连锁经营企业集团。

当初，伊藤洋华堂准备将美国便利店引入日本时，曾有许多人对此举的成功性表示怀疑。因为20世纪70年代初，正是日本超级市场充分发展的时期，超级市场的连锁经营已在零售业占领了很大的市场份额，加之日本国内星罗棋布的小型零售店，使人担心引入便利连锁店是否还有发展余地。然而，事实证明，伊藤洋华堂的决策是有战略远见的。便利连锁店之所以能与超级市场和小型零售店竞争并迅速发展，主要是因为便利店顺应了20世纪70年代日本社会的经济特点和消费特点，给消费者提供了以下几方面的便利性，而这些是超级市场和其他业态的零售业很难做到的。

第一，地理位置上的方便性。超级市场为追求“廉价销售”而使其规模越来越扩大，因而越来越难以在拥挤的住宅区内立足；同时，拥挤的城市住宅区地皮房租费用昂贵，也不利于超级市场降低成本，使其越来越远离住宅区，这就给消费者带来了极大的不便，消费者不会为买几件生活必需品而驱车跑到超市去。而便利连锁店分布于住宅区附近，消费者七八分钟或十来分钟之内即可由住宅步行到店。便利店的顾客主要为周围半径500米左右范围的居民。

第二，时间上的方便性。随着社会的发展，人们的生活习惯已不再是早睡早起，开夜车加班加点干工作的人越来越多，参加夜间娱乐生活的人也越来越多，这些顾客希望商店长时间营业，甚至24小时连轴转地为他们服务。便利连锁店满足了他们这方面的需求。尽管价格比超市或其他零售店贵一些，但由于来店的顾客大都是独身的年轻人，他们并不在意价格高低，而是抓住想买的东西就走，因此，24小时服务的便利连锁店是他们理想的购物场所。

第三，购物过程和消费过程的方便性。随着经济的发展，人们的生活节奏也越来越快，消费者购物时希望一走进商店便能发现自己所需要的东西，而不必花太多时间去找。这样，就需要商店里的商品品种不能太多。超级市场由于要追求规模效益，一般营业面积为几千至上万平方米，商品一般要在上万种以上，这对于要购买几件日常必需品的顾客来讲无异于大海捞针，费时费力。而便利店的店铺规模要小得多，一般营业面积为100平方米左右，商品在3 000种左右，这就给顾客购买带来很大的方便。此外，随着生活节奏的加快，越来越多的消费者需要商店为他们提供尽量接近最终消费形态的商品，如在15分钟之内就可以进行消费的三明治、汉堡包、沙拉、各种家常菜等快餐食品。而当时日本的超级市场大都十分重视加强其在生鲜食品方面的优势，这些生鲜食品必须经过加工料理后方可消费，而这些加工过程对于许多消费者来说是不现实的。便利连锁店的经营战略是直接向消费者提供菜肴和饭食，这就给消费者带来了消费过程中的极大方便。

正是由于便利连锁店具备了别的业态所不具备的优势，才使其在日本得以迅速发展，其中，日本7-ELEVEN公司在其经营上更具特色，成为日本便利店连锁业中的佼佼者。

（资料来源：www. finance. eastmoney. com/news/1373,20120717222429968. html

思考题

1. 归纳总结日本7-ELEVEN公司便利店的发展之路。
2. 一个新的业态要成功，需要具备哪些条件？

技能训练

请查阅资料，调查你身边的连锁经营企业，其连锁经营发展道路是怎样的？

第四节　中国连锁经营的发展现状及趋势

一、中国连锁经营发展历史

（一）中国香港

中国香港在20世纪60年代才出现连锁经营，70年代经济腾飞，连锁经营开始迅速发展。经过了四十多年的发展，出现了惠康、百佳两大有名的超级市场连锁店，其门店数都在500家以上，市场占有率达40%以上，几乎垄断了香港的副食品和个人卫生用品市场。

此外，集团式酒楼、便利店、快餐店、服装店、眼镜店、中西药店、书店、面食店、影视器材商店、冲印店、美容店及珠宝店、大百货店均已采用了连锁经营模式。

（二）中国大陆

改革开放以来，中国经济有了迅速的发展，生产的社会化程度逐步提高，市场规模不断扩大。从20世纪80年代开始，连锁经营在中国悄然起步，1980年广州友谊商店诞生了，这是中国首家超级市场。进入20世纪90年代，随着以特许连锁方式风靡世界的肯德基、麦当劳相继在中国落户，他们在给中国带来“快餐”新概念的同时，也带来了“连锁经营”的新理念，连锁经营的概念开始被国内企业界所接受。中国的零售业发生了根本性变化，开始出现真正的现代连锁零售企业。1990年年底，东莞虎门镇出现了国内第一家连锁超市——美佳超市，并于1991年迅速开到10多家分店，连锁超市这种自助的售货方式、完全统一的形象，在零售业产生了极大的影响，吸引了很多跟随者，从此，连锁经营企业开始在中国迅速发展。

从1993年开始，连锁经营开始向其他业态发展，有了多种业态形式，像超市、快餐店、专卖店在这一时期得到了发展。

1995年年底是中国连锁零售业发生巨变的时期，世界顶尖连锁巨头纷纷在中国开始了“圈地运动”。全球第一大零售连锁集团沃尔玛于1996年进入深圳，全球第二大零售连锁集团家乐福于1995年年底进入北京，全球第三大零售连锁集团麦德龙于1996年进入上海，世界第一家仓储式商店万客隆于1996年进入广州。这些强劲的竞争对手给中国连锁经营企业带来了机会和挑战,中国零售业进入了全面竞争时代,在激烈的竞争中,内资连锁经营企业迅速成长起来。2000年上海联华超市销售额名列中国零售企业榜首,这标志着中国开始了以连锁经营为主导的商业组织形式,中国商业开始真正步入现代化行列。

2000年以来,中国连锁零售业继续保持快速发展的势头,连锁网点不断增加,规模不断扩大,业态不断丰富,行业不断增加,连锁经营在洗涤、理发、美容、快餐、酒店业方面获得了持续的发展。

二、中国连锁经营的发展现状

中国自20世纪90年代初开始发展连锁经营以来,零售业的主导地位不断提高,有力地推动了中国商业体制的改革和流通产业的现代化。由于经营方式与组织结构所具有的独特优势,使其很快成为现代流通业的发展主流和商业领域最具活力的经营模式。目前,我国连锁经营呈现规模不断扩大、多业态持续发展的良好势头,发展现状如下。

(一) 迅猛扩张,市场份额急剧扩大

据统计,至2012年,全国连锁百强门店达到9.4万个,实现销售额1.87万亿元,占社会消费品零售总额的9.3%。连锁经营涵盖了60余个行业,从业人员达到263.15万人。

连锁经营覆盖的领域和范围不断扩大,已拓展到零售业、餐饮业、服务业三大行业的50多个业种。连锁商业的市场辐射力不断增强,成为开拓市场、扩大需求新的增长点,充分显示了连锁经营对改造传统商业模式、促进流通现代化,推动现代流通业发展的重要作用。

(二) 内资连锁经营企业占据主导地位

尽管实力雄厚的外资连锁经营企业纷纷涌入中国,但是市场占有率还不到两成。外资零售企业的进入,加剧了市场的竞争,促进了我国市场国际化和现代化程度,但从总体上看,目前我国内资连锁业仍占据主导地位。

(三) 采取多样化的规模扩张方式

连锁经营企业扩大规模的主要方式,一是对国有商业进行连锁化改造;二是通过租赁、购买,新建网点实现网络的扩张;三是通过联合、购并、加盟等方式,加速了规模化发展的进程。前两种方式均属单一资本的扩张。各级政府和行业主管部门在此过程中发挥了积极作用,通过扶优扶强,加快培育龙头企业,使一些优势企业的经营规模迅速扩大。近几年来,兼并、重组已成为连锁业发展的主旋律。

(四) 连锁经营方式向更多行业和业态延伸

随着消费需求的多样化和个性化,连锁经营企业也发展成为多种业态。特别是在经济发达地区发展更快。目前,连锁超市的主体业态主要体现为:生鲜型超市、百货型超市、综合性超市、大卖场、购物中心、便利型超市、社区超市、电子商务、实体+电子商务。采取连锁经营方式的行业已经从家电、服装、鞋业扩展到药品、汽车、建材、房屋等多种行业。

三、中国连锁经营存在的不足

虽然近几年我国连锁经营出现了快速发展,也出现了不少优秀的连锁经营企业,但是有多数连锁经营企业在经营管理中存在以下一些问题。

(一) 资金和技术制约

中国连锁经营企业,个个都想当业内“老大”,很难走强强联合之路,导致国内连锁经营

企业市场集中度低、规模小，资金实力不足。资金实力不足，就无法引进先进的信息系统，进行信息化的管理，就无法降低经营成本。直接导致中国连锁经营企业纯利润只能达到1%左右，究其重要原因是中国缺乏对物流信息系统的建设，导致对物流控制力太低，物流成本太高。

（二）连锁经营企业管理滞后

一种连锁业态的出现，必然有与之相适应的系统经营管理理论和方法。中国近年来连锁业态发展迅速，但是经营管理滞后的问题却比较突出，严重地影响了国内连锁经营企业的良性发展。目前，连锁经营企业普遍存在着一些问题，即企业领导的经营管理观念尚未完全转变，没有认真研究连锁经营企业的经营管理规律及特点，缺乏标准化、规范化管理，管理仍处于较低水平。

（三）缺乏差异化的经营意识

中国的许多新兴连锁商店仍没有从传统经营中走出来，表现为缺少市场竞争和整体战略意识。目前，很多连锁经营企业，只注意一些表面的东西，而没有注意到内在的经营理念和行为识别。当中国的连锁商店已遍布大中城市的大街小巷时，给人们的印象则是千店一面、毫无特色的开架售货的食杂店又回来了，因此不能不说缺乏现代商业经营意识是制约我国连锁经营企业发展的一个重要因素。

（四）缺乏人才

从人才方面而言，中国连锁经营企业的发展还十分缺乏符合连锁经营需求的管理、技术型人才。如POS机只是作为收银的机器，无法将收集的数据作为制定连锁经营发展战略资料。当今的连锁经营企业已经是高科技行业，技术含量高，人员的素质直接影响着连锁经营企业的前途和命运，而没有业务技术娴熟、管理水平高的队伍，再好的硬件设施也难以发挥作用。

中国连锁经营从宏观角度来讲，零售业法律、法规滞后；从微观角度来讲，连锁经营企业的管理机制、经营理念、技术含量低阻碍了企业发展。

四、中国连锁经营发展趋势

目前，国内市场呈现国际化的竞争态势，连锁经营企业生存发展压力进一步增大。内外资连锁零售企业跨地区、跨行业的强强联合，为大力发展连锁经营提供了经济实力。据此，我国连锁经营将表现如下的发展趋势。

（一）连锁经营企业业态进一步细分

中国连锁经营的发展已经从零售领域发展向生产领域和服务领域不断发展。随着消费者需求的多样化和零售业竞争的白日化，一些成熟的业态处于市场饱和状态，慢慢进入了衰退期。连锁经营企业集团在当今的市场环境下，为了保持市场占有率，必须采取多种业态经营，细分业态，才能形成差异化优势。未来，实体＋电子商务、社区超市、生鲜超市等业态将成为迅速发展的连锁经营业态。

（二）连锁经营的方式将会发生变化

随着中国连锁经营运营方式的成熟化、法律环境的完善化和社会对连锁经营效益认识的提高，连锁经营的方式将会发生重大的变化，即由原先以直营连锁为主，发展成为特许连锁和自由连锁共同发展的局面。连锁经营方式发生变化，有利于连锁经营企业的巨型化、规模化发展，实现规模化效益。

（三）先进的技术手段将进一步普及

连锁经营决定了连锁经营企业的规模性，连锁经营企业要想达到有效运营，提高利润率，必须全面运用现代化技术手段，如信息技术、物流技术等。这将根本改变我国传统商业的面貌，大大提升中国零售业在国际市场的竞争力。

（四）连锁经营企业的竞争力日益加强

近几年，中国连锁经营受到国家的重视和支持，连锁经营取得了全面的发展，连锁经营企业的竞争进入了前所未有的态势，连锁经营企业之间的竞争将成为我国商业竞争中的重要组成部分。在这样一个大环境的驱使下，一个运行良好的连锁经营企业，其店铺发展数和销售额的增长数几乎每年都以倍数在增加，这充分显示了连锁经营的巨大魅力。再发展几年，这些连锁经营企业将具备进入国际市场的实力。到时，连锁经营企业集团将为扩展海外市场而展开更加激烈的角逐。

（五）整合连锁经营和电子商务

方兴未艾的信息技术已引发了一场商业革命，电子商务异军突起，但电子商务的发展必须以现实的物流为基础，所以未来的电子商务企业需要寻求与拥有完善的物流配送系统的连锁经营企业联合。而传统的连锁经营企业利用其成熟的分销网络，向电子商务进军。未来，大部分特许连锁经营企业都建立了自己的网站，其目的是除了招募加盟者，还进行网上会议、各种资讯的传输和接收。很多加盟者也自己开办网站以吸引当地的消费者，进行网上批量采购活动，从而可以获得更优惠的价格。所以，连锁化和电子化是未来连锁发展的必然趋势。

【案例分析】

社区超市发展之路

永和超市是唐山的一家连锁社区超市，创立十多年，现拥有35家门店，总营业面积仅4 000平方米，年销售额却高达1.5亿元，毛利近600万元。它的秘密是什么？

1. 妙用减法

从2005年7月开第二家店起，创始人李勇和就开始“做减法”。他按面积将门店分为三类，并对应一定数量的单品：A类门店面积200～300平方米，对应1 200种单品；B类门店100～200平方米，对应900种单品；C类门店100平方米以下，对应700种单品。

以酱油为例，唐山比较畅销的品牌有海天、真迹、佳佳和厨帮等，每个品牌又有十几种口味。在大超市里的酱油，光单品就100多种，足以让消费者们挑花眼。

但永和超市并不需要像大超市这样，以齐全的品种满足人们各种需求。它所要发挥的功能仅仅是——家庭主妇炒菜时发现盐没了，能马上到楼下买包盐回来继续炒菜；当米饭煮少不够吃时，能立刻到楼下买馒头凑合；家里突然来了客人，能尽快到楼下买水果来招待……

在永和超市里的酱油，最初有6个品牌。李勇和发现，一是这么多品牌的酱油严重占据了店内空间，二是不利于消费者快速做出选择。自从开始“做减法”后，他只选择了海天和真迹两个一线品牌，且只选取消费频率最高的一两种规格，种类上也只有老抽和生抽。

这样一来，顾客买酱油时一目了然，几乎不用考虑就把酱油放进了购物篮。“减少顾客挑选商品的困扰，缩短交易时间，也是一种便利。”李勇和“做减法”并非盲目削减单品数量。“日常生活消费品太多，而对于永和来说，一次性消耗品才更有价值。”在商品品类的选取上，永和并不注重其单价的高低。只要是耐用品，即使利润再高，永和也不会选择。但像卫生纸、厨房用纸、保鲜膜和牙膏等一次性消费品，即使其单价再低，永和也会优先考虑。

2008 年以后，永和超市里面一件耐用品也没有了。单品数量减少了一半多，销售额反而大幅提升。

2. 特色促销

与此同时，永和超市生鲜区的销售也蒸蒸日上，盈利能力也节节攀升。这不仅因为永和超市经营规模扩大，降低了采购成本，更重要的是，李勇和采取了一系列促销手段。永和超市每天会拿出几个生鲜单品做特价，通常一斤卖 1 块的生鲜，永和就卖 5 毛，而且还是品质非常好的生鲜单品。这极大地吸引了挑剔的家庭主妇，从而带动了其他生鲜单品的销售。“虽然单品毛利率下去了，但促销活动带来了其他生鲜产品的销售，会把毛利率拉上去，最后毛利率一点都不低。”

3. 信任式管理

为了迎合单品数量上的“减法”，永和超市内部的布局也颇具特色。

首先，品类主次鲜明。大量的生鲜熟食，占总量的 70%左右，而其他产品如油盐酱醋、休闲食品和少量的百货等，最多不超过 3 个货架。永和一个仅 60 多平方米的店，就囊括了 51 种蔬菜。要知道，在常规大卖场里也不过 80 种。

其次，充分利用空间。永和超市将最重要的生鲜货架摆在正中间，四周靠墙的一圈货架摆放其他商品。顾客站在店里的任何位置，都可以看到超市的每一个角落，单位面积利用效率非常高。此外，生鲜货架都是由永和超市自己设计制作的，通常分为上下两层，上面是陈列台面，下面则用来堆放库存，便于店员们在销售繁忙时及时补货。

最后，关联商品陈列。永和超市的商品陈列跟其他超市不同，看似杂乱无章，但却有其内在关联。比如，将食用油放在猪肉货架的上方；将番茄摆放在鸡蛋的旁边；牛奶、豆浆陈列在面点货柜上……

这些店面布局的标准，都无一例外地复制在了永和超市的 35 家店铺里。而令人吃惊的是，这 35 家永和超市至今都没使用 POS 机。李勇和认为，处于成长阶段的永和超市不需要 POS 机。“因为商品品类本来就少，而且卖的都是柴米油盐。”有同行不相信，但到几个店里参观后发现，永和的收银小姑娘很厉害，每一种商品价格都对答如流。这位同行不禁感慨：“真正效率高的是人的大脑”。

实际上，真正有效率的，是李勇和充分信任员工的管理方式。

4. 从毛利到周转

永和超市的杀手锏，除了生鲜，自然还有其赖以起家的熟食。早在 2006 年，李勇和自己成立了熟食加工厂。每天加工馒头、花卷和烙饼等面点，还有一些卤味和凉拌菜。加工厂的师傅大部分为家庭主妇，因为她们的手艺最符合家常口味。厨师出身的李勇和，对食品的用料和口感极为考究。面粉要采购市面上价格最高的，成品也必须是当天最新鲜的。如何保证新鲜？比如主食类食品，加工厂每天生产 1 万个馒头，然后由每位店长根据自己店内的日常销售情况向总部订货，上下午各送货一次，上午的馒头保证在上午售完，尽量不过中午。

价格是必不可少的优势。实际上，与一二线城市的消费者关注购物环境和服务品质不同，在唐山市这样的三线城市市场，消费者对商品价格更敏感。抓住了价格，就等于抓住了顾客的心。比如猪肉，大超市的毛利率一般为16%～18%，而永和超市却把毛利率从以前的12%降到了9%。“一般的传统便利店有30%的毛利率，但一天销售额仅3 000元左右，毛利仅900元；而我们的毛利率只有15%，但每天销售在1万元以上，毛利至少1 500元。”

李勇和的未来规划要把永和超市定位于“社区厨房”，摆设几张小桌椅，出售快餐和简餐。“顾客们不想做饭的时候，可以来永和超市吃点饭，顺便买袋水果回家。”

（资料来源：www.linkshop.com.cn/web/archives/2013/261060.shtml）

思考题

1. 永和社区超市有何特点？

2. 如何经营好社区超市业态？请谈谈社区超市业态的发展前景。

技能训练

选择当地一家国内外连锁知名企业，去感受企业的每家门店，试总结其连锁经营的特征。

【本章复习题】

1. 连锁经营的优势和风险有哪些？
2. 连锁经营的特征有哪些？
3. 连锁经营有哪些业态？各有什么特点？

第二章

连锁经营基本类型识别

【本章介绍】

连锁经营经过100多年的发展,呈现出多种模式。根据企业经营所属权的不同,一般划分为三种类型:直营连锁、特许连锁和自由连锁,目前这三种经营模式已成为世界连锁业的主流。

【学习目标】

知识目标:掌握连锁经营企业三种基本类型的含义、特点及适用范围。

技能目标:能够根据三种基本类型的特点和适用范围正确地为企业选择连锁经营类型。

【学习内容】

1. 直营连锁的含义、特点及适用范围。
2. 特许连锁的含义、特点及适用范围。
3. 自由连锁的含义、特点及适用范围。
4. 三种类型的区别和联系。

【案例引导】

肯德基与麦当劳

20世纪90年代以来,中国经济全球化进程提速。在这个人口世界第一、最具潜力的中国大众餐饮市场,"本为同根生"(同源自美国)的全球快餐两大巨头麦当劳与肯德基,在中国市场博弈中取得了让全球其他市场汗颜的骄人业绩,中国市场成为带动其全球业务发展的"发动机"。

从全球范围看,麦当劳和肯德基尚不属于一个重量级。据统计,在2012年,麦当劳在全球门店达到34 000家,覆盖国家和地区数量118个,员工数量达到180万人;而肯德基在全球门店才有15 000家，覆盖国家和地区数量109个，员工数量，仅有100万人。

但在中国市场上，肯德基于1987年11月12日在中国北京前门开设第一家快餐店，是第一家进入中国内地的西式快餐连锁集团。历经6年的摸索，至1992年全国餐厅总数为10家。肯德基自进入中国市场之初，就为肯德基在中国设立了远景目标：把中国肯德基(KFC)品牌做成中国餐饮业的第一品牌，甚至是全世界最受欢迎的餐饮品牌。在连锁经营模式上，实施"直营连锁"与"特许连锁"两条腿齐头并进的提速战略(即早在1999年开始实施了"零起点加盟"的特许连锁，自2004年年底，1 200家餐厅中有5%(即60家)以上的特许加盟店)。

在肯德基进入中国三年后，麦当劳才开始了其逐鹿中国的旅程。之后，麦当劳干劲十足，意欲后发制人，实施赶超战略。1992—2002年的10年间，平均每年的开店数为38.3家，并在北京市场后来居上，开店数量领先于肯德基。但在经过12年的发展之后，麦当劳才开始了"直营连锁"与"特许连锁"的双向发展，决策反应速度的缓慢也制约了其扩张速度，更影响了其在中国市场选址圈地的决策速度，以至于在对同一个目标店铺选址的决策过程中，往往为肯德基捷足先登。

(资料来源：www.chinairn.cn/doc170270179527.html)

思考题

1. 你认为肯德基与麦当劳分别采用了哪几种连锁经营类型？
2. 肯德基与麦当劳分别有哪些经营特征？
3. 这些快餐连锁经营类型各自具有什么优缺点？

第一节　直营连锁

一、直营连锁的含义

直营连锁(Regular Chain，RC)又称正规连锁或公司连锁，指由总公司(总店)直接经营的连锁店。连锁店在建立初期一般采用直营连锁，这种连锁方式曾经是美国连锁店的基本形态。

关于直营连锁的含义主要有以下说法。

国际连锁协会——以单一资本直接经营11家以上商店的零售业或餐饮业组织。(强调"单一资本"和"门店数量")

美国商务部——由总公司管辖下的许多门店组成，可形成行业垄断。特点是大量进货、大量销售，有较强的竞争力。(强调"大量进货"、"大量销售")

日本通产省——处于同一流通阶段，经营同类商品和服务，由同一资本经营并在同一总部集中性管理机构统一领导下，进行共同经营活动，由两个以上单位店铺组成的零售企业集团。(强调"同一资本"、"经营同类商品和服务"、"总部集中管理"等)

综合不同定义，本书所述"直营连锁"定义是指连锁的门店由连锁公司全部或控股开设，在总部的直接控制下，开展统一经营、利益独享、风险独担的一种高度统一的商业经营形式。如世界上第一家连锁店，1859年成立的美国"大西洋和太平洋茶叶公司"就是直营连锁店。

二、直营连锁的特征

1. 产权一体化

产权一体化是指连锁经营企业的所有门店都属于同一个所有者、一个公司、一个联合组织或一个人。资本是总部和门店之间、门店与门店之间的主要连接纽带，各门店不具备独立的法人资格。

2. 经营管理权高度集中统一

直营连锁的经营管理权集中在总部，实现高度集中统一。所有权、经营权和监督权完全集中在总部。总部负责事业的规划，在人事、财务、投资、分配、采购、定价、促销、物流、信息等方面集中统一管理与经营。如各分店的经理是公司雇员而不是所有者(老板)；各分店要求经营同类商品和服务，以达到规模效益；各分店必须按照总部指令行事，统一管理、经营、字号、形象、服装、促销、商品陈列、服务、价格等。

3. 统一核算

总部统一核算，各分店只是销售机构，销售利润由总公司支配，店长无权支配，各分店的工资奖金按照总部标准执行。如1862年在伦敦成立的无酵母面包公司。日本的大荣超市、西友超市、王子大饭店、东急大饭店都是直营店。还有当今的海底捞、物美集团都是直营店。

三、直营连锁的优缺点

1. 优点

(1) 资源优势

资源优势在于统一管理，有利于充分挖掘利用企业内部资源。可以统一调配企业的人力、物力和财力，充分做到人尽其才、物尽其用。资本集中实力雄厚有利于同金融界和供应商谈判。总部和门店的专业化分工使得门店将主要精力集中在商品的销售和服务上。

(2) 成本优势

成本优势在于集中采购方式、通过大批量进货，提高与供应商的议价能力，大幅度降低采购成本、经营成本和商品价格。

促销、培训、开发等费用在各分店分摊，使连锁经营企业在总体上获得成本优势。

(3) 决策优势

重大决策具有灵活性、租住性和方便性。因为各门店不具有法人资格，所以其开店、调整、关闭等重大决策问题都由连锁经营企业内部决定。

2. 缺点

(1) 资本负担重、资金风险高

各个门店的开设都由同一资本投资开设，要求总部经济实力高、否则其发展速度和规模受到限制。同时，经营风险高。

(2) 分店经营受制约、缺乏灵活性

由于集中统一管理，分店自主权小，门店人员的积极性、主动性和创造性受到影响。总部远离市场，二分店权力有限，不能对市场的变化及时灵活应对。

(3) 管理成本高

大型直营连锁，由于管理系统庞大，容易产生官僚作风；由于人员多、管理路径长，必然提高管理成本。

四、直营连锁的适应条件

直营连锁主要适用于零售业，特别是大型百货商店和超级市场，因为这类连锁经营企业都需要巨额的资本投资和复杂的管理，如果采取特许连锁，管理难度较大。

【案例分析】

中式快餐直营连锁——路漫漫其修“难”兮

中国第一家突破百家中式快餐企业——截至2013年8月31日，真功夫有直营连锁店500家。真功夫采用直营连锁模式对于其企业长远的发展来说是决策成功的第一步。

快餐连锁经营企业采用直营连锁模式，其优点显而易见，例如，可以避免连锁体系的失控，结合其自身的特点统一调动与分配资源、统一决策、统一开发和整合渠道。在新技术产品开发与推广、信息和管理现代化等方面易于发挥整体优势，并且随着企业实力的日益增强，有利于融资与上市，更有利于规模采购货源，从而降低成本、费用。

目前，中式快餐采用直营连锁的方式应该是正确的选择，但其可能面临如下挑战。

1. 人才匮乏，培养难度较大，复制机制建设较为困难

人才是企业生存的根本，更是中式快餐竞争取胜的重要法宝。为了配合直营连锁经营企业的迅速扩张，必须有一支强有力的队伍。对于蓄势待发的中式快餐连锁企业来说，面临一个非常关键的问题就是人才。

由于中国连锁商业起步较晚，到目前为止，中国高等教育层次中只有少数的几所学校有连锁经营管理类的本科层次的专业，这使得专业化人才匮乏。一些快餐连锁经营企业在市场上经过多年的打拼与实践培养，造就了一批优秀的管理人才，但是这些少量的人才对于企业长远的发展战略来说只是杯水车薪。据了解，在快餐行业培养一个成熟的门店经理需要3年至4年的时间，培养的时间如此之长，而且难度较大，对于一个正迅猛发展的企业来说远水解不了近渴。

人才如此紧缺，这就需要建立一套可以用来复制的培养人才的机制。世界上没有两个人是一样的，就如同世界上没有两片同样的树叶一样。每个人都不一样，如何解决人才复制的问题呢？以什么样的标准复制呢？有什么样的程序等？这些问题需要企业去解决，对于正处于学习、发展阶段的中国快餐连锁业来说建设复制机制较为困难。

2. 产品标准化的提升难度

中式快餐由于缺乏产品标准化，很难实现品牌效益、规模效益。没有产品的标准化，就不可能形成工业化的快餐食品，也就不可能实现规模化。传统中国烹饪的特点就是模糊，比如说，“少许”或“适量”之类的话，这种模糊性恰恰为厨师提供了发挥创造的空间，使菜肴各具特色。厨师凭经验很难保证统一的标准，由于缺少量化，使得菜肴质量不稳定。即使同一家店的同样一道菜，不同厨师做出来的味道也会有所不同。

中国的饮食文化博大精深，同一种菜会有多种不同的烹调方法，真功夫的标准只是在其

“蒸”的领域实现了标准化，而并不适用于在整个行业里推广。目前，整个中式快餐业还没有统一的标准。标准不是写在纸上的规定，而是统一操作的规范，需要具体做出来。标准化很难，中式快餐产品的标准化更难。

3. 资本积累难度

资金是企业的生命，只有充足的资金流才能保证企业持续、快速、健康的发展。很多连锁经营企业为了加快其占领市场的步伐，会采取特许加盟的方式来达到资本积累的目的。目前开一家“真功夫”需要投资50万元～200万元，而“真功夫”已发展到第500家店。对于直营连锁的企业来说，巨额资金从何而来呢？当年中式快餐红高梁在挑战洋快餐的过程中，由于扩张过快导致资金链断裂，使得“红高梁挑战麦当劳”在悲歌中淡出“江湖”。红高梁的悲惨教训深入人心，这给中式快餐在迅速扩张的过程中敲响了警钟。

4. 管理突破与控制

随着连锁经营企业越长越大，对管理和控制的要求变得越来越高。连锁店面少的时候还可以管控得井井有条，但是当店面越来越多的时候，面对如此庞大的连锁体系，如何整合资源进而发挥整体优势？总部如何才能及时获得各个市场反馈信息，以做出正确的决策？如何使所有门店及时准确地执行总部的营销策略？如何在保持扩张的同时，保障物流、资金流和信息流的畅通无阻？等等，这些问题会随着企业的长大越来越凸显。

中式快餐连锁在其发展的道路上还需过五关斩六将，突破重重难关。真功夫发起全国连锁，无疑给正在迅速发展的中式快餐业再注入新的活力，希望这是中式快餐连锁经营企业的好兆头。

（资料来源：http://www.em-cn.com/article/2007/154173_2.shtml）

思考题

1. 中式快餐采用直营连锁的方式为什么是正确的选择？
2. 中式快餐采用直营连锁的方式可能面临的挑战有哪些？

技能训练

选择一家直营连锁经营企业，分析该企业的优缺点。

第二节 特许连锁

一、特许连锁的含义

特许连锁（Franchise Chain，FC），又称合同连锁、加盟连锁和契约连锁。特许连锁是一种营销方式，最早出现在美国，已经有一百多年的历史。特许连锁的主要优势是操作简便，成本较低，可以快速扩大营销规模，满足消费者对便利化、规范化服务的需要。因此，特许连锁这种营销方式在许多国家特别是发达国家被广泛采用，目前已经发展得比较成熟。

特许连锁在中国出现的时间并不长，只有十几年，但发展速度很快。特别是2000年以来，特许连锁在中国进入高速增长期。据统计，截至2010年年底，全国已有4 000多个特许连锁体系，如肯德基、麦当劳、全聚德、华联超市、马兰拉面、吴裕泰茶叶、福奈特洗衣、东易日盛装饰等，涉及餐饮、零售、洗衣、室内装饰、休闲健身等60多个行业、业态，特许连锁店约25万家。特许连锁的发展，在调整和改善流通结构，促进中小企业发展，扩大就业等方面发挥了积极的作用。

对于特许连锁的定义，虽然有多种不完全相同的表述，但其基本内涵和要素是一致的。

国际统一私法协会《特许连锁信息披露示范法》对特许连锁的定义是：特许连锁是指由一方(特许人)授权或要求另一方(受许人)依照特许人指定的系统以自己的名义商品销售或提供服务，并获得直接或间接的财务回报。该系统包括专有技术和支持，基本的业务运作模式，包括特许人对受许人严格的和持续的营业控制，并应实质上使用特许人指定的商标、服务商标、商号和标志等。

美国商务部对特许连锁的定义是：特许连锁指的是，主导企业把自己开发的产品、服务的营业系统(包括商标、商号等企业形象的使用，经营技术、营业场合和区域)，以营业合同的形式，授予加盟店在规定区域内的经销权或营业权。加盟店则交纳一定的营业权使用费，承担规定的义务。

欧洲特许连锁联合会的定义是：特许连锁是一种营销产品、服务或者技术的体系，该体系建立在法律和财务上相互独立的企业之间，即特许人和单体受许人之间紧密和持续的协作之上。特许人授予受许人相应的权利，并附加相应的义务，以使受许人根据特许人提供的概念进行经营。在双方为此签订的书面特许连锁合同的框架和期限内，特许人授权并促使单体受许人使用特许人的商号、商标或者服务商标、专有技术商业和技术方法、程序体系以及其他工业或知识产权，并持续提供商业和技术支持，从而获得直接或间接的财务收入。

日本特许连锁协会的定义是：特许连锁是指特许者同其他事业者之间缔结合同，特许者特别授权特许加盟者使用自己的商标、服务标记、商号和其他作为营业象征的标志和经营技巧，在同样的形象下进行商品销售。此外，加盟者要按销售额或毛利的一定比例，向特许者支付报偿，并对事业投入必要的资金，在特许者的指导及支持下开展事业，双方保持着持续性的关系。

中国《商业特许连锁管理条例》对商业特许连锁的定义也作了明确规定：商业特许连锁(以下简称特许连锁)，是指拥有注册商标、企业标志、专利、专有技术等经营资源的企业(以下简称特许人)，以合同形式将其拥有的上述范围内的经营资源许可其他经营者(以下简称被特许人)使用，被特许人按照合同约定在统一的经营模式下开展经营，并向特许人支付特许连锁费用的经营活动。

从上述关于特许连锁的定义可以看出，特许连锁包括四个基本要素。

① 特许人必须拥有注册商标、企业标志、专利、专有技术等经营资源，并通过合同形式许可被特许人使用上述经营资源。特许人如果不具备上述条件，特许连锁也就无从谈起。因此，《商业特许连锁管理条例》对特许人从事特许连锁活动应当具备的条例作了明确规定。

② 特许人和被特许人之间是一种合同关系。特许人和被特许人是相互独立的市场主体，双方通过订立特许连锁合同，确定各自的权利和义务。《商业特许连锁管理条例》明确规定特许人和被特许人应当采用书面形式订立特许连锁合同，并对特许连锁合同内容以及订立特许连锁合同的有关要求做了明确规定。

③ 被特许人应当按照特许人的要求，在统一的经营模式下开展经营。特许连锁是一种

高度系统化、组织化的营销方式，统一的经营模式是其核心要求之一，也是保证服务的规范性、一致性以及维护品牌形象的需要。这种统一的经营模式体现在各个方面，大到管理、促销、质量控制等，小到店铺的装潢设计甚至标牌的设置等。

④ 被特许人应当向特许人支付相应的费用。特许人拥有的经营资源一般都经过了较长时间的开发、积累，具有较高的商业价值。被特许人经许可使这些经营资源也是为了开展经营活动，因此需要支付相应的费用。支付费用的种类、数额以及支付方式，由双方当事人在合同中约定。

二、特许连锁的特征

1. 特许连锁的核心是特许权的转让

特许权的转让方是加盟总部，接受方是加盟店。总部转让的特许权一般包括商标、专利、商业秘密、技术秘密、经营诀窍等无形资产，如果总部没有形成这些无形资产，就不会出现特许连锁模式。这些无形资产都属于知识产权范畴，因此，特许连锁的核心实际上是知识产权的转让。

在中国，目前还有一部分人对无形资产认识不够，擅自使用别人注册的专利、商标等侵权现象时有发生。而特许连锁是将无形资产完全用有形资产体现出来的一种方式，它推出的是一个活生生的样板店，而这些样板店经实践证明都有一定的盈利水平。就像肯德基、麦当劳，人们很容易就看到这一经营模式所带来的效益，于是，人们很容易接受这样一种无形资产的转让。

当然，一些人也可以依葫芦画瓢模仿着经营，但由于得不到公认的商标、商誉和技术上的帮助以及总店的各种支持和特殊的商品供应，管理水平也跟不上，很难被消费者接受。结果，模仿者还是要从头创牌子，走总店已经走过的路，这样是要冒一定风险的。因此，接受别人已经成熟的特许连锁权的转让对希望能迅速成功的加盟者来说是一个稳妥的方法。

2. 特许连锁加盟双方的关系是通过签订合约而形成的

特许连锁的加盟店与加盟总部之间的关系是以签订特许合约为纽带的，这个特许合约是总部与加盟者之间签订的一个协议书。根据协议，总部称为特许权所有方(Franchiser)或特许人，加盟者称为特许权使用方(Franchisee)或受许人，这个协议具有法律效力，它将加盟总部与加盟者紧紧地连在一起。

通过合约，总店允许加盟店使用自己的全套软件，并要求加盟店不折不扣地按自己的模式去经营，总店对加盟店有监督、指导权利，并有培训加盟者、向加盟者提供合同规定的帮助和服务的义务。特许合约的基本条款是由总部制定的，为维护连锁的统一性，加盟申请者对合同条款几乎没有修改的余地，必须服从特许合约的约定，根据总部提出的销售或技术上的计划来经营企业。

3. 特许连锁的所有权是分散的，但对外要形成同一资本经营的一致形象

特许连锁是特许总部将自己开发的产品、服务、商标和经营模式等许可给加盟店去经营，加盟店需出钱购买，因此，总店与加盟店不是同一资本。一般来说，特许连锁系统里，加盟店对自己的店铺拥有所有权，经营权则高度集中于总部。加盟店是独立法人、资产的所有者，店主对自己的经营成败负责，当店主认为加盟连锁组织比独自经营更有利，就会对市场上现有的加盟连锁组织进行调查、比较，最后决定向哪家连锁组织提出加盟申请。

也有另一种情况，即总店将自己经营一段时间的店铺或承租并装修、添置设备后的店铺

许可给加盟者，由加盟者出钱购买，加盟者拥有销售、人事和分配权，但经营决策权则高度集中于总部。麦当劳常用这一方法招募加盟者，7-ELEVEN 便利店在中国也是采用这种方法推出自己的特许连锁计划。无论是哪种加盟形式，加盟店都是自出资金、自担费用、自负盈亏的。

尽管特许连锁的所有权是分散的，但在表面上与直营连锁相似，要对外形成同一资本经营的形象，使公众把加盟店看作是加盟总部业务的有机组成部分。例如，美国麦当劳快餐店在全世界有近 4 万家分店，它们的标记、商标、布局、风格都一模一样，像一个模子压出来的，这里面有的是直营连锁分店，有些是特许连锁分店，除了总部知道它的区别外，消费者是无法分辨两者的。当然，加盟店在加盟后为了取得与总店一样的声誉，会努力按总店的要求标准去做，因为他们知道这是取得成功的关键。

4. 加盟总部提供特许权许可和经营指导，加盟店为此要支付一定费用

当店主提出加盟申请后，加盟总部为了慎重起见，往往要对申请加盟的店铺或投资者进行十分严格、周密的调查研究。例如，店铺的地理位置、与公司合作的诚意、店主或投资者的财务状况、销售能力等，在综合考查上述诸多因素后才予以敲定。一旦总店接受加盟者的申请，就可以允许加盟店使用总部特有的商标、连锁店名和字号，使用总部开发的生产、加工、销售、服务及其他经营方面的技术，总部在合约有效期内应持续提供各种指导和帮助，这种后续服务目的在于帮助加盟者了解、吸收和复制特殊技术，并在开业之后尽快走上正轨，取得收益。

加盟店在取得这些权利时要付出一定代价，即要向总部交纳一定费用。一般情况下，加盟者在签订特许合约时，要一次性交纳一笔加盟金，各特许连锁组织的加盟金视自身情况而定。对于总部提供的指导、服务、统一开展的广告宣传，加盟店则要按合约规定每月向总部交纳特许权使用费和广告费等，这些费用将根据加盟连锁组织开发的先后、加盟店数的多少、总店知名度的高低、总店服务内容的不同而不同，有的是按毛利、销售额提成，有的则是制定一个定额。

总之，特许连锁要取得成功，关键在于加盟总部和加盟者双方的通力合作。一方面总部本身要经营有法；另一方面需要加盟者全力配合，共同努力。成功的连锁总部，一定会十分重视每一间加盟店的经营情况，不是撒手不管，任其发展，而是将自己的利益与加盟店的利益连在一起。如果加盟店生意好，总部才“有利可图”；如果加盟店生意欠佳，总部的利润也会受影响。只有这样，总部和加盟店之间才能建立一个互利互惠的关系，双方才会为同一个目标努力把特许事业搞好。

三、特许连锁的类型

（一）按特许连锁的内容分类

1. 商品商标型特许连锁(Product and Trade Mark Franchising)

商品商标型特许连锁由来已久，最早是一种供货厂商和代销商的合同关系，是商人为供货厂商代销某种产品的关系。随着时间的发展，代销商就逐渐集中为一个供货厂商服务。这样供销两家就签订合同协议，代销商专门为一个供货厂商销售商品，或者代销商就直接使用供货厂商的字号、商标，成为供货厂商的一个销售部门。这样代销商与供货厂商就形成了母公司和子公司的关系，就产生了最初的特许连锁，因此商品商标型特许连锁也称为“第一代特许连锁”。

现在，商品商标型特许连锁通常是由一个大制造商，为其名牌化的产品寻找销路，与受许人签订合约，授权受许人对特许商品或商标进行商业开发的权利，作为回报，受许人定期向特许人支付费用。这类特许连锁主要包括名牌饮料、汽车销售商、汽油服务站等，比较著名的有可口可乐、百事可乐等饮料生产商、通用及福特汽车制造商、美孚石油公司等。

2. 经营模式特许连锁(Business Model Franchising)

经营模式特许连锁也称为“第二代特许连锁”，目前，人们通常说的特许连锁就是这种类型。经营模式特许连锁不仅要求加盟店经营总店的产品和服务，而且加盟店的商店标志、店名、商标、经营标准、产品和服务的质量标准、经营方针等，都要按照总店的全套方式进行，亦即加盟店购买的不仅仅是商品的销售权，而且是整个模式的经营权。这种经营模式特许连锁范围广泛，尤其在零售行业、快餐业、服务业中最为突出，其中消费者较为熟悉的麦当劳、肯德基、比萨饼快餐店和7-ELEVEN便利店都属于这种形式。

(二) 按授予特许权的方式分类

1. 一般特许连锁

一般特许连锁是最常见到的形式，即总店向加盟店授予产品、商标、店名、经营模式等特许权，由该加盟店使用这些特许权进行经营，并支付一定费用作代价。

2. 委托特许连锁

委托特许连锁是指总店把自己的产品、商标、店名等特许权出售给一个代理人，授予该代理人特许权，允许该代理人负责某个地区的特许权授予，代理人可以代表总店向他所负责地区内的加盟申请者授予特许权。可以说，这个代理人是中间人，他既是总店的特许权使用者，又是该地区的特许权授予者，但他自己并不直接经营，而是采取转嫁他人的方式开发和经营。总店之所以采取这种方式，是因为总店面向众多加盟者出售特许权比较繁杂，而总店集中向一个代理人出售特许权比较省事。美国特许连锁公司在向海外扩张时，常常采用这种方法，先向外国当地的代理人出售特许权，再由该代理人负责一个国家或一个地区的特许权授予业务。例如，美国Hisby乳果公司在1986年授予了一家日本公司开设2 000家分店的特许权。中国目前也有类似例子，如广东省饮食服务公司就以此方式购买了7-ELEVEN便利店在全省的特许连锁权(深圳除外)，现在逐步推行其特许连锁业务。

3. 发展特许连锁

发展特许连锁是指加盟店既向总店购买了特许连锁权，同时也购买了在一个区域内再建若干家分店的特许权。加盟店有了这个权力，一旦事业发展顺利，就可以在该地区内，根据本店经营发展的需要，再建若干家分店，而不必向总店重新申请了。

4. 复合特许连锁

复合特许连锁是指总部将一定区域内的独占特许权授予加盟者，加盟者在该地区内可以独自经营，也可以再次授权给下一个加盟者经营特许业务。也就是说，该加盟者既是受许人身份，同时又是这一区域内的特许人身份。加盟者支付给总部的特许费一般根据区域内的常住人口数量确定，若加盟者再将特许权转让给他人，那么，原先这位加盟者从他人手中收取的特许费以及年金费须按一定比例上交给总部。

5. 分配特许连锁

分配特许连锁是指总店不仅授予加盟店特许连锁权，还授予加盟店建立批发仓库或配送中心，向其他加盟店供应分配货物的权力。

(三) 按加入特许合同联盟成员不同分类

1. 制造商——零售商特许连锁系统

制造商——零售商特许连锁系统由制造商发起并提供特许连锁权,零售商则是特许连锁人。这种经营系统在汽车行业最为普遍,如在美国,特许汽车经销商是很常见的。

2. 制造商——批发商特许连锁系统

制造商——批发商特许连锁系统中的特许人仍是制造商,但特许连锁人则是批发商。饮料行业常采用此种特许连锁系统。例如,可口可乐公司把浓缩糖浆销售给瓶装厂(批发商)后,由瓶装厂进行灌装并分销到商店、自动售货机。酒吧和旅馆等零售行业,它所采用的也是这种制造商——批发商特许连锁系统。

3. 批发商——零售商特许连锁系统

批发商——零售商特许连锁系统是由一个批发商发起同时吸收大量零售店加入所形成的经营系统,如 Rexall Rugs、Sentry Hardware 等。

4. 服务特许连锁系统

服务特许连锁系统由一个创造出独一无二服务概念的公司发起建立,它通过特许连锁合同授予特许连锁人使用总部的商业名称和专长的特权,总部则收取一定的加盟费作为补偿。服务特许连锁形式最近几年在美国发展甚快,主要是由于快餐店、便利店、饭店和汽车旅馆等行业的迅速增长。

四、特许连锁的行业分布

当前,特许连锁的触角几乎遍及了所有的零售业和服务业,并且正在以更快的速度向其他领域扩张。目前,特许连锁涉及的行业主要有以下几种。

1. 餐饮业

餐饮业是特许连锁的主力,尤其是快餐店,2012 年美国增长最快的前 100 强特许连锁企业里,有 22 家是快餐店,其中最著名的是赛百味(Subway),排名第一。引人注目的是,在餐饮业特许连锁中,有 64.1%的餐厅是最近几年才开张的,显示了特许连锁在这一行业中的强大活力。目前,各餐饮业还纷纷致力于各种新式食品和食谱的开发,如健康食谱、儿童食谱、老人食谱、减肥食谱、家庭套餐等。

2. 旅店

旅店行业的特许合同期限大部分都在 20 年或以上,有 36.4%的特许总部要求加盟者有从业经验,另有 40%的特许总部要求加盟者拥有不动产,可见这一行业特许连锁的复杂性及高度专业化。

3. 休闲旅游

科技的进步使得现代人的休闲时间增多,休闲活动也变得多姿多彩,于是休闲旅游便成了一个极具潜力的行业。不过,在特许连锁里面,休闲旅游尚属一个新的行业,大约有一半以上的加盟者是在 1989 年以后才开业的。这种行业的特许合同期限一般都相当长,有的甚至是无限期,说明这一行业对稳定性的要求比较高,但总部征收的广告费用却比其他行业低得多,只有 46.2%的企业需定期征收广告费。

4. 汽车用品及服务

汽车用品及服务也是一个较新的特许连锁行业,大部分是 20 世纪 80 年代才出现。这一行业约有 30%的加盟总部规定加盟者的店面及地址必须由总部负责,或由总部作为店面租借的中间人。

5. 商业服务

由于社会分工的进一步发展，使得许多公司都将一些过去由内部自行承担的工作，转包到外面由专门的服务公司承担，从而使得满足此方面需求的服务业也向连锁化方向发展。商业服务是一个全新的特许连锁业务，绝大部分出现于20世纪80年代末期，主要有：会计报税、广告代理、企业顾问、不动产中介、快递公司、跑腿公司、秘书公司、包装公司等。目前，美国商业性服务连锁系统的加盟店总数已高达5万家，仅次于餐饮业，而且它的数目还在不断增加，其服务内容也在不断更新和充实之中。

6. 印刷、影印、招牌服务

印刷、影印、招牌服务业务所需投资额较大，稳定性要求也较高，半数以上的特许合约期限为20年或以上。

7. 人力中介

人力中介这一行业85%的特许总部要求加盟者必须亲自经营。

8. 家庭清洁服务

家庭清洁服务是一个较新的特许连锁行业，在美国2010年发展速度最快的10大特许企业里，有6家清洁公司在名单之列，说明随着家庭劳动社会化的逐渐兴起，家庭清洁业务以及家庭服务业在现代社会生活中具有较大的发展潜力。

9. 建筑装修服务

建筑装修服务这一行业较为常见的是家庭装修服务，但目前在国内还没有完全发展起来，有一定的发展空间。

10. 便利店

这是在全球发展较为成功的特许业务。最早的便利连锁店是1927年美国南方公司创建的7-ELEVEN便利店，至今已有80多年的历史，它在全世界设有1万多家分店，其中有一半以上是特许加盟店。便利店在日本的经营也非常成功，目前，日本特许连锁的便利店达7万家，占连锁便利店的90%以上。

11. 洗衣店

洗衣店这一行业75%的加盟店是在1980年以后才出现的。在美国，有75%的加盟店是1991年以后签订新合同或再续约的，说明这一业务特许合约一般为10年，并且有40%的总部要求加盟者必须亲自经营。

12. 教育用品及服务

教育用品及服务是一个正被人们所看好的特许连锁业务，它需要较大的投资，并且特许合约期限一般都很长。

13. 汽车租赁

汽车租赁行业的特许合约期限一般都较短，一般总部按月征收权利金和广告费。

14. 机器设备租赁

机器设备租赁这一行业几乎所有的特许合约期限在10年，40%的总部要求加盟者亲自经营。

15. 日用品零售店

日用品零售店这一行业的稳定性及成功率都较其他行业高，美国目前在经营的加盟者中有89.2%是最初的原始合同者。

16. 食品零售店

食品零售店这一行业有45%的总部要求加盟者亲自经营，28%的总部会出面以总部名义代加盟者协商或承租零售店铺，投资额不大，无须相关经验，这也是有较多人申请加盟的原因。

17. 健身、美容服务

健身、美容服务这一特许业务出现较早，但一直持续不衰。这些服务连锁行业包括：健身减肥中心、美发美容中心、医疗保健中心以及教育性商品和服务。目前，国际市场上这些服务连锁业蓬勃发展，在美国续约或新签约的健身美容服务加盟合约高达总数的88.2%，并且大多为按月收取权利金。日本以及中国的香港、台湾等国家和地区的健身美容服务也在不断涌现，成为现代生活中不可缺少的一部分。

18. 其他服务业

近几十年来，服务业成为特许连锁发展最为迅速、最为活跃的领域，除了上面已经介绍过的行业外，还包括婴儿用品及服务业、家具维修翻新业、电话商品服务业、女佣管家中介业、信息咨询服务业、摄影业、花卉园艺业、搬家业、唱片出租业、运输快递业、宠物商品及服务业等，几乎无所不包。

五、特许连锁的优缺点

1. 优点

(1) 对特许者的好处

① 可以较少的资金和人员，迅速发展事业、占领市场、扩大经营，获得规模效益(视同融资)。

② 可以技术、商标、形象标识等无形资产作为特许权，一次开发，多次获利。

③ 可以加盟金或经营额提成的方式获得回报，增加收益。

(2) 对受许者的好处

① 可以利用总部经验、技术、品牌和商誉开展经营，成功机会大，风险小(尤其对于外行来说)。

② 可以获得总部持续的业务指导。

③ 可以享受资源、信息、促销、服务、规模效益带来的低成本优势。

(3) 对社会的好处

可以提高商业的组织化程度，有助于中小商业企业的生存和发展。

2. 缺点

(1) 组织关系不够明确和清晰(和直营相比)

发生质量事故，总部和加盟店在承担责任上会相互推诿，顾客投诉无门。

(2) 加盟者缺乏经营自主权，积极性下降

(3) 特许者片面追求加盟费，两败俱伤

特许者片面追求品牌授权金，超量发展分店而管理不力，服务保障不足。使企业形象受损，侵害加盟者利益，甚至导致整个连锁系统的崩溃(例如，掉渣饼的兴衰)。

六、特许连锁的适应条件

特许连锁适合与名声大、经营管理经验丰富、独特的企业合作，以商品或服务作为连接

的纽带，特别适用于制造业、服务业、餐饮业等零售业领域。例如，美国胜家缝纫机公司于1865年首创特许连锁这一方式，日本“不二家”西饼店于1963年开始特许加盟。

【案例分析】

麦当劳——靠特许连锁发了大财

麦当劳公司称得上是世界上第一大快餐特许连锁企业。目前，麦当劳公司在世界上100多个国家设有3万多家分店，麦当劳公司平均每15个小时开设一家新餐厅，公司海外的销售额多年来保持每年以两位数递增，这个奇迹靠的是特许连锁。

（一）麦当劳的特许连锁制度

1. 分店的建立

每开一家麦当劳分店，总部都自行派人员选择地址，组织安排店铺建筑、设备安装和内外装潢。

2. 特许费

受许人一旦与公司签订合同，必须先付首期特许费250万元，其中一半现金支付，另一半以后上交。此外，公司还会收取一定比例加盟店营业额作为特许费，早期是1.9%，现在为3%；同时，还会收取营业额的4%作为结费。

3. 合同契约

特许合同的期限为20年，公司对受许人负有以下责任：在公司的汉堡包大学培训员工，负责对分店的管理咨询、广告宣传、公共关系和财务咨询，提供人员培训所需的各种资料、教具和设备，向特许分店供货时提供优惠。

4. 货物分销

麦当劳不是直接向特许店提供餐具、食品原料的，而是与专业供应商签订合同，再由它们向各个分店直接送货。

(1) 麦当劳特许连锁的生财之道

特许连锁商的生财之道主要有两个：一个是以高价卖出地区特许权，另一个是卖器材、原料给加盟人。麦当劳却独辟生财之道，从房地产中赚钱。由于麦当劳的服务费和权利金都比较低，致使麦当劳总部收取的服务费不够服务用，麦当劳扭亏为盈靠的是经营房地产。麦当劳公司以20年的合约向土地所有者租得土地及店面后，再把店面租给连锁加盟店，赚取其中的差额。

从20世纪60年代起，麦当劳就买了3架飞机，并雇佣了大批专业化房地产的人才，让他们飞遍全美各地，寻找适合的埠点开店，这种专业化的运作帮助麦当劳找到最合适的开店店址，从而提高分店的营业额。即使这些新店的租金高一些，加盟店的店主也乐意支付。

(2) 总部与分店如何双赢

麦当劳在处理总部与分店关系上非常成功。

首先，麦当劳公司收取的首期特许费（年金）都比较低，大大减轻了分店的负担。其次，麦当劳总部不通过向受许人出售设备及产品牟取暴利。在采购方面，总部始终坚持让利的原则，即把采购中得到的优惠直接给各特许连锁分店，这是其增进团结，鼓舞士气，加强总部与分店合作的一个重要方式。

到目前为止，上述独特的加盟连锁方式一直是麦当劳竞争力的一个主要来源，其80%的分店为特许连锁。

（3）不搞区域特许制，只搞餐厅特许

麦当劳公司不采取区域特许制度，而只采用餐厅特许制，即一次只卖一个连锁餐厅的经营权。总部在选择连锁加盟商时小心谨慎，不把连锁的权力卖给实力雄厚的连锁人，以防他们一旦实力雄厚表现优异，不再受控。麦当劳还规定，表现优异的加盟店主可以拥有数间店面，通过给加盟店主开出新的分店的权利，总部很好地控制了加盟店，使他们注重品质、服务、清洁与价值。

（二）经营四信条：品质，服务，清洁，价值

麦当劳公司的创始人克罗克在麦当劳创立的初期，就设定了麦当劳的经营四信条。

1. 品质

麦当劳重视品质的精神，在每一家餐厅开业之前便可一见。首先是在当地建立生产、供应、运输等一系列的网路系统，以确保餐厅得到高品质的原料供应。其次，麦当劳食品必须经过一系列严格的质量检查，仅牛肉饼，就有40多项质量控制的检查。或许很多顾客并不知道麦当劳的食品控制程式如何复杂，但是他们都深深地体验过成果，这就是麦当劳高品质、美味和营养均衡的食品。

2. 服务

快捷、友善、可靠的服务是麦当劳的标志。麦当劳从经验中懂得向顾客提供优质服务的重要性，因此每一位员工都会以顾客为先的原则，为顾客带来欢笑。

3. 清洁

餐厅的每一个用具、位置和角落都体现出麦当劳对卫生清洁的注重。麦当劳为顾客提供了一个干净、舒适、愉快的用餐环境。

4. 价值

麦当劳在给顾客提供了高品质的、营养均衡的美味食品的同时，也为顾客带来了更多的选择和更多的欢笑，顾客在麦当劳的大家庭中充分体验到“物有所值”的承诺。

麦当劳几十年来恪守信条，并持之以恒地落实到每一项具体工作和职工行为中去。

（三）特许连锁的生命线是高度标准化

麦当劳的特许连锁主要表现在其快餐经营活动中的标准化、专业化、单纯化、统一化等四个方面。在商品和服务领域，麦当劳对每个加盟连锁店实行标准化管理，麦当劳连锁店绝不向任何加盟店下放自由经营商店的权利，即严格禁止在经营品种和操作程序上搞什么灵活性。至于促销计划、信息收集、员工培训、管理规范等经营环节，麦当劳也毫不含糊地实行高度统一。这样，公司总部始终保持对分布于各地的连锁店进行严格的和有效的控制，使大家都牢牢地拴在一辆战车上，一起冲锋陷阵，维护麦当劳良好的商业形象。

很多人说，麦当劳之所以能够席卷全球，最重要的并不是其产品独特，就汉堡而言，几乎任何一个餐厅都能加工得出来。麦当劳的可怕在于它的标准化，全球3万多家店能够以一个统一的标准经营，这种能力是任何企业在短时间内难以超越的。

（资料来源：根据潘惠芳，《中外管理》，1999年8月改编）

思考题

1. 麦当劳的特许连锁有哪些特点？

2. 中式快餐在全球发展问题上能否借鉴麦当劳的连锁经营模式,为什么?

3. 在全球化战略中,强调标准化的同时,该不该创新?

4. 中国餐饮业面对麦当劳、肯德基的大举入侵,该如何应对呢?

技能训练

据统计,中国现有近1.6万家老字号企业,其中70%处于自生自灭状态,经营十分困难,20%能够维持,只有10%蓬勃发展。对于这些老字号,你认为应该怎样转变经营方式,才能在市场竞争中做大做强。

第三节 自由连锁

一、自由连锁的定义

自由连锁(Voluntary Chain,VC)又称自愿连锁、志同连锁或任意连锁,它是企业之间为共同利益而结成的一种合作关系,是现有的独立零售商、批发商或制造商之间的横向或纵向的经济联合形式。这种联合通过签订连锁合同确定,总部与具有独立法人资格的门店合作,各门店在总部的指导下集中采购、统一经营。依据自由原则,各门店可以自由加入或退出连锁体系。例如,自由连锁经营企业奥地利食品销售公司SPAR 2010年销售额297亿欧元。

由于众多的中小企业在与一些规模庞大、实力雄厚的大型连锁公司的竞争中,势单力薄,竞争力下降,占有的市场份额日益萎缩,所以才会出现自由连锁这一类型。

二、自由连锁的特征

自由连锁的最大特点,在于各店铺在所有权和财务上是独立的,与总部没有所属关系,只是在经营活动上的协商和服务关系,统一订货和送货、统一使用信息及广告宣传、统一制定销售战略。

自由连锁的基本特点可概括如下。

(1) 拥有一个或几个核心企业(主导企业)

一般拥有一个或几个核心企业为自由连锁的主导企业,发挥连锁总部的作用。(可以是企业或批发企业或零售企业)

(2) 各门店产权、经营权和财权独立

各门店经营者=所有者,与总部无隶属关系;财务独立核算、自负盈亏;人事安排自主、经营自主、店名店标自主;与总部只是保持经营上的协商和服务关系(如统一订货及送货、统一使用信息和广告宣传),每年按销售额或毛利额向总部交纳加盟金、管理费。

(3) 合同是维系自由连锁体系的经济关系纽带

总部和加盟店之间通过协商的合同连接,约束力松散,可以自由退出。

(4) 共同进货是自由连锁的最大诱因

大批量进货,可以获得较低的进货价格,与大型零售企业竞争。

三、自由连锁的优缺点

1. 优点

① 成员店自主权大、灵活性强，利益直接，有利于调动其积极性和创造性。

② 集中管理指导，有利于提高成员店的经营水平。

③ 统一进货，降低成本，享受规模效益和整体组织化的好处。

④ 总部投资少，布点快。

2. 缺点

① 分店与总部之间、分店与分店之间连接松散，凝聚力和向心力较弱。

② 成员点独立性大，总部集中统一作用受限。

③ 组织不够稳定，统一性差，决策迟缓，应变性低。

四、自由连锁的适应条件

自由连锁适合于中小型零售业，如美国以批发企业为主导的自由连锁系统。而在日本中小企业之间历来具有很强的合作意识，在市场竞争的外部压力下，日本的许多中小企业逐渐走上了互助合作为特征的自由连锁之路。

【案例分析】

中小零售企业的出路——自由连锁

在各国经济不景气、流通逐渐国际化，尤其是中国已经加入 WTO 的背景下，国内多数中小企业，尤其是批发、零售业正处于从来没有经历过的流通环境中。对他们而言，面临着能否持续生存和发展的严峻挑战。

事实上，美国、日本等发达国家也曾遇到过同样的问题。从这些国家多年的实践来看，自由连锁是帮助他们的中小企业走出困境的必由之路。而且，越是在这种艰难的环境下，越能显示出自由连锁的经营组织形式作为拯救中小生产、批发、零售业的生命力。

自由连锁经营是一种由不同资本的多数商店自发组织成总部，实行共同进货、配送的连锁经营形式。各国叫法不尽相同，也有称自愿连锁、任意连锁等，但其主要特点并无二致：各加盟店在保留单个资本所有权的基础上实行联合，总部同加盟店之间是协商、服务关系。集中订货和统一送货，统一制定销售战略，统一使用物流及信息设施。各加盟店不仅独立核算、自负盈亏、人事自主，而且在经营品种、经营方式、经营策略上也有很大的自主权，但要按销售额或毛利的一定比例向总部上交加盟金及指导费。总部经营的利润，要部分返还各加盟店。

在国际上，自由连锁的组织类型一般为两种：一种是以零售为主导型，另一种是以批发为主导型。从多年的实践来看，似乎批发为主导型的自由连锁显示了更为强大的生命力。日本、欧洲和美国等发达国家和地区所采用的也是以后者为主。虽然不同年代的自由连锁活动也有着不同的特征，但其自由连锁组织在支持中小企业，特别是零售企业发展方面，一直起着不可估量的作用，并且今天还在形成增长趋势。美国是这方面的一个成功典型。

美国自由连锁的核心做法是自由连锁经营总部作为后勤支持系统，将众多单体零售店组织化，形成自由连锁共同采购、进货的量化基础，从而使不能与大店竞争的中小单体店，通过自由连锁的组织化，大大地提高了单体店经营的竞争力。

在具体的做法上，美国自由连锁组织对零售经营支持内容有上百种以上项目，若从大型自由连锁批发企业的支持内容看，大分类约有15种，中分类约有120种，小分类约有数千种。尤其是在近年，多数自由连锁经营企业由作为商品供应中心向以服务中心提供支持菜单的大转换期迈进，以物流等支持零售经营已不成为其支持的核心内容，物流支持已被看作是批发企业自身的合理化和流通地位、作用所在。

美国以批发为主导型的自由连锁经营组织是在与直营连锁经营的斗争中成长起来的。他们把自己置于“为使独立零售店能战胜直营连锁店而进行选址、业态开发、价格战略、促销技术、援助零售、信息系统开发、网络构筑”等环境之中。最近，美国出现了比直营连锁总部还拥有更高的、为支持零售发展功能的大批发配送企业(如“福来明格”等)。一些区域连锁经营企业多数开始利用这些批发配送企业的系统支持职能，以聚焦连锁经营企业立足主业经营资源，进而增强经营的竞争力。这种放弃连锁总部批发配送职能的企业不断产生，并呈增加趋势。因此，具有批发配送功能的自由连锁经营企业，在不断满足零售经营需求变化的过程中，作为其支持零售发展的功能也日趋得到充实和提高。

这些年来，美国、日本自由连锁经营成功的企业案例不胜枚举。以批发商为主导型的加利福尼亚州自由连锁食品配送中心为例，该中心是以组织商品、面向独立经营的单体超市门店开展以食品为主的共同配送的设施，它建于1982年，所属于1926年成立的美国加利福尼亚州食品有限公司。

该中心实行的是共同配送，实际是商品的社会化配送。通过这种形式的商品配送，既可解决独立经营的单体店因规模小、投资短缺而不能实现低成本经营的问题，也解决了批发企业自身在市场上的占有份额，同时也实现了有限资源合理利用的社会效益。这对中国中小批发、零售企业入世后，克服经营困难，把自身做强，做大将有一定的借鉴。其主要经营内容为：以食品配送为纽带，与1 000家单体超级市场形成自由连锁关系；配送中心成为自由连锁总部与各超级市场建立稳定会员关系的中介；配送中心作为自由连锁总部对利润的分配依据；配送中心作为自由连锁总部对各加盟店配送商品的加价率；配送中心作为总部对各加盟店提供商品配送以外的经营支持和服务。

另外一个例子来自强化商品计划供应的日本CGC自由连锁集团。日本CGC股份公司是日本著名的自由连锁经营的集团，设立于1973年，资本投入为5亿2 375万日元，从业人员为298人，总部年销售额为5 105亿日元。在全国拥有区域总部8个，加盟企业数为257个公司，有加盟店3 140店，加盟企业年总销售额为3.47兆亿日元。

该企业的经营特点：一是商品战略；二是物流活动；三是支持零售店的经营活动等。

总之，自由连锁是一种组织性的业态创新，对于中小批发商(或大型商品配送中心)来说，可以通过灵活的经营战略，不失时机地抓住有销售能力的零售业态向其提供商品供应。并且通过自由连锁，将分散在流通各环节的经营资源有机整合，加以科学运作，提高各自的投资效率；再通过有效地运用自由连锁流通系统，以增加返还的附加价值，使所得利益由生产、批发、总部、加盟店与消费者共享。

介绍美国、日本、欧洲主要国家自由连锁经营发展的优劣，主要是为使中国中小商业企业更进一步地了解发达国家自由连锁的发展过程和趋势。在这里有必要强调的是，从美国、日本和欧洲等主要国家自由连锁的发展史来看，无论哪个国家和地区，其自由连锁的发展必须在与其国情相适应、与地区流通需求相适应的环境下组织自由连锁。

21 世纪是特许自由连锁飞跃发展的时代。希望中国企业能乘 WTO 的东风追上自由连锁的时代快车。

（资料来源：2010 年 9 月 4B 版《中小零售企业的出路——自由连锁》，于淑华，中国商报）

思考题

1. 自由连锁的特点是什么？
2. 为什么说自由连锁是中小零售企业的出路？

技能训练

1. 自由连锁经营发展的积极意义是什么？
2. 中国自由连锁发展中存在的障碍是什么？应该如何解决？

第四节　三种连锁经营类型的比较

一、三种连锁经营类型的特征比较

从连锁经营的起源来考察，最初的形式是直营连锁，但从发展速度来看，特许连锁已成发展速度最快的一种形式。下面来着重分析三种连锁经营方式的优势、劣势和适用领域。

1. 产权关系

直营连锁商店的分店网点无论有多少，都是一个投资主体投资开办的，属于一个资产所有者。各分店不具有企业法人的资格，不能作为独立的企业存在，各分店的经理也是由总部直接委派的管理人员。而特许连锁和自由连锁则有若干个投资主体，各个投资主体都是独立的法人，各分店的经理是各分店的加盟人。

2. 利益分配关系

直营连锁实行总公司统一核算，各连锁店只是一个分设的销售机构，销售利润全部由总公司分配。特许连锁具有资产独立性的特征，特许连锁店之间以及连锁店与总公司之间的资产都是相互独立的。相对于直营连锁在管理权限的直接性，自由连锁集团内各连锁经营企业之间的责、权、利关系是通过民主协商，以合同的形式共同确定下来的，并由合同制约和维系着这个自由连锁集团的经济关系。

3. 经营管理关系

直营连锁从管理体系上看，一般都采用以总部为核心，在人事、财务、价格、经营、分配等方面对所属所有分店进行直接的、全面的管理。对于自由连锁来说，无论是核心企业还是各分店企业，在加入自由连锁组织之后，各企业原来的独立法人资格并未消失，每个企业仍在资产所有权、财务权、人事权和一定范围的经营权等方面保持着自主性和独立性。

为了更好地认识三种连锁形态的特点，下面列出它们的比较表(见表 2-1)。

表 2-1 直营连锁、特许连锁、自由连锁比较表

连锁形态	直营连锁	特许连锁	自由连锁
决策	总部作出	以总部为主,加盟店为辅	参考总部旨意,分店有较大自主权
资金	总部出资	加盟店出资	加盟店出资
经营权	非独立	独立	独立
分店经理	总部规定任命	加盟店主原则上总部规定	加盟店主
商品来源	经由总部供应	经由总部供应	大部分经由总部供应,部分自己进货
价格管理制	总部规定	原则上总部规定	自由
促销	总部统一实施	总部统一实施	自由加入
总部与分店关系	完全一体	经营理念共同体	任意共同体
分店建议对总部影响	无	小	大
分店上缴总部指导费	无	5%以上	5%以下
合同约束力	总部规定	强硬	松散
合同规定加盟时间	无	多为 5 年以上	多为 1 年
外观形象	完全一致	完全一样	基本一样

二、三种连锁经营类型的优缺点比较

(一) 直营连锁的优势与缺点

1. 直营连锁的优势

① 能够通过大批量采购,大幅度降低经营成本和价格,可以统一调配资金、设备、商品及人员,有利于充分利用企业资源,提高经营效率。

② 各连锁店可以将主要精力用在商品管理和改善服务上。另外,由于各连锁店不是独立主体,其关闭、调整和新店的开设基本上属于公司内部的事务,受外界制约相对较少,因此,总公司对分店布局和新店开发具有较大的灵活性和方便性。

2. 直营连锁的缺点

① 各个门店的开设都由同一资本持有者投资开设,要求总部经济实力高、否则其发展速度和规模受到限制。同时,经营风险高。

② 由于集中统一管理,分店自主权小,门店人员的积极性、主动性和创造性受到影响。总部远离市场,分店权力有限,不能对市场的变化及时灵活应对。

③ 大型直营连锁,管理系统庞大,容易产生官僚作风,由于人员多,管理路径长,必然提高管理成本。

(二) 特许连锁的优势与缺点

1. 特许连锁的优势

对总公司来说,具有一种融资的功能,通过经营权的转让也能为总公司积累大量的资本。对于投资者来说,通过购买特许店得到一个很好的发展机会,且不需要总公司在调动其经营积极性方面花费精力。对社会而言,能提高商业的组织化程度,有利于中小企业的稳定发展。

2. 特许连锁的缺点

如果总公司片面追求品牌授权金，大量发展特许店而又缺乏有效的管理和强有力的服务能力，不仅会使企业形象受到严重损害，而且也会使投资者的权益受到侵犯，最终很有可能导致整个特许连锁系统的崩溃。

（三）自由连锁的优势与缺点

1. 自由连锁的优点

自由连锁既具有连锁经营的规模优势，同时又能保持独立小商店的某些经营特色；且自由连锁加盟店独立性强、自主权大、利益直接，有利于调动积极性和创造性；连锁系统的集中管理指导，有利于提高成员店的经营水平；统一进货、促销等共同事业，有利于成员店降低成本，享受到规模效益和整体组织化的好处；总部系统投资少，布网快。

2. 自由连锁的缺点

连接纽带不紧密，凝聚力弱；成员企业独立性大，统一性较差，决策迟缓；组织不稳定，受地域限制较大；运作的作用受到限制，竞争力受影响。

三、适应性分析比较

1. 直营连锁适用的行业

直营连锁主要适用于零售业，特别是大型百货商店和超级市场。其主要原因是这类商业企业都需要巨额的投资和复杂的管理，如果采用特许连锁的方式来发展，管理难度就较大。

2. 特许连锁适用的行业

特许连锁适用于制造业、服务业、餐饮业以及便利店之类的小型零售业等领域。

3. 自由连锁适用的行业

自由连锁的发展与商业经营的传统风格有密切关系。例如美国，自 20 世纪 50 年代以后批发企业逐渐认识到了与零售企业建立稳定关系的重要性，因此，通过多种方式来吸引零售企业，最终形成了以批发企业为主导的自由连锁系统。

根据中国目前的状况，发展自由连锁的难度较大，其中很重要的一条原因是：缺乏持久的合作精神以及过多考虑局部的近期利益，当近期利益受到影响时，往往宁愿放弃合作所能带来的长远利益而偏好独立自主的经营。

【案例分析】

自主经营还是特许连锁

一个经营刚走上正轨的小餐馆应该加入一家著名连锁快餐店，还是坚持自主经营发展下去呢？

马丽的餐馆坐落于一个正在不断发展的新区，人口在两年内翻了一番，附近已经出现了两个客流量很大的百货广场，该路段的人流越来越多，而且餐馆的味道独特，别人很难模仿，“赣味居”具有相当好的发展前景。有人认为如果加入特许连锁意味着马丽必须实施特许授权人的经营战略，也就意味着马丽苦心经营了三年，开始有起色的“赣味居”的结束，也有人认为马丽一直从事餐馆业，有经验，经过三年的发展，目前餐馆的营业额较好，位置非常好，马丽应该坚持自主经营下去。

祖凯先生则认为,不同的人,会有不同的选择,如果是一个安于现状追求稳定的人,应该选择加盟连锁经营,而马丽应该选择自主经营下去。这三年,"赣味居"从无到有,从小到大,业务蒸蒸日上,说明马丽的经营之道、管理能力还能胜任,被连锁店看上就说明了这一点;客观环境的改善(马路拓宽、百货店建立)都会为小店发展带来机遇,每个连锁经营的企业都是从一家小店做起的,如果现在就放弃,那也许将来"赣之味"连锁店就夭折了。

现在"赣味居"平稳地走上了经营的正轨,马丽顺利地掌管着她的餐馆,市场状况也不断向好,但是我们不能以静态的思路来分析这个问题。

摆在马丽面前的不只是一个选择,更多的应该是一个机遇和挑战。是自主经营还是特许连锁,连锁经营是否更有利于"赣味居"的发展。我们应该从以下几个角度来分析这个问题。

1. 竞争与发展

三年前,马丽更换了招牌,把店里修葺一新,同时供应价廉物美的盒饭。但是餐馆并没有因为这一改变而立刻有起色,而是在这种状况下苦苦撑了三年,才慢慢好转。这说明了一点:餐馆经营的"走向正轨"更多的是因为周边大环境的改善,不是马丽的经营有什么过人之处。"赣味居"所在的市场正处于一个市场状况趋好与市场经营者做出反应并进入市场的一个相对"真空期"。

作为一个三年前从中国乡下来到大城市发展的小业主,虽然马丽能够吃苦耐劳,也能赚到一点家业,但她缺少的是现代的管理理念,凭的是自发的感觉。这样的企业是不会有太大的发展空间的。

赣味居的竞争会越来越激烈,而相对的消费人群增长不会很快。"赣味居"除了菜的特色和一些固定的顾客之外,并没有其他的竞争优势。这就意味着各地方特色店的经营利润将逐渐萎缩。如果出现同样的江西特色菜馆,其经营更会遭到强烈的冲击,风险很大。

从这个角度分析,"赣味居"应该通过引入特许连锁的优势来增加自己的砝码。特许连锁有一整套完整的培训和经营方案,特许授权人会定期考察每个店的经营情况,提出指导并帮助受许人解决经营上的问题。

2. 盈利能力

有人为马丽算了一笔账。"赣味居"三年前营业额为2 000元/周,约11万/年;当前营业额为3 500元/周,约19万/年。营业增长率在32%左右。若以30%的增长率计算,三年后的营业额在42万左右,按50%毛利计算(餐饮业),三年后的毛利是21万左右。现在一个加盟店的年毛利就在50万~100万之间,如果马丽现在加盟,用一年的时间盘整店面,到后年就可以达到加盟店50万的毛利水平了。

企业的经营者应以追求最大的利润为目标。作为企业的负责人就应使资本的增值最大化,而不是考虑是否受制于人。以上的分析说明了加入特许连锁的获利前景要比较乐观,而且较稳健和有保障。

3. 个人发展

马丽正如大多数小型个体企业的创办者一样,在企业创办初期更多地凭借着她的感觉和认真实干的态度获得成功。然而当企业要进一步发展和面对激烈的市场竞争时,正规而全套的企业管理知识和经验就会越显重要。马丽加入连锁经营,能获得一个良好的学习环境。从真正的长远发展的角度来看,这对马丽本人来说是很有意义的。

广州民航监理公司的巫永强先生建议，以马丽现有的能力，在开拓市场方面并没有太多的办法，但是马丽却有着认真而执著的实干精神，特许连锁恰好可以弥补马丽这方面的不足。特许连锁企业的市场开拓、特有文化、经营风格等均由总部统一策划，马丽从中得到的是系统化经营管理的训练，包括国际知名大型连锁经营企业的经营方式、企业文化、人员素质的提高等方面，这种方式可以使马丽尽快完成其原始积累。

人是需要不断学习和完善自己的，在创业初期，可以一个人说了算；但到了企业走向正轨并发展壮大的时候，一个人的管理方式就会出现局限性，那时是需要团队合作精神的，也正是考验管理者水平的时候。马丽应该放下这种个人主义想法，加入特许连锁，应用拿来主义，吸取国外的优秀经营管理思想和经验。

因此，加入特许连锁不失为一个较明智的选择。

（资料来源：www.ceconline.com/retailer_wholesaler/ma/880002010）

思考题

1. 自主经营的优劣势？
2. 加入特许连锁的优劣势？
3. 以案例为出发点，你会选择哪种经营方式？请给出原因。

技能训练

对于一个新创立的连锁经营企业来说，初期应发展何种连锁经营类型？为什么？

【本章复习题】

1. 直营连锁的本质特征是什么？
2. 自由连锁形成的原因是什么？
3. 请列出三种连锁经营形态的比较表。

第三章

连锁经营企业战略规划

【本章介绍】

连锁经营已经步入了一个多业态、跨地区、快速发展、竞争处于白热化的新的历史阶段，连锁经营企业处在这样异常复杂的市场竞争环境中，正确的战略规划成为了连锁经营企业管理的当务之急，成为了企业成败的关键。连锁经营企业在进行战略规划时，一定要对内外环境进行深入分析，采取适合自身发展的战略。

【学习目标】

知识目标：掌握连锁经营企业环境分析的内容；理解规模发展战略、竞争发展战略的内容。

技能目标：能够运用正确的方法分析具体连锁经营企业所处的环境，正确选择适合企业发展的战略。

【学习内容】

1. 分析连锁经营企业环境。
2. 连锁经营企业规模发展战略。
3. 确定合适的连锁经营企业竞争发展战略。

【案例引导】

家乐福的“变色龙战略”

在世界零售业市场竞争日趋激烈的今天，家乐福之所以能够取得如此好的成绩，还因为它善于因地制宜开拓国外市场。

土耳其的家乐福是土耳其式的，巴西的家乐福是巴西式的，中国的家乐福是中国式的……这是家乐福家族的一项基本政策，正如家乐福某地区销售经理指出的那样：“确认当地居民的需求和希望，推荐他们期待的商品和服务，乃是我们的办店理念和根本。”就说买鱼这件事吧，法国人买鱼除了仔细看外，还要用鼻子闻；日本人爱买包装好的半成品；土耳其人总要翻过鱼鳃看；中国人喜欢买活鱼提回家里；波兰人和捷克人要求售货员当着他们的面把鱼敲死。

中国的家乐福也有其独自的特点，北京和上海的家乐福出售的矿泉水多是散装的，而不像其他国家多是6瓶装的纸板箱，出售的面粉和粮食也多是小包装的。

日本是个多地震的国家，那里的家乐福的天花板不仅低，还用较轻的建材制成。日本人买菜都是事先包装好的，他们不喜欢散装，也很少过秤称。59%的马来西亚人信奉伊斯兰教，在每个家乐福超市里，专门设立了供穆斯林职员和顾客祈祷的地方。出售猪肉的货柜和收银台也都由非穆斯林职员经管。波兰人酷爱伏特加酒和醋渍小黄瓜，这两种商品的货柜格外醒目。

在泰国的家乐福超市里，人们会发现里面装满肥皂、牙膏和食品的小塑料桶，这是专门为那些施舍僧人的顾客准备的，他们常常购买这些商品送给和尚。

在这方面也有例外的情况，那就是日本和中国香港，那里的消费者除了购买当地产品外，更希望找到原汁原味的"法国制造"，家乐福就尽量从法国运来更多的商品。

这种"变色龙"战略从它70年代开拓国际市场时就实行了，30多年一直是家乐福经营的法宝。"与所在地的周围环境融为一体""按照当地的民情民意办店"，是达尼埃尔贝尔纳领导的家乐福的宗旨。

设店的地点选择是否得当，往往是成功的决定因素。为了保证开业后一定能吸引和迷住当地顾客，家乐福在开设每一个新店前，都要进行长期细致的市场考察，诸如当地居民的生活方式，消费水平，人口增长，都市化水平，居住条件，兴趣爱好，传统习俗，储蓄情况，宗教信仰，意识形态，中产阶级比例，女性化程度等，所有这些都在考察之列。一个小组进行选点考察的同时，另一个小组便与当地行政部门建立关系，并着手选择商品供应商。一般情况下，这项工作要用两年的时间。

（资料来源：http://www.cnshu.cn/info/2191/102931.shtml）

思考题

1. 为什么说家乐福的"变色龙战略"是一项强劲的竞争策略？
2. 家乐福的"变色龙战略"对我国连锁经营企业的战略规划有何借鉴意义？

第一节　连锁经营企业环境分析

作为连锁经营企业战略规划的第一步就是要清楚连锁经营企业本身所处的环境，包括宏观环境和微观环境，才能做到，知己知彼，百战不殆。

环境是连锁经营企业生存发展的物质条件的综合体。《孙子兵法》提出的"知己知彼，百战不殆"，表明战争的胜败与对内外环境的认识密切相关。所谓的外部环境，是指存在企业周围、影响企业战略选择及经营活动的各种客观因素的总体。外部环境一般包括宏观环境和任务环境。内部环境又称微观环境，是指企业的内部条件，包括企业的资源、能力、组织结构等因素。

连锁经营企业战略环境分析就是要同时分析宏观环境、中观环境和微观环境，从而分析得出连锁经营企业的机遇和威胁，优势和劣势。然后通过综合考虑内外部环境的匹配性，提出企业可选的战略方案，再经过评价比较，最终选择最佳的战略。

一、宏观环境分析

宏观环境是指对某一特定社会中所有企业或其他组织都发生影响的环境因素，也称为一般环境，由经济、政治、社会文化和技术等因素构成的总体环境。宏观环境的影响通常是广泛的，不涉及某一特定的企业，但是，宏观环境因素的改变关系着组织的生死存亡。

（一）经济环境

经济环境是影响企业战略决策因素中最关键、最基本的因素。从某种意义上而言，宏观经济环境的变化对组织所产生的影响更直接、更重要。国家经济所处的发展阶段是萧条、停滞、复苏还是增长以及人均收入、消费者的购买力等都是衡量经济环境优劣的重要因素。

连锁经营企业的发展与经济环境是紧密相关的，在 20 世纪 80 年代中期，我国许多超级市场开业不久就关门了，只有少数生存了下来，因为当时中国的经济环境不适应超级市场这种零售业态的发展。到了 20 世纪 90 年代初，随着经济条件的改善和消费者购买力水平的提高，超级市场又开始兴旺起来。

（二）政治环境

政治环境是指总的政治形势，它包括社会制度、政治结构、党派关系、政府政策倾向等。政治的稳定是企业发展必不可少的前提条件。政治环境的变化能够对企业战略决策行为产生直接或间接的影响，但更多的是间接影响。

由于零售业自身的特殊性质，如极强的就业吸纳能力、与百姓生活密切相关等，各国政府对零售业都非常重视，都力图通过相应的政策来调节和优化零售业的发展。从世界范围来看，几乎各国都有零售业方面的管理条例。如日本的“大店法”，通过法律的形式对经营规模较大的业态予以限制；法国也是这样，对于店铺面积有明确规定，一定经营面积以上的店铺的设立都要经过特定的审批程序。这些政府的政策都会对零售业的发展产生影响。

（三）社会文化环境

社会文化环境是指一个国家和地区的民族特征、文化传统、价值观、宗教信仰、教育水平、社会结构、风俗习惯等情况。

企业一经产生，就应按照社会文化环境的要求进入一定的位置。因为消费者消费决策的做出及消费行为的形成与消费者所处的社会文化环境密切相关。以中国和美国为例，美国人快节奏的生活习惯使得集中购买盛行，从而使美国的仓储会员店和购物中心得到迅速发展；然而中国人讲究新鲜的饮食习惯和少量多次的购买习惯，使得传统的商品交易市场至今仍有很大的影响力。

（四）技术环境

任何企业都与一定的技术存在着稳定的联系，在企业发展过程中，技术动因是一种不容忽视的因素，一定的技术是一个企业为社会服务或为自身生存发展的有力手段。现代连锁零售业已经进入高科技的信息化管理阶段，一个连锁零售业拥有的技术先进与否，决定它在这个竞争激烈的行业中能否具有更强的竞争力。

任何企业都必须在与别的企业相互协作，与社会环境相协调中才能发展。尤其，对连锁零售企业而言，要提高自己的技术水平时，一定要注意整条供应链的技术情况。如世界零售巨头沃尔玛进入中国坚守两大法宝：信息系统和高效物流配送。信息系统主要是依靠卫星支持的，是沃尔玛领先对手的核心竞争力之一，能将供应商、物流商完全纳入自己的信息控制之下，但在中国却展不开拳脚，主要是因为供应商、物流商的信息化水平达不到要求。

二、任务环境分析

任务环境是指一个企业开展经营活动所直接面临的环境，主要指产业环境。产业环境主要包括供应商、顾客、竞争者、政府主管部门等。

产业环境的分析模型——五力分析法，通过对五种竞争力的研究来分析任务环境，一个产业的竞争状态取决于五种基本的竞争力量。

五种竞争力量就是：

① 新加入者的威胁，这是指潜在的竞争对手进入本行业的可能性；

② 替代品的接近程度，替代品是指具有相同或相近功能的产品或服务，它们在使用上是可以相互替代的；

③ 购买者的议价能力，这是指顾客和用户在交易中讨价还价的能力；

④ 供应商的议价能力，这是指企业的供应商向企业提供产品和原材料时的讨价还价能力；

⑤ 现有企业的竞争，企业所处行业中的企业之间的正面竞争。

系统地考察五种竞争力，就可以较正确地分析所在产业的竞争结构，如图 3-1 所示。

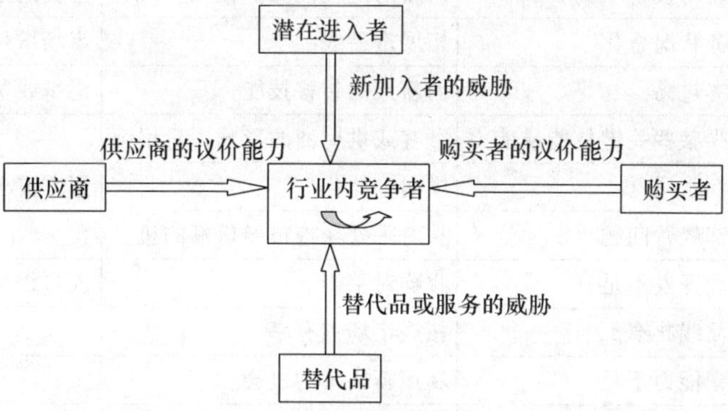

图 3-1　五种竞争力分析模型

这五种竞争力量的状况及其综合强度，决定着行业的竞争激烈程度，决定着行业获得利润的最终潜力。在激烈的市场竞争中，企业会面临很多挑战，因而分析竞争来自何方、处于何种动机、哪个威胁最大等，对于帮助企业在战略上做出反应是十分重要的。

三、内部环境分析

内部环境又称微观环境，是企业开展经营活动的基础，对企业的战略决策具有重要意义。企业内部环境分析的基本内容包括：企业资源；企业制度与组织结构；企业文化；核心竞争力等。

价值链分析是分析企业内部经营环境的重要方法。价值链的概念是由迈克尔·波特提出的，他认为企业内部创造价值的过程可以分成一系列独立活动。这些活动主要可以分为两类：一类是主要活动，主要有采购、生产、储运、营销、销售、服务等功能或活动；另一类是支持性活动，主要有技术开发、人力资源管理、财务等功能或活动。

通过价值链分析，企业可以发现哪个环节是价值增值的关键环节、哪些环节是增加附加成本的环节，从而有利于企业确定重点发展的核心业务及需要加以改进或进行外包的业务，使企业更明确自己的优势和劣势，提升企业创造价值的能力与效率。

四、SWOT 分析

SWOT 分析是一种根据内外部环境要素进行综合分析的战略选择方法。利用这种分析方法，需要把企业内部的资源优势(Strengths)和资源劣势(Weakness)与外部的机遇(Opportunity)和威胁(Threat)匹配起来，这样才能更好实现企业整体战略目标。通过 SWOT 分析企业能够较清晰地看到外部环境的机会与威胁以及内部资源的优势和劣势，也能够更客观地为自身的状况进行评估，从而能够选择发挥企业优势、弥补劣势、抓住机遇、规避威胁的战略。

SWOT 分析的主要内容，如表 3-1 所示。

表 3-1　SWOT 分析的主要内容

资源优势	资源劣势	机　遇	威　胁
有力战略	战略方向模糊	服务于更多的消费群体	新加入的竞争者的威胁
雄厚的财务条件	过时的设备	向新的地理区域扩张	替代品抢占市场份额
良好的品牌形象	财务状况恶化	拓展产品线	市场增长缓慢
市场领导者	成本过高	向新产品转移技能	汇率或贸易政策的不利影响
专有性技术	缺少某些关键技能或能力	顾客或供应商的影响力量增强	
成本优势	利润水平低	纵向一体化	买方需求变化
营销能力强	内部经营问题	从对手处获得市场份额的机会	
产品创新技能	研究开发不足	收购对手	人口统计变化
良好的顾客服务	产品线狭窄	拓展市场占有率	
良好的产品质量	营销能力不足	利用新技术的机会	
联盟或合资企业		延伸品牌的机会	

(资料来源：高红岩.战略管理学[M].北京：清华大学出版社)

在实际运用中，SWOT 分析还有待进一步发展。无论是内部环境还是外部环境因素都是处于不断变化之中，因此除了对目前的资源优势和劣势、机遇和威胁进行评价外，还需要根据所分析的对象，对其未来走势及产生的影响，使用其他方法进行分析与研究。

【案例分析】

永辉超市在业界锋芒毕露

永辉超市曾将生鲜产品的优势发挥到极致，让很多消费者了解到，物美价廉的生鲜产品不只在农贸市场才有。在资本助力下，永辉超市从福建走向了全国。在资本市场，永辉超市也曾是被看好的潜力股。

不过,永辉超市2012年半年度业绩预告却表示,今年上半年永辉超市预计归属于母公司所有者的净利润同比下降近30%。此后,永辉超市发布的半年度业绩预告更是显示,其净利润下跌幅度正在增大。受业绩不振影响,永辉超市股价持续下跌。2012年7月17日,股价报收23.03元,下跌3.32%。对此,永辉超市方面将一定责任归咎于新店建设,这几年永辉超市依然奉行跑马圈地的战略,新开店缺乏有经验的管理人员,公司缺乏配套的管理制度,物流配送没有跟上等。尽管永辉超市的霸气与雄心支撑了其快速壮大,以至于敢于逆势进军北京市场,但业内人士观察到的是,进入北京市场后,永辉超市的发展颇显粗放、盲目。

2011年4月开业的恒基店是永辉超市在北京地区位置较好的门店,不过,这家门店的表现却不如预期。周末晚间是家庭外出消费的黄金时段,大型综合超市在此时段多会有排队交款的现象,但是来此购物的消费者并不多。作为超市主要功能区,也是永辉超市强项的生鲜产品服务功能明显不足。据该区域工作人员介绍,来恒基店超市购物的多为附近公司的职员,他们多半不选择生鲜及冷冻产品。永辉超市主要面向社区居民,但恒基店紧邻北京站,周边多是大型国企,普通消费者一般不会选择去该店购物。此外,永辉超市在商品陈设、客户服务方面颇显低端,以酒类区域为例,没有分出礼品、高档、日常等不同系列陈设,既不适应周边的高端消费人群,也无法吸引北京站的旅客。

目前,永辉超市在北京市场的品牌影响力依然有限,其采取的扩张战略带有一定的盲目性。迅速的扩张导致永辉超市对选址、管理和经营方面的投入不足。此外,永辉超市的生鲜产品是其强项,这需要依靠强大的物流体系,其在北京地区门店所售蔬菜多由北京新发地批发市场引进。但在北京市场却没有突出表现,至今没有进入北京超市界的主流队伍。永辉超市一直采取的是大店经营的战略,大店确实可承载更多品类的商品,不过对于永辉超市而言,其优势在于生鲜产品,大量开设新店则需要更强大的采购体系和物流体系支撑,但永辉超市对新店的过度投入让其物流体系吃紧。此外,永辉超市虽然意识到大店的重要性,但从店面设计、商品类型、服务品质等方面看,永辉超市的形象仍与一线品牌有巨大差距。其盈利能力并没有因采取大店经营而改善。

(资料来源:华夏时报,2012年7月C版,帅兵改编)

思考题

1. 永辉超市的问题出在哪里?

2. 连锁经营企业在进行战略分析时,应该考虑哪些因素?

技能训练

1. 选择一家连锁经营企业,运用五力分析法分析该企业的外部环境,运用价值链分析法分析企业的内部环境。

2. 运用SWOT分析法分析某连锁经营企业的战略选择的合理性。

第二节 连锁经营企业规模发展战略

连锁经营的最大魅力在于它的规模效益,因此采取规模发展战略是绝大多数连锁经营企业发展壮大自己实力的首选途径,但是要想真正规模发展,有哪些可采取的途径?什么样的企业可以通过规模扩张来增强企业自身的实力以便在竞争中处于优势呢?

连锁经营作为一种先进的经营组织形式，发展和扩张是它生存的动力。规模经济是实现连锁经营优势的关键，规模发展战略是众多连锁经营企业首选的发展战略。导致有些连锁经营企业为了追求规模经济，过分追求连锁店的数目，投入大量的资本，结果造成了企业效益的下降，负债率过高。因此，规模发展战略并不适合所有的连锁经营企业，要重视战略环境的分析，在发展时注意规模适度，以避免投资过急而导致资金周转不灵的风险。

一、规模发展战略的意义

连锁经营企业的规模经济是指连锁经营企业依靠经营规模的扩大，使单位商品的经营成本降低、收益增加的现象。目前，有一半以上外资零售业进驻中国，都看好中国这块庞大的市场，使中国零售业进入了白热化的竞争阶段。随着零售业微利时代的到来，在这种市场竞争环境下，中国零售业存在规模偏小、市场定位趋同化等缺陷，中小零售业要想取得竞争优势，实现快速增长，采取规模发展战略，实现规模经济是关键。

（一）有利于提升企业的知名度

随着连锁经营企业规模的扩大可以形成品牌优势，节省广告宣传费用。连锁经营企业通过建立众多分店，甚至可以超越国别限制在世界各国建立分店，这样连锁经营企业的名声可以传播到更广泛的区域。连锁经营企业可以充分利用自身的品牌优势，在扩张店铺的同时反过来推动品牌的扩张。消费者若在某一个连锁店获得了物美价廉的商品和优质的服务，那么，他会认为这个连锁经营企业的所有连锁店的商品都是优质的，连锁经营企业的品牌在无形中就得到了推广。而连锁经营企业又会因为其众多的连锁店形成强大的规模，会使消费者认为这个连锁经营企业实力雄厚，从而更容易被信赖，吸引更多消费者。

（二）有利于降低经营成本

连锁经营企业门店多了，能够形成大批量进货，就可以直接从厂商进货，减少中间环节，节约流通费用。同时，因为大批量进货，具备了同供应商讨价还价的能力，能够以较低于市场的价格采购到商品，降低采购成本。当然，大批量的运输与配送，节省了大量的物流成本；也可以减少人力成本和管理成本，因为连锁门店都由一个总部作为统一的组织机构进行管理，总部作为一个组织机构，其功能主要在于商品的采购、储存、运输、定价和促销，而各个分店的功能在于进行商品的实际销售。

（三）有利于分散零售业的经营风险

对于连锁经营企业而言，拥有众多分布在各个地方的商店，会使经营风险分散而不会过分集中于某几个商店。连锁门店数量的增多，可以使连锁经营企业收集到不同地区消费者的大量消费信息，为连锁经营企业对目标市场、消费偏好的分析提供大量的数据，利于零售业战略管理决策的制定，从而有利于连锁经营企业未来的发展。

二、规模发展战略的途径

（一）单一商品规模经济

由于经营的某一种商品规模的扩大而产生的经济是连锁经营企业规模经济的基础和最小单位。单一商品销售量的扩大，直接影响到采购量的扩大，可以提高连锁经营企业同供货商谈判的能力，吸引更多消费者，并占有更大的市场份额，从而可以降低经营成本、增加收益。

（二）单店规模经济

单店规模经济是指单个经营场所的连锁经营企业由于经营面积的增加或经营能力的增强而导致的经济。这样可以扩大经营品种或同类商品的数量与品牌，吸引更多的消费者，降低单位商品的经营成本。单店规模扩大的形式有以下两种。

（1）单业种规模经济

单业种规模经济是指经营一类商品规模的扩大而产生的经济。例如号称"门类杀手"的专业店，如家电专业店、手机超市、家居用品店等。单类商品大规模经营的企业可以较少的资金投入，垄断某类商品市场的渠道，从而获得垄断利润。

（2）多产品规模经济

多产品规模经济是指由经营商品的种类的增多而产生的经济。这样可以为消费者提供"一站式购齐服务"，吸引已购买某种商品的消费者采购其他种类商品，同时降低经营风险以获得稳定经济收益。

（三）连锁店规模经济

一般而言，流通企业都有自己的服务区域，尤其是零售业，为了满足分散化的消费需求，其经营具有分散性，而且单店店铺的面积不可能无限制扩大。商店有自身限定的商圈，单体店的面积扩大到一定程度后，随着交通采购成本的上升，若规模继续扩大，则可能会越来越不经济。为了克服这种空间市场的限制，连锁企业采取增加连锁门店的数量，实现网络空间上的规模扩张，从而达到规模经济。通过这种连锁优势的发挥，可以降低采购成本、物流成本、营运成本，从而达到规模经济。

（四）多业态规模经济

把流通企业进行多业态扩张所带来的经济性称为多业态规模经济。如大型购物中心等超大型复合型零售场所，综合经营多业态零售店，同时提供零售、餐饮、娱乐、休闲等多种服务，是典型的多业态规模经济。像家乐福、沃尔玛等零售企业，同时经营折扣店、超市、会员俱乐部等多种业态零售店，也是利用了多业态规模经济。

（五）多元化规模经济

多元化规模经济是指流通企业利用自身的资源和能力，从事物流、批发、零售、制造等多个行业的经营，从而得到技术协同性、经营协同性、管理协同性、市场协同性等效应。像大规模连锁经营企业利用渠道优势发展自己的物流业等。

三、规模发展战略实施的条件

对连锁经营企业而言，要实现规模经济，必须采取规模发展战略。但并不是所有的连锁经营企业都能用规模发展战略实现规模经济的，这需要一定的条件。

（一）市场需求

在市场需求小且分散的时候，连锁经营企业内的组织也是小而分散的，过大的规模只会使它们的供给超过需求，从而导致存货积压和周转率下降，并且扩大规模会使经营成本上升。人们低而分散的购买力限制连锁经营企业规模的扩大。随着社会经济的发展，人们的消费水平提高了，购买力也相应增强了，对于连锁经营企业而言，此时就适合通过规模的扩张来满足日益扩大的消费市场。例如，随着生活节奏的加快，人们的时间越来越宝贵，希望用于购物的时间减少，这就使那些能够满足人们一站式购物的连锁经营企业迅速发展起来。如近几年涌现的集商业、娱乐和餐饮于一体的大规模购物中心就是为了适应市场需求而产生、发展起来的。若在一个商圈已饱和的地方，再扩大规模，只能导致资源浪费。

（二）技术水平

在交通运输还不发达的年代，商品的运输和存储都得不到保障，商品流通的可靠性都很低，连锁经营企业无法稳定地进行大规模的采购与经销，规模的扩张受到限制。当运输和通信技术发展起来以后，大规模的采购和销售就成为了可能。现代的连锁经营企业已经进入了高科技行业，进入了信息化管理的微利时代，每个企业都在极力地降低经营成本。只有运用大规模的现代信息技术，才能保证连锁经营企业的规模经济。如沃尔玛，其卫星通信网络系统的应用，使配送中心、供应商及每一分店的每一销售点都能形成连线作业，大大提高了营业的高效性和准确性。同时，运用先进的技术实现高效的存货管理，使公司既能迅速掌握销售情况，又能即时补充存货不足，大大降低了资金成本。若不是信息技术的发展，沃尔玛不可能对全世界几千家分店都进行良好的控制，也就不能充分利用规模扩大所带来的成本优势，从而达到规模经济。

（三）管理水平

管理水平高低也是影响能否实现规模经济的重要因素。大规模的采购、销售和物流只有良好的组织结构和优秀的管理，才能够稳定、顺利、高效地运转。一个大型的连锁零售企业，若没有先进的信息管理系统，良好的组织控制管理众多连锁分店的制度，根本无法进行良好的运转，在这种情况下，大规模不仅不会提升单位面积的销售额，还会导致整个经营成本上升，整体效益下降。如沃尔玛，若没有先进的信息技术，其管理人员不可能在办公室的卫星通信室里看上一两分钟，就可以了解一天的销售情况；也就不可能对全球几千家分店的每种商品的库存、上架、销售量全部盘点一遍。没有采取先进的信息化管理手段，是无法避免规模扩大所产生的一些不利因素的。

（四）资金雄厚

资金实力是否强大是实施规模发展战略的一个基本的条件，没有资金无法进行大规模扩张。现代的信息管理技术的运用，虽然能够大幅度降低经营与管理成本，但是要求企业进行大规模的投资。并且投资的回报周期较长，在一定程度上会影响连锁经营企业的资金周转。所以没有实力雄厚的企业是无法承受的。而且这些先进的信息设备具有不可分割性，经营规模没有达到一定的程度是无法让这些设施充分运行的，同样会带来经济损失。例如沃尔玛，其在中国的店铺数量较少，无法充分发挥其信息技术与物流技术的优势，所以沃尔玛在中国的竞争优势并不强。

规模扩张战略是很多企业在发展道路上的必然选择，但是在扩张的同时要考虑到企业自身配套能力的建设，才能实现规模经济。

【案例分析】

凯马特破产启示——规模不等于效益

2002年1月22日，美国零售巨人凯马特在芝加哥向伊利诺伊北区破产法院申请了破产保护，成为美国历史上寻求破产保护的最大零售商。凯马特的破产令全世界震惊，无疑也给中国尚处于发展阶段的零售业，尤其是连锁超市敲响了警钟。

一、凯马特背景

凯马特曾经有着辉煌的历史。1899 年凯马特的创始人塞巴斯蒂安·克雷斯哲在底特律创办了“五至十美分”一价商店，名为克雷斯哲，它是继伍尔沃思之后的第二大一价商店连锁公司。1912 年，克雷斯哲已经拥有 85 家分店，销售额高达 1 000 万美元；1955 年，克雷斯哲拥有的店铺发展到 673 家，年销售额达到 3.54 亿美元。1959 年，廉价商店的创始人昆宁海姆成为克雷斯哲公司总裁，他看到了第二次世界大战后美国郊区广阔的市场空间，下决心进入廉价销售业，开办折扣店，这是凯马特迅速腾飞的重要基石。1962 年，克雷斯哲公司的第一家名为凯马特的折扣店开业，仅一年的时间，凯马特就建立了 53 家折扣店，销售额达到 8 300 万美元。接下来的几年内，凯马特飞速扩张，即使在经济衰退的 1970 年，克雷斯哲也开了 74 家新店，成为继西尔斯、彭尼之后的第三大日用品零售商。当 1970 年沃尔玛上市的时候，凯马特排列《廉价零售商》71 家最大零售连锁店的第一名，年销售额达到 20 亿美元，是沃尔玛的 45 倍之多，而那时的沃尔玛还榜上无名。在整个 20 世纪 70 年代，凯马特一直是沃尔玛追随和效仿的对象。1977 年，公司正式更名为凯马特公司。1982 年，凯马特的销售额达 186 亿美元，是当时沃尔玛的 5 倍，店铺数则是沃尔玛的 4 倍，成为世界第二大零售商。进入 20 世纪 90 年代后，沃尔玛突飞猛进一跃成为第一大零售商，而凯马特却因各种各样的原因在节节败退，直到 2002 年宣布破产保护。纵观整个 20 世纪，凯马特一直在世界零售百强排行榜上名列前茅，并多次进入前三名。即使是在破产前的 2000 年，它也以 370 亿美元的销售额名列世界零售百强排行榜的第八位。

二、凯马特破产原因分析

难以想象，就是这样一个零售业历史上的“巨无霸”，竟然也走到了破产的边缘。其破产的原因是多方面的，归纳而言，主要包括以下方面。

1. 决策失误，定位不准

自 20 世纪 90 年代以来，零售业第一把“金交椅”就落在了仅有 40 年历史的沃尔玛手里。面对这种形势，凯马特不是认真分析问题，找出原因以便采取更有效的策略，而是盯住沃尔玛的顾客群不放，企图从沃尔玛的手中夺回顾客。2001 年下半年，凯马特推出了其“蓝光促销法”，对 3 万种商品降低价格，与沃尔玛等竞争对手打价格战。但沃尔玛凭借其财大气粗，把价格拉得更低，让凯马特的低价策略失效。价格战的结果是凯马特不仅没能夺回市场份额，而且造成了名利双败的局面。这是造成凯马特破产的最直接的原因之一。

2. 技术落后，运营成本高，管理效率差

回顾凯马特的发展历史，不难发现，它的规模扩张速度很快，但其利润率却不令人满意。2000 年，虽然其销售额排名世界百强第八，但却亏损 2 亿多美元，利润率为－1%；2001 年，凯马特亏损更为严重，亏损额为 24.2 亿美元。相比之下，沃尔玛的利润率要好得多，多年来一直保持在 3%以上。出现亏损的原因之一是凯马特较高的运营成本，而高运营成本的后面则是管理手段的落后、管理效率的低下。对现代零售业来说，管理效率的提高离不开关键技术的应用。凯马特的规模扩展之快举世瞩目，但其相应的技术却远远落后于竞争对手。以对其发展最为关键的 20 世纪七八十年代为例，1973 年，当沃尔玛和其他多数零售商都在尝试使用计算机订货系统的时候，凯马特的订单却还是由店经理手写，然后将订单邮寄至总部。这样仅订货就需要几个星期甚至几个月的时间，常常出现商品脱销，成本加大，这直接导致了凯马特在 1980 年的利润滑坡。直到 1982 年年末，凯马特才为 2 370 家店铺配备了计算机和手持扫描仪,加快了盘点时间,但还没有安装收款机,无法进行顾客消费需求分析;而此时的沃尔玛却已经准备投资发展自己的私有卫星网络。现代技术的应用对管理的影响在这两家公司得到了充分的体现。1983 年,一美元的商品销售额中,凯马特在配货方面需要花费 5 美分,而沃尔玛只需要不到 2 美分。就是在这一阶段以后,凯马特逐渐被沃尔玛赶上、超过,并且差距越来越大。

凯马特管理效率的低下还反映在日常管理上。在折扣店这一业态已经进入成熟期的时候,凯马特仍在一味地开新店,而疏于对老店铺的更新与调整,店铺环境破烂不堪,商品过时并经常缺货,清除存货的动作也比别人慢半拍,这样就迫使很多老顾客都到竞争对手那里去购物。

管理和技术的落后严重影响了凯马特的发展,也是导致其破产的深层次的原因之一。

3. 评估公司降低其信用等级,严重影响了凯马特的形象和融资能力

由于凯马特公司去年销售连续走低,2001 年 12 月,穆迪公司将其信用等级降到了"垃圾地位";2002 年 1 月,标准普尔公司也宣布将凯马特从其 500 种成分股中"开除"。这一切促使本来就不高的凯马特股价不断缩水,严重影响了其信誉和融资能力。

4. 供应商停止供货,给凯马特造成致命一击

由于销售不旺、融资出现困难,凯马特对供货商的欠款越来越多,其中最大的供货商弗莱明消费品公司就被欠款达到 7800 万美元。由于供货商普遍担心凯马特的财务状况,纷纷停止供货,弗莱明公司于 2002 年 1 月 21 日停止供货。紧随弗莱明公司的步伐,草皮和园艺公司制造商斯科特公司也宣布终止向凯马特供货,这进一步加快使得凯马特终于到了申请破产保护的地步。

三、对当今我国连锁超市发展的启示

虽然凯马特在 2002 年就倒闭了,但其具有代表性、针对性、先进性,对当今中国连锁经营企业仍有很重要的借鉴意义。以中国连锁超市现在的情况来看,与这些零售巨头直接对抗的实力明显不足。面对如此严峻甚至残酷的形势,企业本身都更加意识到了快速增强企业自身实力的重要性。于是就有了上海华联超市、北京西单商场和北京超市发的"强强联手";很多连锁超市也都纷纷"跑马圈地"来迅速扩展规模。在这样的背景下,昔日的零售巨子凯马特的破产无疑会给国内发展中的连锁超市以很好的借鉴。

1. 市场定位一定要准确

中国现在商业企业的一个基本情况就是定位单一,经营缺乏特色,几乎是千店一面。所以对消费者来说,很多时候选择超市的标准就是其价格是否便宜。在这种情况下,企业之间的竞争采取价格战也在所难免。凯马特在这方面的失误不得不引起中国连锁超市高度的警惕。纵观世界上所有成功的商业企业,基本上都是靠明确而准确的市场定位得以发展。所以中国的连锁超市要想在竞争中生存并取胜,准确的定位是至关重要的。

2. 发展规模的同时要加强管理

连锁经营的优势在于规模,有了规模,才可以进行大规模采购,降低进货成本,加强物流配送体系并提高效率。据统计,在世界零售百强企业中,全部都是多店铺发展,而且店铺越多,排名也越靠前。而中国大多数连锁经营企业的规模都较小,无法形成规模效益。所以中国的连锁超市目前的首要任务是发展规模,这也是中国政府和企业都最关切和希望的。

凯马特的规模扩张很快,但最终却到了破产的地步,其中最根本的原因就在于它的管理

和技术没跟上。对现在的零售业而言，管理和技术是企业发展的关键环节，尤其对已经形成相当规模的连锁超市来说，先进的管理手段和技术可以极大降低成本，沃尔玛在这方面就是一个很好的典范。所以中国的连锁超市在扩展规模的同时一定要加强管理，避免发生凯马特那样的悲剧。

发展规模需要资金，资金的缺乏是当前制约中国连锁超市规模扩张的主要因素之一。目前中国零售商自有资金的比例不高，还不到流动资金的10%，资产负债率则接近80%，融资的渠道又很单一，绝大部分只能依靠银行贷款，能有幸上市的商业企业寥寥无几。如果大多数大型连锁超市能够上市，不仅能够极大地促进其成长，而且其高速的成长性也可以给投资者以较高的收益回报。同时，对连锁经营企业的股份制改革和市场运行机制的形成也会起到很大的推动作用。

3. 加强学习能力和对环境变化的反应能力

使凯马特破产的一个比较深层次的原因，在于它相对较弱的学习和反应能力。凯马特开创了折扣店的先河，这一业态也曾一度使它获得不俗的业绩。但每一业态都有其生命周期，不可能长盛不衰，尤其在这样一个瞬息万变、竞争日趋激烈的时代。在1975年折扣店进入成熟期的时候，凯马特不仅没有及时进行业态更新，而且还在一味开新店，疏于对老店铺的管理；当20世纪80年代仓储店成为一种时尚的时候，凯马特也没有及时跟上，甚至熟视无睹。1988年，当其想进入这一业态的时候为时已晚，沃尔玛也正是在这时候利润首次超过凯马特。相比之下，沃尔玛的创始人沃尔顿先生则非常重视学习和创新。他向凯马特学习，开办了折扣店；向明尼苏达州的富兰克林特许连锁店学习，开办了自助销售店；向普尔斯马特学习，开办了仓储店；看到斯特林店采用金属货架时，他马上请人制作，并成为全美第一家百分之百使用金属货架的杂货店。沃尔玛以这种不断突破极限管理的方式赢得了一个又一个的胜利。对中国正处于发展阶段而且又即将面临更大挑战的连锁超市来说，加强这方面的能力尤为必要。

4. 加强供应链管理，搞好与供应商和顾客之间的关系

凯马特的破产与其供应商有很直接的关系，我们在这方面也应该给予高度重视。在中国，供应商和零售商之间的关系历来比较微妙，比凯马特更为紧张的工商关系也比比皆是。中国的零售商大多进行赊销或代销经营，占用供应商贷款司空见惯，不按期支付也习以为常，这都为商业领域内的支付风险埋下了隐患。

目前，中国已成为国际商业集团竞争的主战场，中国的连锁超市要在来自于国际的商业挑战中胜出，必须正确地认识自己，找出差距，吸取凯马特破产的教训和以沃尔玛为首的成功企业的经验，发展规模、降低成本、加强管理、运用先进技术，迅速建立现代的物流配送系统、改善整个供应链的管理和效率，迅速全面地增强企业的核心竞争力，争取在这场抢速度、抢时间的竞争中创造辉煌。

（资料来源：申冬华，邓若鸿. 凯马特破产对中国连锁超市的启示[J]. 商场现代化，2002(10)）

思考题

1. 凯马特的破产对中国连锁经营的启示是什么？

2. 结合中国连锁经营企业的实际，分析连锁经营企业实现规模经济的条件。

技能训练

请选择一家连锁集团企业，了解是如何实施规模发展战略的，并提出合理化建议。

第三节 连锁经营企业竞争发展战略

在当今的市场经济条件下，竞争是流通产业组织的核心议题，被认为是连锁经营企业生存发展之母。竞争不仅能够促进企业的发展，而且通过优胜劣汰，可以提高社会资源的分配，推动产业的发展。竞争的成功依赖于竞争战略的选择，针对当前连锁经营企业所处的市场环境，一般而言有四种竞争战略可以选择：成本领先战略、区域集中化战略、差异化战略、电子商务发展战略。因此，确定符合企业自身发展的基本竞争战略并予以正确实施是我国连锁经营企业在激烈的市场竞争中取胜的关键。

一、成本领先战略

成本领先战略是指企业通过一系列有效措施，争取获得行业内的成本最低地位的战略。此战略考虑的是使企业的成本低于竞争对手的成本，在市场上以低成本取得领先地位，形成优势。

并不是所有的企业都适宜采取成本领先战略，需要对企业的行业特征进行分析。一般来说，消费者对价格越敏感，成本领先战略就越有吸引力。在中国这块市场上，连锁零售企业适合采取成本领先战略，因为我国的零售行业竞争的产品基本上都是标准化或者同质化的，连锁零售企业间的价格竞争异常激烈，决定企业胜负的关键是商品价格的高低。所以采取成本领先战略是非常适合连锁零售企业的。

成本领先战略要求连锁零售企业必须确保以低价购进原材料、商品，采用信息化系统，建立高效率的生产经营管理体制，努力降低各种成本。若每个商品流通环节的成本无法下降，就会影响整体成本优势的发挥。因此，追求成本优势必须做到每一个控制环节中都将成本降到最低。

二、区域集中战略

区域集中战略是指超级市场集中资源于某一特定地区内开店。这样，连锁经营企业可以将有限的广告等其他宣传活动投入到该区域内，节省广告费用，提高知名度，从而使本企业的店铺在该区域内站稳脚跟，并逐步占据更大的市场份额，直到稳定地占有该市场，获得地区范围内的竞争优势。

店铺集中在一个区域内发展，可以根据需要在该区域内设置配送分中心，在合理的时间组织配送，减少机会性损失，从而提高配送效率，降低成本；总部也便于管理，可以节省人力、物力、财力，总部人员可以在同样的时间内，增加巡回的次数，增加对每个门店的指导；企业可以集中资源，更好地服务于某一特定的市场，可以更好地调查研究与商品有关的技术、市场、顾客及竞争对手各方面的情况，有利于本企业形成在该区域内的绝对竞争优势。

区域集中战略尤其适合本土零售企业。因为外资零售企业在管理经验，满足顾客需求和利润把握方面占据优势，各大外资零售企业致力于全国性布局，并不会将精力放在某一个或数个地区。而对资金不是很雄厚的本土企业，在区域内集中精力、集中资源进行密集布点,并通过这一方式抢占某区域的商业资源,从而使外资零售企业在该区域内选择不到合适的店址。由于在区域市场的优势地位,本土零售企业生鲜食品的采购和物流能力是很强大的;由于全国布点的原因,外资零售企业集中采购和统一配送的利器无法施展,这就给本土零售企业带来机会。所以本土零售企业可以凭借区域集中战略,在一个区域做强了,再做大,从而获得竞争优势。

三、差异化战略

(一) 差异化战略的内涵与意义

差异化战略是指企业结合各种差异化特征,为顾客提供有别于其他企业的产品或服务,形成在全行业范围具有独特性的东西,使得买主偏向于购买本公司的产品或服务,在竞争中取得优势地位。

《孙子兵法》"势篇"中说:"凡战者,以正合,以奇胜。故善出奇者,无穷如天地,不竭如江河。终而复始,日月是也。死而复生,四时是也。生不过五,五声之变,不可胜听也。色不过五,五色之变,不可胜关也。味不过五,五味之变,不可胜尝也。战势不过奇正。奇正之变,不可胜穷也。奇正相生,如循环之无端,孰能穷之?"由此可见,差异化战略在竞争中的强大威力。连锁零售企业采取差异化的非价格竞争战略,企业间共同深入挖掘与细分市场,实施错位经营才是持久获利之道。

(二) 差异化战略的途径

制造企业进行差异化竞争主要通过产品及其营销的差异化,而流通企业属于网络服务性产业,可以通过更多的方式实行差异化,比如业态、空间位置、商品组合、供应关系、信息技术以及其他营销策略方面。

1. 业态差异化

业态差异化是连锁零售企业进行差异化竞争的首要手段。零售市场的一个重要特征就是不同业态之间的竞争,不同的业态服务的目标顾客群是不一样的。由于不同的消费者具有不同的特征,因此就具有不同的需求,而不同的需求只能由不同的零售业态提供不同的服务来满足。

投资于不同的零售业态,是零售企业间的首要差异化。以外资零售企业进入中国市场为例:凡在中国发展比较成功的外资零售企业,在业态定位与选择上,大多会选择全球最具成长性的主力零售业态,如大型综合超市、仓储超市,而对百货店等较成熟的业态则基本上不进入。在超级市场这一业态上外资零售企业采取了跨越传统食品超市和标准食品超市的模式,直接开设大型综合超市和仓储式超市。外资零售企业在业态选择上的战略意图是不与中国的超级市场(大多为传统的食品超市)在同一水平线上竞争,而是选择发展超级市场的主力模式,使其具备食品超市和百货商店的双重功能。

2. 店铺选址差异化

对零售企业来说,店铺选址是非常重要的,若甚至有人认为零售业就是选址产业。若零售商的店铺选址更接近于顾客,就可以吸引更多的顾客,从而使销售额增加特别是在竞争激烈的情况下,店铺选址的微小差别都可能导致市场份额和利润率产生较大的差别。可以这么说,对零售商而言,其最重要的资源就是店铺选址,一旦选址不当,就会给今后的经营带来难以克服的困难。

零售企业的目标顾客主要来自所属的商圈,因其所处的地理位置不同,决定了不同商圈顾客的数量、构成、购买力、购买习惯等的差别，进而决定了一个零售企业竞争力的强弱和经济效益的好坏。处于“黄金地段”的企业，由于商圈内的顾客数量多，购买力强、购买频率高，于是在市场竞争中就会占据有利地位，获得丰厚利润。反之，在市场竞争中会处于劣势地位，当然难以取得理想的经营效果。零售企业的店铺一旦选定，就会产生较长期的影响，因此，店铺选址应该慎之又慎。如进入中国的国外零售企业在开店选址上是非常慎重的。它们综合考虑交通、竞争和市场发展目标等因素，一般选择发展不太充分、竞争对手力量较薄弱的二级商圈或三级商圈对手进行扩张；在选址上实行差异化，依靠自身的发展带动次级商圈的升级，形成和已有的一级商圈抗衡的新商圈。在新的商圈中，随着城市的发展，原来郊区也慢慢发展起来，那么外资零售企业就具有优良位置的先占性了。所以零售企业在选址问题上要更注重长期性和区域发展的可能性。

3. 商品组合差异化

商品组合差异化的策略有两种基本途径：一个是通过扩大商品组合来实现差异化，称为宽商品组合；一个是通过缩小商品组合来实现差异化，称为窄商品组合。前者是努力追求产品线的宽度，即提供产品品种的多少；后者追求产品线的长度，即提供每类产品的品牌或型号的深度。这两种组合路径形成了两个无限变化的差异化竞争过程，即综合化和专业化。连锁经营企业一般会在两者之中选择一个构成商品组合差异化的竞争手段。如沃尔玛的山姆会员店，其以销售快速、低价著称，商品品种涉及很广，但是每种商品只销售其中的几种品牌，以大量采购某一种品牌获得进价折扣；而国美电器等专卖店以销售家电产品为主，但是其提供的品牌、型号、款式丰富多彩。

流通企业也可以通过与生产商建立代理关系而获得不同的商品组合，从而实现差异化竞争。如汽车经销企业往往与制造商建立比较紧密的合作与交易关系，常常采用的是4S专卖店形式，从形象、营销、服务等各方面都得到了制造商的支持，与其他企业建立从产品到服务的整体差异。开发PB商品(自有品牌)也是当今流通企业广泛应用的商品组合差异化的竞争手段。流通企业通过开发PB商品形成企业特有的商品或商品组合，凸显自己产品与市场上产品的差异，以此具备特有的商品资源优势来吸引消费者。

4. 信息技术的差异化

信息技术的广泛应用，使得现代零售企业再也不是单纯意义上的传统行业，在某种意义而言已经成为一个新兴的高科技行业。流通领域信息化水平的高低，从宏观上讲直接关系到一个国家流通现代化的进程，从微观上讲影响到一个流通企业竞争能力的强弱。因此流通企业都非常注重将信息技术及装置引入到企业经营管理中来，形成差异化竞争优势。

外资零售企业很早就意识到要利用信息技术开发管理价值以形成竞争优势，管理信息化可以促进流通企业大大节约成本，提高企业流程的控制能力和经营管理能力。如麦德龙运用计算机技术完善了一套从采购到销售的科学的管理程序，从而保证了商品的持续供应和低成本经营。其实，在利用信息技术创造差异化竞争优势方面，应当首推目前世界零售业排名第一的沃尔玛公司。

5. 营销策略的差异化

店铺的形象设计、营销特点、促销方式、商誉、服务、与顾客的人际关系等营销策略也可以行之有效地实现竞争的差异化。如对社区型超市和便利店引入“复合店”的概念，可以通过配套速食供应、月票代办、票务代理、报刊销售等便利性服务，通过招租餐饮店、小吃廊、品牌服饰店、银行、邮局、游乐场及其他互补设施成为区域性购物休闲中心。这样做的目的是达到吸引消费客流的目的。

百货店在发展特色营销时，采取了多种方式，有的在产品品种上，有的在产品定位上，也有的在服务方面形成了自己的特色。如以前面向青春一族的西单赛特商场变成了区别于周围竞争对手的专门营销中老年人时尚服饰的商场；贵友百货则实现了由传统百货向专营时尚商品的"主题百货"营销定位的转变；菜市口百货把自己的营销锁定在黄金上，享誉京城。

差异化竞争战略最适合零售企业采用的战略，也是最重要的一个战略，可以使零售企业避免直接的价格战，获得更高的利润。

四、电子商务发展战略

随着互联网的快速发展，电子商务以日新月异的高科技手段挑战传统的经贸方式，在全球商务活动中占据了举足轻重的地位，给世界各国的经济带来了巨大的变革，并日益成为新的经济增长点。

发展零售业电子商务是当今或者是未来零售业发展的走向，它注重的不是营销方式，更重要的是零售企业的经营理念。在电子商务环境下，没有店铺、没有售货员也能创下骄人的销售业绩；数小时内可以解决任何连锁商店的缺货问题，这些都是传统方式下无法想象的。电子商务为中国零售业提供了新的发展机遇，为了实现下一阶段的经济发展目标，必须大力推进零售业电子商务的发展，尽快实现中国零售业经营方式的升级和优化，提高中国零售业的竞争力。只有这样，才能使中国零售企业成为现代化的商业企业，为经济发展贡献更多的力量。

传统零售企业线上、线下"两条腿走路"有着相当的重要性。已经有众多内资连锁零售企业已经意识到这点了，都纷纷采取了电子商务发展战略，都想借电子商务来提升自己的核心竞争力，但是效果不是很明显。

（一）电子商务发展存在的问题

从产品上讲，传统零售企业线下线上产品雷同，价格一样，送货周期长，很多都是将线下实体店铺内容平移到网上，很难吸引眼球。

从营销角度出发，传统零售企业的促销方式更倾向于实体门店促销，促销周期长，无法做到部分电子商务平台几乎每天都有促销，且促销不理想当天就更换的灵活举动，因而难以吸引消费者即时浏览。

而更重要的则是人才的制约。目前来看，传统零售企业缺乏IT专业人才和专业网络销售团队。网店页面设计古板，缺乏现代时尚感和互联网基因，难以吸引人气。同时，仅靠原有品牌和渠道宣传，不会借助其他门户网站通路链接进入自己的网站，致使访问量太少。

（二）应如何发展电子商务

① 要开放思想，尤其是企业高层，要积极接受电商这一新鲜事物。将电商放在企业发展的全局去考虑，重新定义实体店的角色和业态定位。

② 消费者主权时代的特性，根据不同渠道和平台特点，为强势的消费者提供最佳商品价值和服务体验。

③ 整合多渠道的营销方式，解决消费者随时随地购物的需求，融合虚拟世界和实体门店，为他们提供无缝购物服务体验。

④ 调整和改进供应链，建立更敏捷、更高效的供应链，整合多渠道资源，持续降低企业成本。

⑤ 培养、储备电商技术和专业人才，合理分配人力资源，与传统业务人才互补。电商化势在必行，如果不做，肯定将面临被市场淘汰的危险。随着零售互联网化的深入，在线零售必将成为传统零售企业的支柱业务。整体来看，电商是传统零售企业面临的一个新机遇，抓住了这个机遇，企业将具备在未来发展的竞争力；否则，企业将被逐渐边缘化。

【案例分析】

沃尔玛在德国的价格战

价格大战通常被理论界认为是一种“两败俱伤”的非理性竞争行为，但沃尔玛在德国的价格大战却赢得了最终的胜利。这里给我们一个很大的启示：价格大战并不一定就是一种“短视”的市场行为，价格战不是不可以打，关键是要善于打。沃尔玛在德国的价格大战之所以能够成功，关键因素之一是拥有较低的“进货成本”。毕竟成本是决定企业价格高低的底线，只有具有相对较低的成本，才可能把价格定得比对手低且留有一定的利润空间。从这一点来看，中国近年来“此起彼伏”的价格大战，发起者与参与者之所以最后往往落得“两败俱伤”的结果，和彼此居高不下的成本有很大关系。而沃尔玛之所以能够拥有如此之低的“进货成本”，又和它遍布世界的众多分店、统一进货的“连锁经营”模式分不开。从这一角度来看，沃尔玛在德国价格大战的胜利实质是一种规模经济、一种经营形式的胜利。当然，我们从中也不难看出，零售业走连锁经营是一种必然之路。这一点对中国目前的零售业而言，意义尤为深远。

除了拥有较低的“进货成本”之外，沃尔玛在德国的价格战胜利还有赖于以下几个因素的密切配合。

(1) 正确的价格大战的切入点

沃尔玛以家庭主妇十分重视的奶粉、面粉、白糖、饮料、肉类等80余种商品为发动价格大战的切入点，因为这些商品都是一些“生活必需品”，其需求价格弹性虽然较小，但因与人们的日常生活息息相关，所以容易引起人们的注意，从而使这些商品的价格起到一种“招徕定价”的效果，使消费者对沃尔玛的价格定位产生一种“错觉”——“沃尔玛的商品全部价格低”，进而达到吸引客流、扩大销售、提高市场占有率的效果。“百盛购物中心”进入大连市场初期，在大连商界掀起的一股“百盛冲击波”，同样是因为采取了与沃尔玛相类似的价格竞争战略。

(2) 成功地规避当地法律与政策的限制

企业的定价行为必须充分地考虑到企业所在地的法律和政策环境，对于像沃尔玛这样的跨国企业而言更是如此，以免受人以柄，最终得不偿失。沃尔玛则很好地考虑并处理了这一点，没有给当地政府留下任何把柄。反观中国的企业，在这方面则存在着太多的教训，近年来国内很多企业在国际市场频频遭到的“反倾销”制裁，就和没有处理好企业定价与法律、政策环境的关系有很大关联。

(3) 对竞争对手反应的充分考虑

价格大战的发起者往往会遭到其他企业的反攻，因此，发起价格大战的企业必须对此有足够的考虑。从本案例来看，沃尔玛无疑充分考虑到了这一点，不但可以与竞争对手“大战到底”，并且还可以赢得“最终的胜利”。同时，也为进一步兼并或收购德国的零售商、扩大自己的市场份额创造了良好的外部环境。反观这场价格大战的失败者——德国的零售商，其最大的失败就在于“落入了沃尔玛设下的陷阱”。

面对沃尔玛毫不掩饰的挑衅，为了捍卫自己的市场份额，德国的零售商采取了毫不退缩的战略：“从所有枪口还击”，与沃尔玛展开了面对面的价格竞争。但是，这种应战是以10亿马克收入的损失为代价的。特别是在企业实力有限的情况下，如此下去极有可能把自己拖垮，而这又恰恰是沃尔玛所希望的。到那时它就可以“坐收渔翁之利”了面对竞争对手的价格大战，企业是否采取针锋相对的反击战略？这里的关键一点是在你弄清竞争对手降价的背景之前，不要马上进行反击。换句话说，企业应该在对所有情况都很有把握的时候再采取反击行动。如果必须进行反击的话，就尽量利用价格之外的其他手段。例如，提高服务水平、增加售后服务项目、改善卖场环境等。如果不得不利用价格进行还击，则一定要尽量限制其实施的范围。对于德国的零售商来说，他们最好的选择是不与沃尔玛打价格战，因为无论是从企业的“进货成本”还是企业实力上来看，他们都难以与沃尔玛相抗衡，如果硬拼，到头来只能落得个“头破血留”，正中沃尔玛的下怀。因此，他们最好的办法是利用非价格竞争手段与之周旋，如提高服务水平等，毕竟价格仅仅是消费者购物决策考虑的一个因素而已，并且在一定情况下，价格还不是最重要的因素。当然，即便是为了保住已有的市场份额，德国的零售商以价格战应对沃尔玛的挑衅，也无需以比沃尔玛更便宜的价格出售，此时为了维持整个市场的稳定，最好把自己放在“第二”的位置上，采取“随行就市”的定价策略，使自己的价格与沃尔玛持平即可。这样，一来可以消除沃尔玛在价格竞争上的优势，二来可以吸引更多的客流量，在价格相同的情况下，毕竟还拥有沃尔玛所不具备的“地缘”优势。当然，案例中的德国零售商采取了与沃尔玛针锋相对的价格大战，其最终的结局也就在所难免了。

德国零售商的教训同样值得中国企业汲取。目前，中国企业界之所以价格大战不断，其中的一个重要原因就在于中国企业“火力太盛”，一遇见其他企业挑起价格大战，其他相关企业便不顾一切地纷纷应战，从而使价格大战愈演愈烈，最终落得个两败俱伤。因此，国内企业面对价格大战需沉着冷静，三思而后行。在这方面，海尔集团无疑是中国企业值得学习的一个典型。面对国内多次的家电价格大战，海尔都没有参与，而是坚持走价值定价之路，即根据顾客在消费产品过程中所获得的价值量来制定价格，从而实现了利润、企业规模与市场份额同时增长的企业成长神话。

（资料来源：http://www.sino-mamager.com/2012416_3357.html）

思考题

1. 你如何看待目前国内零售企业的价格大战？沃尔玛为何能在德国的价格大战中获胜？
2. 德国的零售商应采取什么策略来应对沃尔玛的价格挑衅？
3. 你认为沃尔玛在中国市场上会不会主动发起价格战？为什么？
4. 你认为这一案例给国内零售企业带来了哪些启示？如何应对？

技能训练

选择一家连锁经营企业对其采取的竞争战略进行分析，并为其提供合理化建议。

【本章复习题】

1. 如何对连锁经营企业的环境进行分析？
2. 简述连锁经营企业规模发展战略的途径。
3. 连锁经营企业竞争战略包括哪些？

第四章

连锁经营组织结构设计

【本章介绍】

连锁经营企业的组织结构是其实现经营目标的重要保证，其组织基本架构的设计和职能确立是连锁经营企业发展的重要环节。在企业发展不同阶段，受不同因素的影响，其组织结构也会不同，连锁经营企业只有根据自身的经营状况和特点，设置相适应的组织结构，并制定相关部门和岗位的职责，才能保证连锁经营企业稳定的发展，其组织结构设计要遵循一定的原则和程序。本章重点介绍连锁经营企业总部、门店和配送中心的组织结构设计相关内容。

【学习目标】

知识目标：掌握不同规模连锁经营企业组织结构设置的特点；理解总部、门店、配送中心等管理职能。

技能目标：能够设计不同连锁经营企业的组织结构；能够设置不同部分的职能；能够发现并解决具体连锁经营企业组织结构存在的问题。

【学习内容】

1. 连锁经营企业组织结构设计的影响因素。
2. 连锁经营企业组织结构设计的原则和程序。
3. 连锁经营企业总部、门店和配送中心组织结构。

【案例引导】

苏宁电器连锁公司的机构设计

苏宁电器连锁公司内部组织体系划分为品牌营销、市场策划、连锁管理、物流配送、售后服务、行政后勤、人力资源、财务管理、信息系统九大专业职能领域，包括集团总部决策层、地区管理中心经营层、终端作业层三个管理层级，并且在全国连锁网络中实现了岗位设置与职能的统一化、标准化，所有的苏宁子公司都遵循相同的组织体系运作。在组织管理方面，苏宁为有效地推进连锁事业的发展，从以下几方面做出改革。

第一，调整集团内部的组织架构，实现扁平化管理，以连锁推进为目标，形成采购连锁管理和地区销售相结合的管理体系。

第二，形成统一的连锁管理规范文件，以统一形象、统一资源、统一服务，贯彻苏宁的连锁。

第三，以内部管理的ERP系统和外部交易的电子商务为手段，借助“中国电器网”发展连锁经营企业之间的B2B交易和面向全国公众的B2C网上购物。

第四，同步建立售后服务和物流连锁，强化对连锁经营企业的后台支持系统。

（资料来源：何森. 连锁为王——解读中国连锁经营企业经典案例[M]. 北京：中国经济出版社，2005）

思考题

1. 苏宁电器公司的组织结构有什么特点？
2. 如何设计连锁经营企业组织结构？
3. 连锁经营企业组织机构的各部门的职责是什么？

第一节　连锁经营企业组织结构设计程序

一、组织结构概述

1. 组织结构含义

组织结构（Organization Structure）是指一个组织为了实现组织目标、在组织理论指导下组织内各构成要素以及它们之间构成协调的相互关系，主要涉及企业部门构成、基本的岗位设置、权责关系、业务流程、管理流程及企业内部协调与控制机制等。

2. 组织结构设计的内容

组织结构设计要根据组织正常运营和发展的需要，主要设计以下几个内容。

① 组织基本架构。按照企业战略目标要求，建立合理的组织架构，包括各个管理层次和职能部门的建立。

② 确定各部门职责。按照业务性质进行分工，确定各个部门的职责范围。

③ 赋予权力。按照所承担的职责赋予各部门、各管理人员相应的权力。

④ 明确关系。明确上下级之间、个人之间的领导和协作关系，建立畅通的信息沟通渠道。

⑤ 确定工作流程。设计企业的业务流程、管理流程。

⑥ 建立组织文化。根据企业特点和愿景，确定相应的组织文化，以保证所建立的组织结构有效地运转。

⑦ 根据企业内外部环境因素的变化，适时地调整组织结构。

二、连锁经营企业组织结构设计的目的

设计一个好的组织结构对连锁经营企业十分重要，一个好的组织结构可产生以下效果。

① 岗位的明确，使连锁经营企业中每一位员工从事一组有限的专门化工作，有助于员工专业技能的开发和利用，从而提高工作效率；同时，明确每一个部门和岗位的任务和职责，也有助于对部门和员工进行客观的考核和公平的奖惩，调动组织成员的工作积极性。

② 由于每一个人都归属于一个特定的工作部门，有助于培养员工对组织的忠诚，也有助于对员工进行有针对性的培养和管理。

③ 由于组织结构规定了连锁经营企业各职能部门之间的权责关系，每一个成员都知道各项工作由谁负责和应该向谁汇报，有助于相互之间的协调配合和信息沟通，也有助于员工与其他成员建立稳定的工作关系。

④ 通过组织结构，可以清楚地了解组织资源配置是否与组织发展战略相匹配，从而找到落实组织发展战略的薄弱环节并加以改进，使组织结构与战略要求相一致。总体而言，组织结构的规范化，是连锁经营企业科学管理的起点和基础。

三、连锁经营企业组织结构设计影响因素

连锁组织设计的影响因素权变理论学派认为，没有一个适合所有组织的企业组织模式，不同的企业以及同一企业在不同的发展阶段上，都应当根据特定的具体条件来选择和设计相应的组织结构。影响组织结构的主要权变因素包括环境、战略、规模、技术等，如图4-1所示。

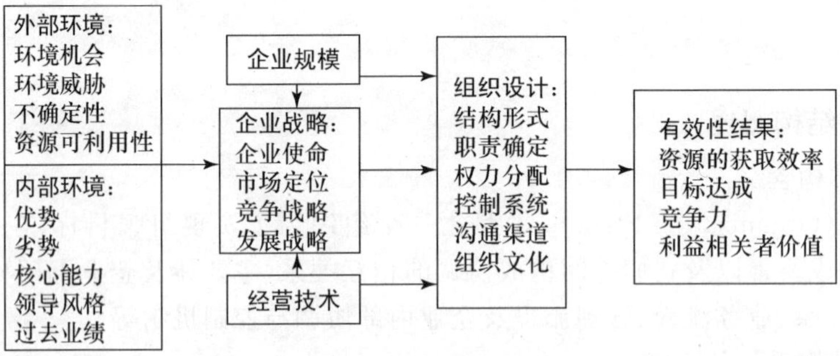

图4-1　影响组织设计的各种因素关系

1. 连锁经营企业经营环境

环境是管理者设计连锁组织结构时必须考虑的一个重要因素。处于动荡多变环境中的企业与处于相对稳定环境中的企业比较，其组织结构要求有更好的弹性和适应性；而处于相对稳定环境中的企业，则通常要求组织较为正规和集权，主要追求组织结构方面的刚性和稳定性。例如，百货商店的连锁经营由于各地消费差异较大而不得不采取更大程度的分权组织，而便利店、超级市场、快餐店的连锁经营则由于地区之间消费差异不大可以采取更大程度的集权组织。除对企业组织内部有较大影之外，环境不确定还影响企业与外部环境的关系，如企业与其他组织建立战略联盟、通过控股或参股建立集团、业务外包等。

2. 连锁经营企业战略

企业战略涵盖了一个企业的经营宗旨和市场定位、基本竞争战略和发展战略等一系列要素，每一个要素都会对组织结构产生影响。由企业经营宗旨和市场定位所决定的企业业务类型，包括服务业连锁、零售业连锁和餐饮业连锁等，企业组织结构设计会有所区别。连

锁经营企业的发展战略包括连锁经营形态和发展方向。连锁经营形态主要有直营连锁、自由连锁和特许连锁，企业是采取其中的一种形态发展还是采取混合形态发展也会直接影响企业的组织结构。连锁经营企业发展方向主要有多元化发展和专业化发展。专业化发展的连锁经营企业组织结构通常采用集权的直线职能制形式，有利于加强控制，降低成本；而多元化发展的连锁经营企业组织结构通常采取分权的事业部形式，有利于充分发挥各业务模块的积极性。

3. 连锁经营企业规模

连锁经营企业的规模包括数量规模和空间规模。企业规模扩大直接增加了组织结构的复杂性，一方面分工细化，部门和岗位的数量增加，增大了协调的工作量；另一方面管理层次也会增加，导致分权增多。许多国家将门店数量在 10 家以上的称为连锁商店，这是因为门店数量发展到一定程度会带来管理方面的根本性变化，包括组织结构的变化等。而当连锁经营企业发展到 100 家或者 1 000 家以上时，组织发展所面临的问题已经与初创时大不相同，需要对组织结构重新调整以适应新的需要。

4. 连锁经营企业经营技术

信息技术的运用程度和方式不同又直接影响着连锁经营企业内部组织结构的不同。沃尔玛为了实现顾客快速响应并降低物流成本而设计了持续补货系统，将企业内部的信息系统与供应商信息系统有机地连接起来，实现了信息互享和合作双赢，这一新的商业流程的运用要求沃尔玛的组织结构进行相应变革。同时，信息技术的应用将导致企业组织结构的扁平化，企业管理层次会减少。这些都说明企业的经营技术尤其是信息技术的发展将对组织结构产生巨大影响。

四、连锁经营企业组织结构、组织设计的任务

连锁经营企业组织结构、组织设计的任务具体来说，就是建立连锁经营企业组织结构和明确连锁经营企业组织内部的相互关系，提供连锁经营企业组织结构图和部门职能说明书、岗位结构图和岗位职责说明书。

(1) 连锁经营企业组织结构图和部门职能说明书

组织结构是组织设计的结果之一，它是指连锁经营企业组织内部的结构框架，可用结构图来表示。连锁经营企业组织结构图通过直观的图示方式，明确表明组织中的部门设置情况和层次结构，直观反映了连锁经营企业组织内部的分工和各部门上下隶属关系，如图 4-2 所示。

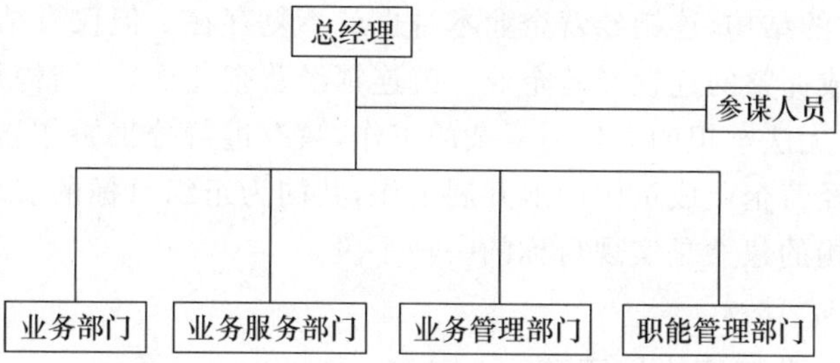

图 4-2　一般连锁经营企业组织结构

(2) 连锁经营企业部门职能说明书

部门是指连锁经营企业内部具有独立职能的工作单元的组合。与连锁经营企业组织结构图相对应的是连锁经营企业部门职能说明书。连锁经营企业部门职能说明书一般包括部门名称、上下隶属关系、协作部门、部门本职、部门宗旨、主要职能、主要责任、部门权力、岗位设置等内容。透过连锁经营企业部门职能说明书,可清楚了解连锁经营企业组织中各部门之间的职能分工情况。

(3) 连锁经营企业岗位结构图和岗位职责说明书

为了聚集群体的力量以有效地完成实现连锁经营企业目标所必须开展的各项工作,在明确了各部门的职能以后,还要进一步明确连锁经营企业各职能部门内部的职责分工,形成相应的岗位结构图和岗位职责说明书,以便将各项工作落实到人。岗位是由一组有限的工作集合而成的。由于每一个人的能力都是有限的,不可能完成大量不同性质的工作,因此需要对各种工作进行合理组合,形成相应的岗位,使工作分工与组织成员的能力相匹配,从而切实保障各项工作能够得以落实。部门内部的分工情况可用岗位结构图表示,如图 4-3 所示。

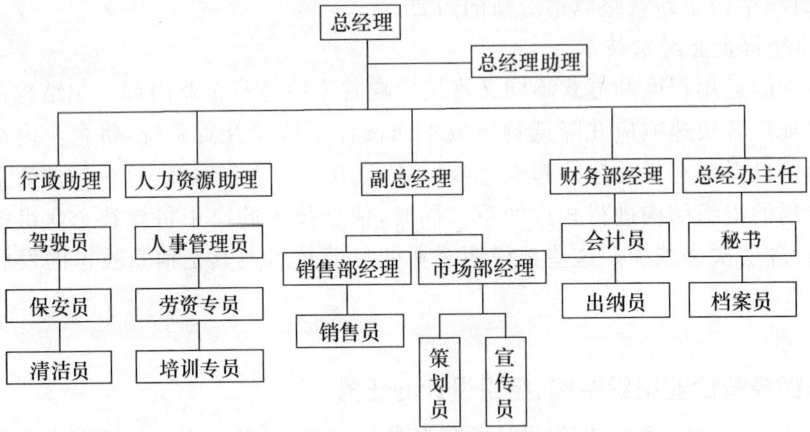

图 4-3　一般连锁经营企业岗位结构示意

岗位结构图表明了连锁经营企业中的各种岗位及其岗位之间的权力关系,各岗位的具体职责和岗位人员素质要求则可在岗位职责说明书中表明。连锁经营企业岗位职责说明书一般包括连锁经营企业中的岗位名称、上下级关系、岗位本职、主要工作、直接责任、岗位权力、岗位素质要求等内容。

(4) 连锁经营企业结构和组织成员之间的关系

组织结构反映了连锁经营企业内部的分工协作情况。组织结构的功能是为了维持组织存在,若无一定形式的结构,连锁经营企业本身也就不复存在。但仅有结构而不拥有具有共同目标的人也构不成完整的连锁经营企业。就连锁经营企业而言,结构是基础,人们为了达到目标,完成一个人无法承担的大量而复杂的工作,只有进行分工协作。但建立组织结构的目的是为了使连锁经营企业成员协调地开展工作,共同为组织目标的实现而奋斗。因此,连锁经营企业组织结构的建立是实现目标的一种手段。

五、连锁经营企业组织设计原则

从连锁经营企业的具体营运程序来看,连锁店必须做好从市场调查到确定进货,再到采购、加工、配送、陈列、销售的所有环节的协调;从职能上看,连锁店必须明确总部职能与分部职能，明确总部内不同部门的职能，因此，连锁经营企业的组织设计要符合下述原则。

1. 统一指挥原则

连锁经营企业有多个分店，为了避免多头领导、总部经营目标不能有效地完成，要求每个人都要知道向谁负责，并分管哪些人、事和哪些环节，从连锁经营企业最底层的初级员工到高层管理者，上下级线条必须清晰、明确，做到每个职务、每个环节、每项工作都有人负责。

2. 以工作为中心原则

工作包括工作量、工作环节、工作分配等综合内容。这一原则可以保证连锁组织机构精简，工作效率高。连锁经营企业在设置组织系统时，首先要明确工作任务，然后根据工作需要，来设计工作岗位和员工职责分配。在具体设计时，有三条标准：第一，每个管理岗位必须有明确的工作任务，没有多余的管理环节；第二，组织机构划分科学合理，每个部门都有明确的岗位职责和足够的工作量；第三，每个部门的人员配备要与岗位上的工作任务相适应，确保因事设岗，确保工作任务完成。

3. 连锁组织层次和管理幅度适当原则

组织层次是指连锁经营企业的上下管理层级。为了提高效率，应尽量减少管理层级。因为管理层级太多，会导致信息的扭曲，管理沟通困难，协调难度加大。因此，连锁经营企业应不断探索减少组织层次的途径。小型连锁店可采用“总部—分店”两个管理层次，而大的连锁店则可采取“总部—区域管理中心—分店”三个管理层次。管理幅度是管理者能够直接有效地管理下属的数目。作为管理者能够直接而有效地管理下属的数目是有限的，因此，管理幅度也要适当，层次越高，管理幅度越窄；层次越低，管理幅度越宽。一般情况下，6～8 人为宜；否则，会导致管理效率的下降。

4. 对称性原则

对称性原则又称为权责对等原则。该原则要求连锁经营企业在设计岗位时，其权力和责任相互对称，所有与一定职位相联系的职务、责任和权力等的规定与说明，要详细记录在连锁经营企业的组织章程、岗位说明书和操作手册等文件中。

5. 专业分工原则

专业分工原则即要求连锁体系中各职能和业务部门和员工都要专业化配置。总部和分店要明确自己的职能，各司其职、各尽其责。例如，总部高层承担决策功能，总部各职能部门承担执行功能，连锁分店承担销售功能。连锁经营企业的商业活动要进行详细分工，如采购、库存、配送、销售都有专门的部门进行，这样，有助于提高工作效率和整体运营。

六、连锁经营企业组织结构设计的基本程序

尽管每一个连锁经营企业的目标不同，其组织结构形式也不同，但一个组织的基本设计过程是基本相同的。连锁经营企业的组织系统一般是由总部、分店和后勤设施等三部分组成，通常是先设立总部，再设立分部，后勤设施则是特许连锁经营企业发展到一定规模时逐步建立的。但在连锁经营企业发展初期，也有一些企业先是由单店运作，随着店铺的不断增加，再导入连锁经营技术，组建特许连锁总部。上述是连锁经营企业组织三大框架的设立程序，对于组织具体的运作部门，往往按照下列步骤设立。

① 明确完成连锁经营企业目标所需进行的活动。

② 将这些活动按某种模式进行归类落实。

③ 建立能使各部分活动相互之间协调的体系。

连锁经营企业的组织结构设计主要是第二个步骤，一般包括以下几个步骤。

1. 岗位设计

工作的专门化。连锁经营企业组织结构设计的第一步是将实现其目标必须进行的活动划分成最小的有机关联的部分，以形成相应的工作岗位。活动划分的基本要点是工作的专门化，通过工作的专门化，使得每一个连锁经营企业成员或若干个成员能执行有限的一组工作。在进行工作专门化划分后，通过估算每一项工作所需的时间，就可计算出完成连锁经营企业目标所需要的操作者人数。操作者人数等于各项工作所需的时间和除以每一个操作者一年的有效工作时间。

2. 部门化

工作的归类。连锁经营企业的任务分解成了具体的可执行的工作，第二步就是将这些工作按照某种逻辑合并成一些组织单元，如任务组、部门、职能处室等，这就是部门化过程。将整个连锁经营企业通过部门化划分为若干个管理单元的目的是为了据此明确责任和权力，并有利于不同的部门根据其工作性质的不同采取不同的政策和加强每个部门内部的沟通与交流。一个连锁经营企业的各项工作可按各种原则进行归并，常见的方法有职能部门化、业态部门化、地区部门化、顾客部门化和综合部门化。

(1) 职能部门化。即按工作的相同或类似性进行归类，如连锁经营企业里把从事相同工作的人进行归并，形成供应线、销售线、财务线、人事线等。由于职能部门化与工作专门化有密切的联系，因此许多组织都采用职能部门化的方式。

(2) 业态部门化。百货店、超级市场、大型综合超市、便利店、仓储式商场、专业店、专卖店、购物中心等业态，由于其面临不同的技术、目标市场、销售策略，就出现了根据不同的业态来划分部门的需要。在这种情况下，各业态部门的负责人对某一商品或商品系列，在各方面都拥有一定的职权。

(3) 地区部门化。即按地理区域设立部门，这种形式不像职能和业态部门化那样普遍，但许多全国性或国际性的大型或巨型连锁经营企业常采用此种方式。

(4) 顾客部门化。即根据顾客的需要和顾客群设立相应的部门。不同类型的顾客，在产品品种、质量、服务、价格等方面会有不同的要求。

(5) 综合部门化。即在同一个连锁经营企业中，既有按职能划分的部门，也有按其他方面划分的部门，以适应各种不同的需要。

3. 确定组织层次

在连锁经营企业人员一定的情况下，一个管理人员能直接管理的下属数越多，那么该部门内的组织层次也就越少，所需要的行政管理人员也越少；反之，一个管理人员能直接管辖的员工数越少，所需的管理人员就越多，相应的，组织层次也越多。管理幅度的大小，在很大程度上制约了组织层次的多少。在一般情况下，连锁经营企业的管理幅度有多大主要取决于管理者的能力、下属的成熟程度、工作的标准化程度、工作条件和工作环境等多个因素。

第二节　连锁经营企业总部的组织结构设计

一、不同规模连锁经营企业组织结构

连锁经营企业在不同的发展阶段，根据不同的规模（如门店数量、营业面积大小、商品种类、管理人员及员工数量等），设计相应的组织结构，以便更好地经营连锁经营企业，做到有序化发展。

（一）小型连锁经营企业的组织结构

小型连锁经营企业一般可采用直线型形式，这种组织结构适合于门店数目不多（约10～20家左右），门店面积不大，经营商品种类较少，经营区域集中的连锁经营企业。由于连锁经营企业规模小，管理相对简单，可以由总经理一人负责总部业务，各分店经营向总经理负责，如图4-4所示。

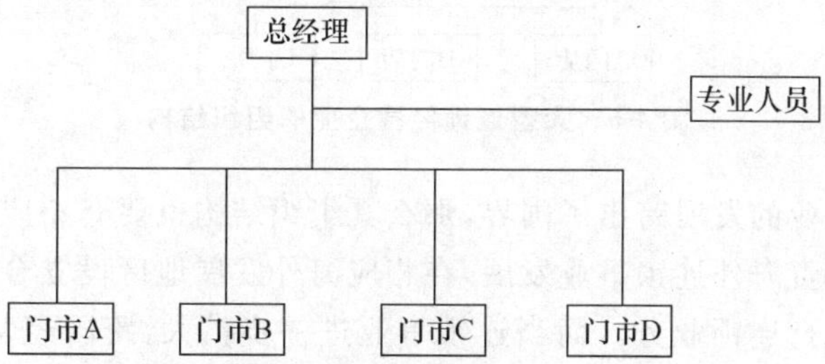

图4-4　小型连锁经营企业的组织结构

（二）中型连锁经营企业的组织结构

当连锁经营企业进一步发展、规模不断扩大、商品品种不断增加、经营区域也不断扩大时，直线型组织形式将无法适应，需要增加相应的职能部门，这时连锁组织形式将过渡到直线职能型组织形式，即人们常说的中型连锁经营企业。中型连锁经营企业的组织结构一般分两层，上层是总部管理体系，下层是门店，如图4-5所示。

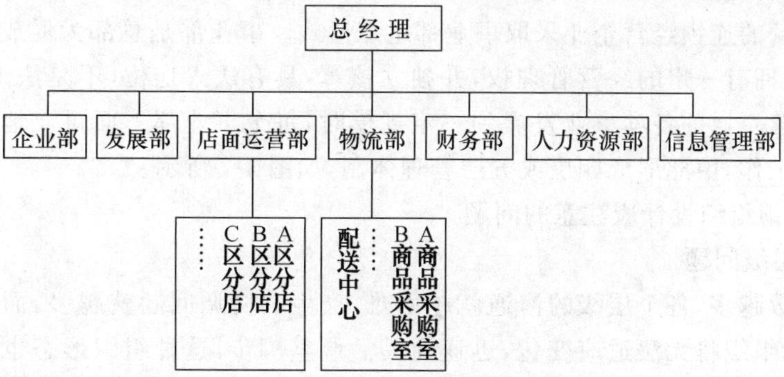

图4-5　中型连锁经营企业的组织结构

（三）大型连锁经营企业的组织结构

1. 跨区域大型连锁经营企业的组织结构

对于跨区域连锁经营企业，宜采用三级组织模式，即总部—地区管理部—门店。在三级管理中，连锁总部主要承担对企业政策和发展规划的制定，监督执行，协调各区域管理部同一职能活动。地区管理部拥有自己的经营管理组织，在总部指导下负责本地区经营发展规划，处理本地区门店日常的经营管理。地区管理部实际上是总部派出的管理机构，不具备法人资格，仅有管理与执行能力，在许多重大问题上的决策仍由总部做出，如图 4-6 所示。

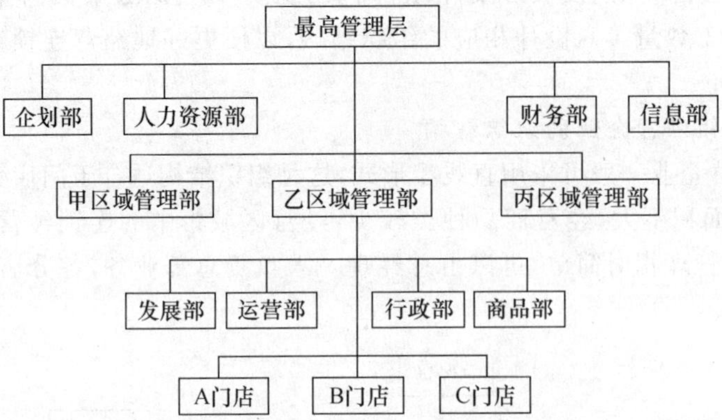

图 4-6　大型连锁经营企业的组织结构

如果连锁经营企业的发展跨出了国界，那么其组织结构也要有相应的变化，一般是在总部设立国际事业部负责海外连锁事业发展，在相应海外发展地区设立合资或独资公司，实现法人当地化来具体执行连锁业务。而当连锁事业进一步扩大，跨国经营逐渐成为企业主要利润来源时，以国际事业部来管理海外连锁业务不利于资源与优势整合，因此组织结构又会出现新的变化，国内业务和国际业务不再被严格区分开来，而是并行设立亚洲事业部、欧洲事业部、北美事业部、非洲事业部等来一视同仁地管理各大区域的连锁事业，而此时的连锁经营企业就真正成长为国际性连锁组织了。

2. 多元化大型连锁经营组织结构

世界上许多大型连锁经营企业是多元化发展的企业，即企业拥有多项业务单元并独立发展。在多元化经营的连锁经营企业中，有些业务有高度相关性，如沃尔沃斯公司的连锁鞋店和服装店；而有些业务相关性不大，如凯马特的服饰品连锁、咖啡店连锁和药店连锁等。通常多元化经营的连锁经营企业采取事业部组织形式。事业部是总部为促成某专项事业的发展而设置的，拥有一定的经营管理权，并独立核算，具有法人地位（不是法人）。当多元化经营的连锁经营企业的各项事业发展到一定规模时，每个事业部下面再设地区管理部来管理门店的营运工作，由此形成四层或五层管理体制，如图 4-7 所示。

3. 大型连锁组织设计应注意的问题

（1）管理层级问题

管理层级数越多，各个层级的沟通就越困难，产生的协调问题就越多，而且决策所经历的路径就越长，组织将无法适应变化，迅速而灵活调整脚步，这种组织形态也十分不符合经济效益。层级数过少，也不可避免会出现另一些问题，每位管理者直接管辖的人数过多，以致无法有效发挥协调功能。因此，连锁组织的管理层级要适当。尽管连锁经营企业由于业务不一样、规模不一样、连锁业态不一样而采取不同层级的组织结构，但从管理的角度来讲，应该由金字塔式的结构尽量向扁平式的组织结构转化，也就是要尽量借助现代化的信息沟通手段，减少中间层次、扩大管理幅度、提高管理效率。

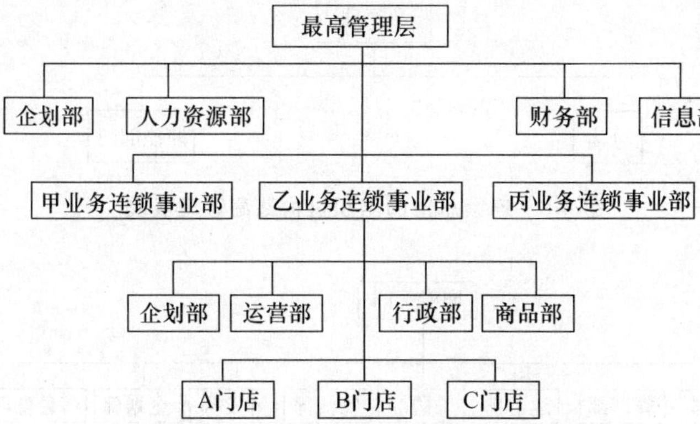

图 4-7　多元化大型连锁经营组织结构

(2) 管理幅度问题

管理幅度是指每位管理人员直接管辖的下属人数，和组织管理层级有密不可分的关系。组织的管理层次多，管理幅度就要窄些（“瘦长”型组织结构）；组织的管理层次少，管理幅度就要宽些（“扁平”型组织结构）。一般而言，处于连锁经营企业层次越高的管理者，其面对的问题更复杂，其决策对企业发展影响更重要，管理幅度应窄些；而处于连锁经营企业层次越低的管理者，面对的问题主要是日常事务，是如何执行决策而不是作出决策，影响力相对较小，管理幅度可适当放宽。

(3) 组织调整与稳定问题

组织结构是连锁经营企业正常运行的基础，应保持相对的稳定性，避免情况稍有变化就使系统出现混乱而影响正常工作秩序。同时，组织结构又是企业实现经营目标的工具，随着客观条件的变化，企业的目标和战略必定会作必要调整，这就要求组织必须随之相应变动，保持对外部环境和组织目标的适应性。企业领导的责任就是使稳定性和适应性有机地结合起来，一个一成不变的组织，是一个僵化的组织；一个经常变化的组织，则是一个创造不出成绩的组织。

二、连锁经营企业总部的组织机构

（一）总部与分店的关系

连锁经营企业总部是连锁体系的核心和枢纽，连锁分店则是连锁体系的枝杈和触角。如果是直营连锁，总部与分店是上下级关系。如果是加盟连锁、自由连锁，则总部与分店之间是一种经济合同关系，在法律上是平等的，在业务上合作的，在运营上是指导与被指导的关系。

（二）连锁总部的组织机构设置

连锁总部的组织机构设置会受到连锁体系的类型的影响，也会受到连锁体系规模大小创办人管理意识和策略等的影响。一般常见的连锁经营企业总部组织机构设置如图 4-8 所示，连锁总部的组织机构职能部门层图如图 4-9 所示。

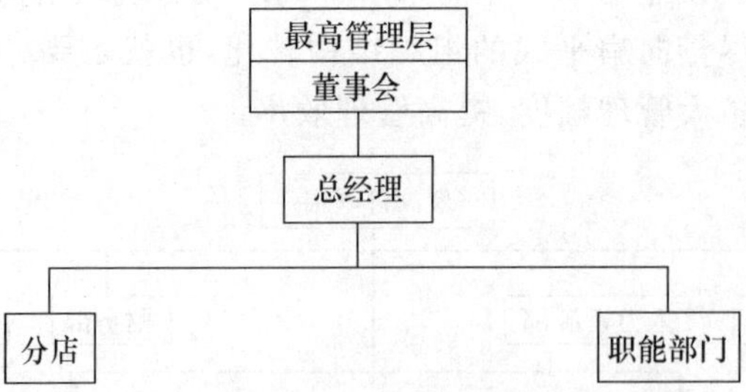

图 4-8 连锁总部的组织机构最高管理层次

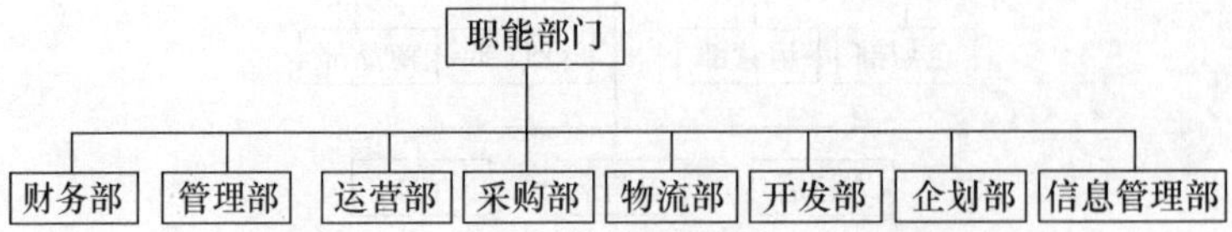

图 4-9 连锁总部的组织机构职能部门层次

1. 财务部的职责

● 财务管理，即进行企业融资、资金筹措、分配与使用等管理制度的制定。

● 审核各部门开发项目的投资预算或经费预算，负责筹措资金，及企业财务状况、投资风险分析，保证供给或提出预算修改方案。

● 经营费用管理制度的制定与执行情况监督，营业成本控制工作的监督。

● 总店与分店财务核算制度的制定与执行，各店铺财务工作的统一管理，把握各店铺考核的经济指标（营业收入、毛利率、费用、利润等）。

● 公司的财务收支，包括供应商货款结算、统计每日营业额、发票管理、支票管理、税金缴纳等。

● 提供会计报表、财务报表。

● 会计电算化作业与管理。

● 开展内部审计，审核进货凭证，处理进货财务，与供应商对账。

2. 管理部的职责（包括人事部和行政部）

● 公司劳资、福利、岗位考核、人事变动等制度的制定与执行。

● 劳动人事合同和档案管理。

● 人力资源的培训与开发。

● 公司人际关系与员工士气调查、分析、发扬或改进。

● 公司后勤服务。

● 保持和促进良好公共关系。

● 接受消费者投诉，做出回复，监督有关部门处理，或上报总经理责成有关人员或部门处理。

● 公司安全制度的制定与执行。

● 公司办公用品采购与管理制度的制定与执行。

3. 运营部的职责

● 店面经营业绩的考核制度的制定和执行。

● 店长工作绩效的考核与人事变动的建议。

● 店面岗位责任、作业规范、服务规范的制定与执行情况的监督与考核。

● 将相关部门制定的商品销售计划，根据区域各分店的具体情况（主要是市场环境、经营规模、经营状况与潜力等）分解后下达任务，指导店长执行与实现。

● 店面经营指导，包括商品陈列、POP 广告设置、店员培训。

● 推广先进店面的经营经验，督促和帮助落后店面改进经营状况。

● 分店、分区域促销计划的制订和执行。

4. 采购部（商品部）的职责

● 商品货源的开发。

● 采购方式制定。

● 商品采购谈判。

● 销售价格制定。

● 商品组合和定位。

● 商品存储、加工、配送制度制定及运作。

● 滞销商品淘汰与处理。

● 新商品采购开发。

5. 物流部的职责

● 商品采购制度的制定域执行。

● 制订全公司分品种商品销售计划并制订和执行相应商品采购计划。

● 制定商品开发政策，开发新产品，调整经营商品结构。

● 定价策略的制定和各种商品价格的制定和执行情况监督。

● 公司统一促销策略的制定，统一促销活动的策划。执行、推动及效果评价。

● 商品配送制度、仓储管理制度的制定与执行。

● 物流活动的开展与管理，包括到货商品的验收、保管与维护，适当的流通加工（如分装、分等、配组），库存控制，对各分店的商品配送服务等。

6. 开发部的职责

● 新开店址调查，包括人口数、家庭结构、收入水平、消费偏好、行业竞争状况等。

● 编制新开店投资预算，估算投资回收期和投资收益率，交财务部审核以申请店面开发资金。

● 制定店面建设、装修、设计统一标准，依此建设新店，进行内外部装修，或者包给外单位承建，但要对工程进度和质量进行严格监督和控制。

● 店面营业设备的采购和安装。

● 制定店面营业设备的使用和保养制度，并监督和不定期检查执行情况。

● 店面及店面营业设备的维修和保养。

● 开发部的工作流程是：制定选址标准、设备标准、投资标准→商圈分析→建店、买店、租店→分店建造、改建、或装修→施工监督与验收→新店开业。

7. 企划部的职责

● 商品配置、陈列设计，商品销售分析，利润分析与改进措施。

● 促销策略的制定，促销活动计划制订与执行。

● 企业广告、竞争状况调查分析。

● 店铺形象的设计。

● 店铺广告计划的制订与执行。

8. 信息管理部的职责

● 公司管理信息系统的开发和维护。

● 系统地进行人员培训。

● 商品经营进、销、存各环节的数据统计整理和分析，满足有关经营部门对经营商品信息的需要，以提高商品管理水平。

● 定期或不定期地自主或应有关部门要求开展专题市场调研活动。

● 保持与外部环境的密切联系，随时随地收集消费者需求变动趋势、行业竞争状况、经济景气等有关信息，进行加工处理，做出分析报告，供有关决策参考。

【案例分析】

沃尔玛公司总部的组织结构

沃尔玛百货有限公司由美国零售业的传奇人物山姆·沃尔顿先生于1962年在阿肯色州成立。经过五十多年的发展，沃尔玛公司已经成为世界最大的私人雇主和连锁零售商，多次荣登《财富》杂志世界500强榜首及当选最具价值品牌。

无论是在零售店、网络还是通过手机等方式购物，沃尔玛都会帮助世界各地的人们随时随地都能节省开支，生活得更好。每周，超过2亿名顾客和会员光顾沃尔玛在27个国家拥有的69个品牌下的10 700多家分店以及遍布10个国家的电子商务网站。2013财政年度(2012年2月1日至2013年1月31日)的销售金额达到4 660亿美元，全球员工总数超过200万名。沃尔玛始终在可持续发展、公司慈善事业以及提供工作机会等领域担任领军者。

与在世界其他地方一样，沃尔玛在中国始终坚持“尊重个人，服务顾客，追求卓越”的核心价值观，专注于开好每一家店，服务好每一位顾客，履行公司的核心使命——“为顾客省钱，让他们生活得更好”，以不断地为我们的顾客、会员和员工创造非凡。该公司总部的组织结构如图4-10所示。

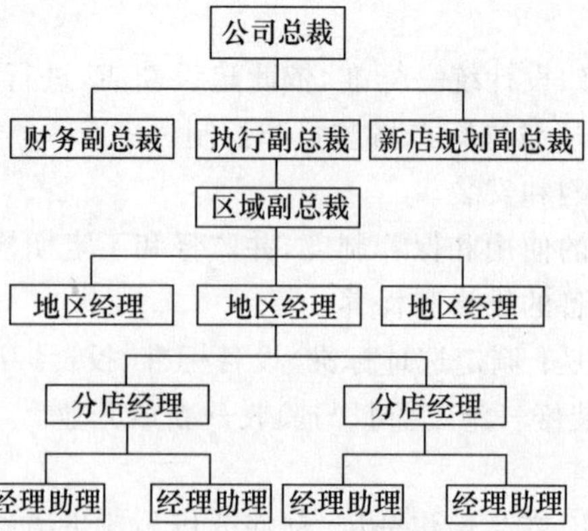

图4-10 沃尔玛公司总部的组织结构

从其结构图可以看出以下两点。

1. 沃尔玛公司总部实行组织扁平化

在沃尔玛的组织结构里，上层的CEO下面设立4个事业部，分别管理着购物广场（含折扣店）、山姆会员店、国际业务和物流业务，下面就是庞大的分店；另设两个商店管理事业部，通过事业部总裁、区域总裁、区域经理、店铺经理4个层次，直接对店铺的选址、开办、进货、库存、销售、财务、促销、培训、广告、公关等各项事务进行管理。

2. 沃尔玛公司总部实行管理分权化

分权化是指上层管理者把一些管理权和决策权与下级共享。这样做的好处是可以在较大程度上，鼓励下级并使其努力工作，从而更好地满足消费者的需求，提高工作效率。

沃尔玛店铺销售的所有商品，除了部分生鲜食品考虑到保鲜的要求，由店铺在附近自行采购外，全部要由事业部的采购部门统一采购，物流部门统一配送。这种连锁经营的模式，使得沃尔玛公司具有强大的市场竞争能力。

（资料来源：http://www.wal-martchina.com/walmart/index.htm）

思考题

1. 沃尔玛公司总部组织结构的特点是什么？

2. 随着沃尔玛公司的发展，总部组织结构会有什么变化？

技能训练

实地调查一家大型连锁经营企业，分析其组织结构图的合理性，并制定出各职能部门的职责。

第三节 连锁经营企业门店的组织结构设计

一、连锁经营企业门店的职能

门店是连锁经营企业直接面向顾客提供商品和服务的单位，其主要职能是商品的销售与服务，以及相关的管理工作。下面介绍商品零售连锁经营企业门店的主要职能。

（一）环境管理职能

环境管理职能主要包括店面外观管理、卖场内部的环境管理。

1. 店面外观管理

由于交通、住宅动迁、调址等原因，门店的老顾客都会有一定比例的流失，同时又会有新的潜在顾客进入门店的商圈范围内。所以门店必须每天对店面进行检查，并加强维护与管理。

2. 卖场内部的环境管理

卖场内部环境包括走廊、货架、各种设备、场内的气氛等。

（二）人员管理职能

人员管理职能主要包括员工管理、顾客管理、供应商管理。

1. 员工管理

对员工的管理是人员管理的核心，其管理的重点是：按公司的规定控制人员总数及用工时数;培养全体店员的礼仪精神;合理分配工作任务,并要求员工严格执行连锁总部所指定的作业规范;树立全体员工的服务意识,做好服务工作;根据营业状况排定班次,做好考勤工作,并应照顾员工的身体状况及应有的权利。

2. 顾客和供应商管理

对顾客的管理主要是指对顾客的了解、引导和适当的控制。如了解顾客的类型、各类顾客的需求特征;通过调查掌握常光临顾客的基本资料;在卖场内设置醒目的指示性标志,以便于顾客选购商品;对顾客的行为依法实施必要的闲置,如明确告示顾客“店内不准吸烟,不准饮食,不准抄价,进入卖场必须存包”等;妥善处理顾客的投诉。对供应商管理主要是建立供应商档案,分析其信誉度、商品质量等,进行跟踪管理。

(三) 商品管理职能

商品管理主要包括对商品陈列、商品质量、商品库存、商品损耗、商品销售状况等方面的管理。

1. 商品陈列管理

首先,商品陈列管理必须严格按照连锁总部所规定的统一标准进行陈列;其次,要做到满陈列,以便最有效地利用店内空间;再次,要注意陈列商品的及时整理,使商品陈列的方式、高度、宽度、陈列量、排面等符合商品陈列表的要求。

2. 商品质量管理

首先,商品质量管理必须重视商品的包装质量及商品的标签;其次,要加强对商品质量的控制。

3. 商品库存管理

商品库存管理要做到账、卡、物相符,及时发现库存的状态,缺货时及时报告补货;积压数量多时间久时,定时提醒相关部,采取相应措施进行妥善处理。

4. 商品损耗管理

首先,商品损耗管理要防止商品的动碰损耗;其次,要加强防盗、防窃工作;再次,要重视商品盘点。此外,对商品滞销期的有效控制,以及与促销活动的有效配合,也是控制商品损耗的有效办法。

5. 商品销售状况管理

首先,商品销售状况管理必须掌握商品的销售动态;其次,要根据销售动态及时作出反应,如及时补充货源,及时处理滞销品,在总部的指导下及时调整商品的陈列位置及价格等。

(四) 现金管理职能

现金管理职能主要包括收银管理、凭证管理。

1. 收银管理

收银作业是门店销售服务管理的一个关键点,收银台是门店商品、现金的“闸门”,商品流出、现金流入都要经过收银台,稍有疏忽就会使经营受到影响。从现金管理角度来看,收银管理应把握以下重点:控制收银差错率;防止收入假币及信用卡欺诈行为,分清各班次收银员的经济责任;及时结算并上缴营业款;要严防内外勾结侵吞货款。

2. 凭证管理

对连锁门店而言,会计工作由总部负责,但对于基本的凭证仍需妥善管理,如销货发票、进货凭证、现金日报表、现金入库记录表、交班报表等。有些凭证是日后结算付款的依据,与现金具有同等的效力，更应妥善保管与处理。

（五）信息资料管理职能

连锁门店既是各类经营信息的发送者，又是各类经营信息的接收者，因此，加强信息管理便成了连锁门店的一项重要工作。连锁门店的信息管理主要包括店内经营信息管理、竞争店信息管理、消费者需求信息管理。

1. 店内经营信息管理

店内经营信息管理是连锁门店信息管理的重点，内容包括销售日报表、商品销售排行表、时间销售报表、异常销售分析表、促销商品分析表、销售毛利分析表、ABC 分析表等。此外，还包括员工的意见、建议以及他们的心理和行为状态等情况。

2. 竞争店信息管理

连锁门店有责任对附近的竞争店情况进行调查，内容包括与竞争店的距离、竞争店的交通条件、商品质量及价格、商品结构、门店规模、顾客购买行为等。

3. 消费者需求信息管理

消费者需求信息包括消费需求的总体趋势、社区内消费者的总体规模、收支水平、购买特征等。其中，顾客投诉情况的分析应作为了解消费者需求的一个重要方面。

（六）销售管理职能

销售管理职能主要是追踪销售情况并提建议和对策、制订销售促销计划、落实促销方案、总结销售工作。

二、连锁经营企业门店的组织结构

连锁分店无论是直营店，还是加盟店，由于工作内容和环节的关系，会存在着很多部门。以商品零售连锁经营企业门店为例，组织结构如图 4-11 所示。

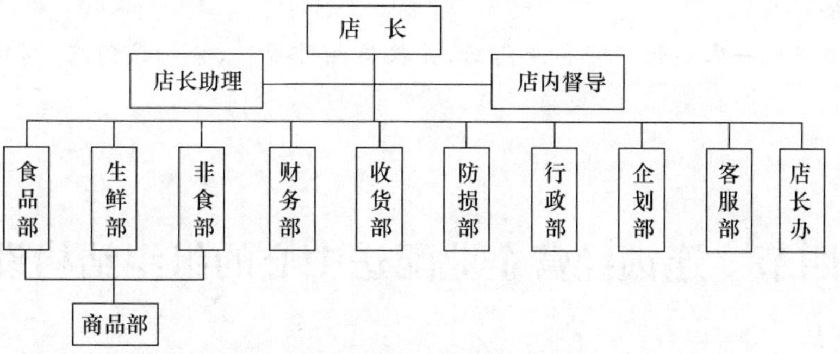

图 4-11 商品零售连锁经营企业门店组织结构

【案例分析】

上海：便利店借淡季调整门店布局

零售业进入夏日淡季后，不少零售企业开始调整门店布局，其中尤以便利店调整最为明显、频繁；由于市场景气度大不如前，众多超市、便利店今年的新店拓展都处于谨慎观望和有节奏的收缩状态。

据行业内人介绍，每年夏淡季节都是商家调整门店布局和商品结构的好时机。门店调整，主要是门店装修改造和关闭。记者近日看到，上海建国路上一家好德便利店关闭了，良友便利也有两家门店关门，都在进行门店装修。位于上海虹口某小区周边的两家好德便利店前不久也悄然停业，至上月刚恢复营业。

据了解，农工商超市集团旗下的好德、可的便利店近期有不少门店正在调整，今年以来已关闭几十家便利店，另有大批门店进行装修重新开业。蒙自路的胡小姐告诉记者，家门口的农工商超市几个月前因调整缩减近三分之一经营面积，空出来的门面又开了一家可的便利店。但是便利店仅开了几个月，几天前又突然关闭了。

据了解，农工商旗下好德、可的便利店的物业基本上采用租赁形式，有一大批都是在2006年前后签约的。而便利店的租约一般是5年，今年恰好是便利店租约到期的时间节点，所以才会出现上述调整。

农工商方面表示，公司近期的确在对旗下便利店门店进行调整。随着租金成本的不断攀升，与5年前相比，不少地段租金起码翻了2～3倍，特别是亏损的门店根本无法接受，所以农工商决定对扭亏无望的门店坚决关店止血，而对一些经营不错的门店则进行装修升级，然后再续约重开。

据了解，今年以来，上海好德、可的已经关闭了几十家门店，还有大批门店正在调整升级当中。农工商今年全年关店数可能将达上百家。由于今年零售市场萧条，新开门店计划也受到影响，因此，全年关店数肯定会大于开店数。

（资料来源：http://www.linkshop.com.cn/web/archives/2012/217597.shtml）

思考题

1. 总部将门店调整的原因是什么？

2. 门店应如何调整内部结构经营才不会关闭？

技能训练

实地调查当地一家连锁经营企业门店，并收集相关资料，分析该门店，制定出连锁门店的基本技能。

第四节　连锁经营企业配送中心的组织结构设计

一、连锁经营企业配送中心的含义

配送中心是连锁经营企业商流、物流、信息流的交汇点，承担着各企业所需商品的进货、库存、分拣、加工、运输、送货、信息处理等任务，它的性质完全不同于传统的仓储设施。配送中心是连锁销售网络的核心，它是连锁经营企业的商流中心、物流中心，信息流中心；是连锁经营得以正常动作的关键设施。

配送中心是从事货物配备（集货、加工、分货、拣选、配货）并组织对用户的送货，以高水平实现销售和供应服务的现代流通设施。它很好地解决用户多样化需求和厂商大批量专业化生产的矛盾，因此，逐渐成为现代化物流的标志。

二、连锁经营企业配送中心的作用

（一）配送中心有力地支持了市场营销体系

配送中心从事的是物流活动，是为经销服务的一种活动。配送中心的设置，强化了商品的生产与消费进货与销售之间的协调能力；就配送中心来说，作为物流的一个重要内容是生产营销系统的延伸。例如，在向门店供货时可进行小批量的商品包装装卸和发运，使配送中心如同生产过程的延伸；同时，配送中心的多种活动都以满足门店需求为目标，体现了物流活动的内涵，在某种意义上支持了市场营销活动。

（二）配送中心是连锁的信息中枢

配送中心接受连锁商店通过信息网发来的订货单并据此编制订购、拣选作业流程表，由自动拣货系统按单拣选配送；由计算机系统编制合理的配送计划，确保一定的商品及时按量送达分店；同时，还可以将零售店的订货信息及配送中心的库存情况，及时反馈给生产厂家。例如，深圳沃尔玛店为了保证与总部的联系，一次投入了 7 亿美元买下两个卫星频道，只要收银员一按电钮，信息便通过商用卫星送到配送中心，同时，还可以把该从哪里给深圳店补货，下次采用何种营销手段等信息，按总部要求下达到商店，配送中心就成了连锁经营企业的信息中转站。

（三）配送中心因拥有大型专业设备而体现专营供货的经济性

配送中心配置了专用运输车，自动高速分拣设备、专业仓库、计算机信息处理系统，其高效运作能满足消费者对商品的鲜度、温度、质量保持等多方要求，并使物流效率大幅度提高，人工成本大量节约，从而实现连锁经营中的物流规模经济。

（四）配送中心实现了物流系统化和规模经济的有机结合

① 合理经济地组织商品的运输、配送。配送中心通过集中配送的方式，按一定规模集约并大幅度提高其能力，实现多品种、小批量、高周转的商品运送，从而降低了物流的整体成本，使资源最终配置这一环节以大流通方式与大生产方式相协调。从而提高了流通社会化的水平，实现了规模经济所带来的规模效益。

② 配送中心是多功能的物流设施，实现了整体的物流合理化，并充分体现了物流系统的内涵和外延。

③ 配送中心通过集中配送的方式，按一定规模集约，有利于获取规模效应。例如，连锁超市通过电子订货系统，把几百家门店的零星要货汇总，由供应商集中送货到配送中心，并在那里按“越库中转配送”的方式运作，实现了“集零为整”和“化整为零”的策略，从而大大降低了商品的库存成本和库内装卸搬运作业的劳动量。

④ 配送中心密切了连锁超市与供货方的关系。例如，集中订货批量大，对供货方举足轻重；集中大批量订货可享受更优惠的价格折扣；供货方若集中送货，节省了费用，连锁超市也可得到部分让渡。

（五）配送中心对各分店实现“零库存”起到关键的作用

由于各连锁分店的主要任务是现场销售，在场地安排上，营业场所面积要占 70%，用于储存的场次不会太大，而建立在大量采购、快速分拣、加工、配货、快捷运输基础上的连锁配送系统，辅以信息系统对各分店销售库存信息的准确及时反馈，能够解决什么时候送，送多少最好的问题，从而能够使各分店不需自设仓库，实现“零库存”。这样，整个企业就可以大量节约库存成本，通过分店的专业化销售而提高效率。

（六）配送中心完善了连锁经营体系

由于配送中心为门店的销售活动创造了种种优势，从而使整个连锁经营体系的成本大大下降，成为零售业中的一种有竞争力的零售经营形式。配送中心对于整个连锁经营体系的作用表现如下。

(1) 统一进货，有利于严把质量关。

(2) 是加速商品周转、减少商品损耗、降低流通费用。

(3) 扩大配送中心的拆零、分拣能力，改善门店的存货水平，有利于实现零星商品无库存、少库存经营。

(4) 保证门店管理逐步向"只管销售"方向发展。

"企业经营决策权向总部集中，物流活动向配送中心转移"，这是连锁超市成功的关键之一。配送中心以自身的合成效应支持实现连锁的规模效应，因此，要实现连锁经营的规模经济，配送中心是必不可少的。

三、配送中心职能

（一）备货职能

① 备货。是指准备货物的系列活动，它是配送的基础环节。严格来说，备货应当包括以下活动：订购货物、筹集货物和储存货物。而订货和集货也叫进货。订货主要表现为配送中心向生产商订购商品货物，由生产商供货。

② 集货或接货。是指为配送中心集中货物或者接收连锁总店（或其他委托客户）所订购的货物的过程。

③ 储存货物。储存即按照用户提出的要求并依据配送计划，将购到或收到的各种货物进行检验，然后分门别类储存在相应的设施或场所中，以备拣选和配货。储存作业一般都包括以下几道程序：运输—卸货—验收—入库—保管—出库。储存作业依产品性质、形状不同而形式各异，有的是利用仓库进行储存，有的是利用露天场地储存。特殊商品（如液体、气体）则需储存在特制设备中。为了提高储存作业效率和使储存环节合理化、集约化，当前许多企业普通采用先进的储存技术和储存设备。

（二）理货职能

理货是配送的一项重要内容，也是配送区别于一般送货的重要标志。理货中包括货物分拣功能、配货功能和包装功能等。

① 货物分拣。是指根据出库单的要求或配送计划，将商品从拣货区或储存区拣取出来，并按一定的方式进行分类、集中的作业过程。

② 配货。是指经过拣取分类完成的货品经过配货检验过程后，装入容器或做好标示，再运到配货准备区，等待装车后发运。

③ 包装。是指为在流通过程中保护产品，便于储运，促进销售，按一定的技术方法所用的容器、材料和辅助物等的总体名称。

（三）送货职能

送货是配送活动的核心，也是备货和理货工序的延伸。在物流运动中，送货的现象形态表现为货物的运输，所以常以运输代表送货。这里要注意配送运输与干线运输的区别。在送货流程中，包括以下几项活动：搬运、配装、运输和交货，其作业程序如下：配装—运输—交货。送货是配送的终结，故在送货流程中除了要圆满地完成货物的移交外，还必须及时进行货款（或费用）结算。由于送货中运输的重要性，选择合理的运输方式和使用先进的运输工具，对于提高送货质量至关重要。就前者而言，应选择直线运输、配载运输（即充分利用运输工具的载重量和容积，合理安排装载货物和载运方法的一种运输方式）进行作业。

（四）流通加工职能

在配送过程中，根据用户要求或配送对象（产品）的特点，有时需要在配货之前先对货物进行加工，以求提高配送质量，更好地满足用户需求。如钢材剪裁、木材锯段、肉类分割和计量、散货分装等；还包括蔬菜的分拣、计量、包装等。

（五）信息采集职能

配送中心兼有连锁经营企业信息中心的功能。因为它一头连着采购，一头连着销售，各方面在实际经营中所取得的经验和暴露的问题，均可以在配送中心得到全面反映。

四、配送中心的组织结构类型

在商品流通的过程中，物流扮演着整合商流、物流、资金流与信息流等机能的角色。配送中心的形成与设置，将以往需要经过制造、批发、仓储、零售等各点的多层复杂通路简化，进而缩短了通路，降低了流通成本，满足了市场营销的需要。在强调满足顾客服务的前提下，配送中心如果想掌握市场，就必须以更具前瞻性、整体性的组织体系建立配送中心。不论配送中心是连锁商业企业自建的，还是完全属于第三方物流公司，均以物流组织为基础，在组织结构上主要有四种形式：功能型物流组织、地区型物流组织、混合型物流组织和矩阵型物流组织。

（一）功能型物流组织

具有配销功能的配送中心一般采用功能型物流组织，即公司以职工的工作、技巧或活动为基础将组织划分成部门。这些公司之所以采用这样的组织结构是因为配销型公司扮演商、物合一的角色，其先向上游制造商或进口商进货，然后再以不同的价格转卖给消费者或小的零售商；同时，通过现代化的管理效率对下游单位提供物流支援活动，来取代传统的经销商或中间商的市场地位。公司的特点是下游的客户多且稳定，它们发展的主要策略有引进多产品、多品牌；代理与开发知名品牌、创建自己的品牌。因此在组织发展上，这样的配送中心不但从事配送工作同时还注重商品的开发与销售。这样的配送中心与一般的配送中心不同之处在于，它是具有各种功能的物流组织，且多了商品开发、业务开发与营销企划的部门。较大规模的配送中心的功能型物流组织如图 4-12 所示。

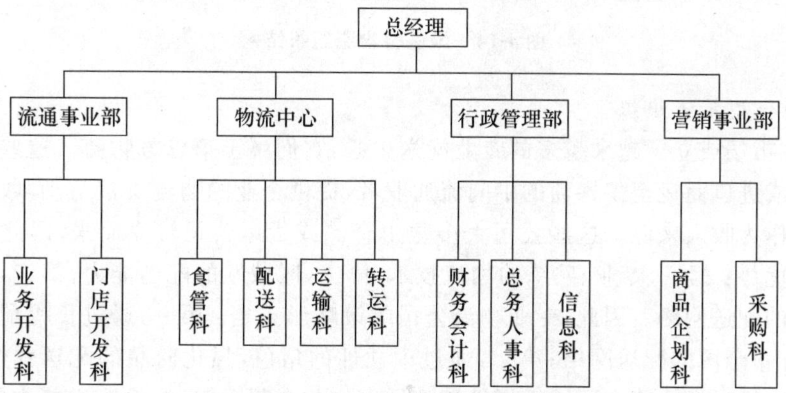

图 4-12　功能型物流组织结构

一般小型的配送中心，按照其机构的职能来划分，由配送中心经理直接管理。其组织结构一般包括检验组、库管组、储运组和信息组，如图 4-13 所示。

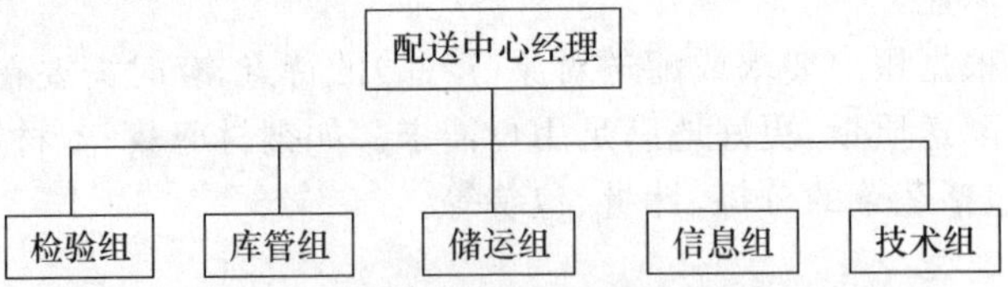

图 4-13　商品零售连锁经营企业配送中心组织结构

① 检验组负责检验进入连锁经营企业货物的型号、数量、质量，并记录相关信息。

② 库管组负责所有货物的出入库管理及在库管理。

③ 储运组负责所有货物的出入库搬运、码放及装卸，本市送货，外地发货，打包，货站提货(指退换货和返修货)，核算运费以及货运站管理。

④ 信息组负责采集、处理、发布库存及货物配送信息。

⑤ 技术组负责到货的技术鉴定，售前技术安装、调试、验机。

(二) 地区型物流组织

有许多配送中心是从传统的运输、仓储业发展而来的，在业务上仍旧以输送为主。这样的配送中心强调的是网络，对企业的机动性要求强，要求配送中心能够立即适应变动的环境，要求配送中心有较高的任务协调能力及明确的绩效责任。所以这些配送中心主要根据服务的产出，将按照地域设定组织结构，由各地区型物流组织机动性地揽货，如图 4-14 所示。

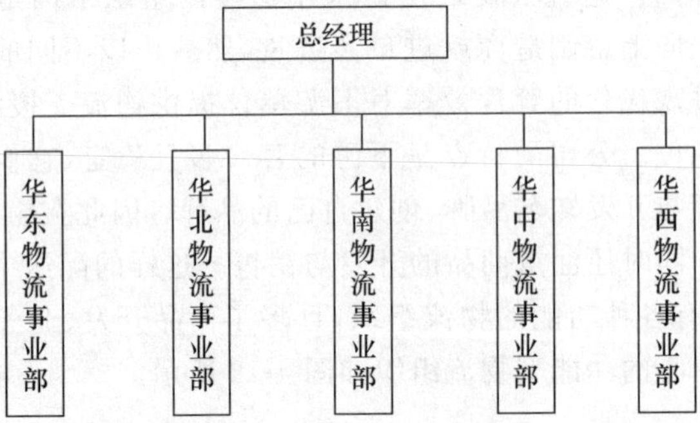

图 4-14　地区型物流组织结构

(三) 混合型物流组织

目前，在市场成立了越来越多的专业配送中心，它们属于第三方物流。这些公司是将商品从制造商或进口商运至零售商的中间流通业者，提供企业的物流支援活动，收取商品价格的某百分比作为收入来源。这些公司大多数由仓储或货运公司转变而来，因此在先天条件上具有以下优势：第一，专业、熟练的物流技术；第二，区域性的配送能力；第三，广布全国的各主要省份的配送网络。因此，专业物流公司的策略形态是：第一，通过长程配送能力的建立，以增强分布全国的配送网络；第二，通过中立性的角色，强化商品的配送弹性。因此，这类大型物流组织强调构建全国或区域性的配送网络与全程运输、短途配送能力的结合为主。所以其在组织设计上多采用混合式的结构，如图 4-15 所示，强调地区性物流中心的独立性与跨区域性物流服务的连接，以一体性系统的物流组织作为服务架构。所以混合型物流组织就是指综合功能型物流组织与地区型物流组织的设计要素，利用二者的优点来设定物流组织，它的特点是部门间及部门内的协调可以同时进行；结合功能型组织的效率及地区型组织适应环境的优点。

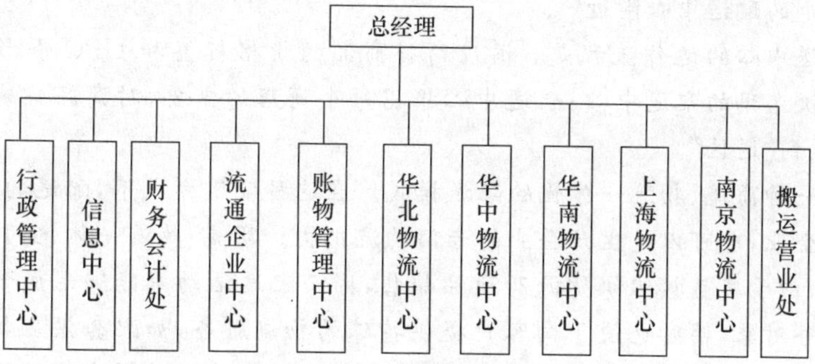

图 4-15　混合型物流组织结构

（四）矩阵型物流组织

矩阵型物流组织是指将功能型性和地区型结构并存在每个部门中，每个单位下的人员，必须接受功能型经理及地区型经理的监督，如表 4-1 所示。公司采用这样的物流组织的目的在于：

① 由于资源的有限，各单位可以在一定的人力资源条件下，同时满足功能型与地区型的需求，可鼓励资源的有效利用；

② 当有大量信息处理时，将工作区分为功能型与地区型，可使信息在公司中更快速地流通；

③ 可满足顾客的需求；

④ 较有弹性；

⑤ 增加员工的激励与参与。

表 4-1　矩阵型物流组织结构

地区型 功能型	华北物流部	华东物流部	华中物流部	东北物流部	华南物流部
行政管理中心	主任、科长	主任、科长	主任、科长	主任、科长	主任、科长
信息中心	主任、科长	主任、科长	主任、科长	主任、科长	主任、科长
会计中心	主任、科长	主任、科长	主任、科长	主任、科长	主任、科长
流通企划中心	主任、科长	主任、科长	主任、科长	主任、科长	主任、科长
财务管理中心	主任、科长	主任、科长	主任、科长	主任、科长	主任、科长

【案例分析】

沃尔玛的配送中心

沃尔玛公司的总部在阿肯色州的一个小城市本顿维尔，本顿维尔现在人口大约是 2 万人。

沃尔玛的最早创始人山姆·沃尔顿在1962年开设了第一家沃尔玛商场，而配送中心一直到1970年才成立。现在沃尔玛的配送中心已经有超过50多年的历史，第一配送中心是供货给4个州32个商场。沃尔玛公司的总部就在这个配送中心之中，即沃尔玛第一配送中心。在不断增长扩大的过程当中，沃尔玛虽然也建立了一些新的配送中心，但其总部仍然是在阿肯色州本顿维尔市的配送中心附近。

沃尔玛配送中心的运作流程是：供应商将商品的价格标签和UPC条形码(统一产品码)贴好，运到沃尔玛的配送中心；配送中心根据每个商店的需要，对商品就地筛选，重新打包，从“配区”运到“送区”。

沃尔玛是一种商流、物流一体化的配送模式。在这种配送模式下，配送的主体通常是销售企业或生产企业，也可以是生产企业的专门物流机构。商流、物流一体化的配送模式对于行为主体来说，由于其直接组织货源及商品销售，因而配送活动中能够形成资源优势，扩大业务范围和服务对象，同时也便于向客户提供特殊的物流服务，如配套供应物资等，从而满足客户的不同需求。可见，这种配送模式是一种能全面发挥专业流通企业功能的物流形式。

同时，沃尔玛也采用集中型配送网络。集中型配送网络具有管理费用少、安全库存降低、用户提前期长，运输成本中外向运输成本相对高一些。虽然配送中心离用户的距离与分散型系统相比要远一些，但内向运输成本相对会低一些。

沃尔玛的每一个配送中心规模都非常大，平均面积约有11万平方米。在这些配送中心，每个月的产品价值超过2亿美元。如果供货商们采用这种集中式的配送方式，可以节省很多资金，而供货商就可以把省下来的这部分利润，让利于消费者。

沃尔玛的集中配送中心规模是相当大的，而且都在同一层当中。之所以都是同一层而不是好几层，是因为沃尔玛希望方产品流动。

沃尔玛所有的配送系统都是基于UNIX操作系统的，并配有传送带、非常大的开放式平台、产品代码、自动补货系统和激光识别系统。

沃尔玛的配送中心运行完全实现了自动化。每个配送中心约10万平方米面积，占地约60平方公里，相当于23个足球场。中心的货物从牙膏、卫生纸、玩具到电视、自行车等应有尽有。每种商品都有条码，由十几公里长的传送带传送商品，激光扫描器和电脑追踪每件商品的储存位置及运送情况，每天能处理约20万箱的货物配送。配送中心的一端是装货月台，可供30辆卡车同时装货；另一端是卸货月台，有135个车位。每个配送中心有600～800名员工24小时连续作业，每天有160辆货车开进来卸货，150辆货车装好货物开出。商品在配送中心停留的时间总计不超过48小时。配送中心每年处理数亿次商品，订单正确率为99%。

(资源来源：www.coal.org.cn/new/286582.htm)

思考题

1. 沃尔玛的配送中心是如何运作的？

2. 沃尔玛的配送中心对沃尔玛的整个商业体系有哪些重大意义？

技能训练

选择一家连锁经营企业对其组织结构进行研究分析，重新规划设计该企业的组织结构并制定相应的部门职责。

【本章复习题】

1. 连锁经营企业在组织结构设计时应考虑哪些因素？遵循怎样的程序？
2. 连锁总部的组织结构的类型和职能有哪些？
3. 连锁经营企业总部与分店的相互关系是怎样的？
4. 连锁经营企业配送中心是如何降低连锁经营企业成本的？

第五章

连锁经营企业店址选择

【本章介绍】

中国连锁商业在取得巨大成绩的同时，也有许多企业由于经营不善而倒闭。这里固然有很多原因，其中一个重要的原因是门店在拓展中选址不当，导致门店经营业绩达不到预期目标。西方有观点认为，连锁经营企业成功的关键是选址、选址还是选址，可以说连锁经营企业是"地点位置产业"。

【学习目标】

知识目标：了解商圈的概念及设定方法；了解网点选址分析的主要内容和具体分析指标；了解网点选址的具体步骤和方法。

技能目标：学会针对某一企业设定商圈，并在商圈内选定具体地址。

【学习内容】

1. 商圈及其分析。
2. 店址的选址。

【案例引导】

肯德基的选址秘密

肯德基对快餐店选址是非常重视的。选址决策一般是两级审批制，通过两个委员会的同意，一个是地方公司，另一个是总部。肯德基的选址成功率几乎是百分之百，这正是其核心竞争力之一。通常，肯德基按以下几步骤进行选址。

（一）商圈的划分与选择

1. 划分商圈

商圈规划采取的是记分的方法。例如，这个地区有一个大型商场，商场营业额在1 000万元算1分，5 000万元算5分，有一条公交线路加多少分，有一条地铁线路加多少分。这些分值标准是多年平均下来的一个较准确的经验值。

通过打分，肯德基把商圈分成好几大类。以北京为例，有市级商业型（西单、王府井等）、区级商业型、定点（目标）消费型、还有社区型、社区/商务两用型、旅游型等。

2. 选择商圈

在商圈选择的标准上，一方面要考虑餐馆自身的市场定位，另一方面也要考虑商圈的稳定度和成熟度。餐馆的市场定位不同，吸引的顾客群不一样，商圈的选择也就不同。

商圈的成熟度和稳定度也非常重要。比如，某条路要拓展，将来这里有可能成为成熟商圈，但肯德基一定要等到商圈成熟稳定后才进入。肯德基投入一家店要花费好几百万人民币，当然不会冒这种险，它会选择比较稳健的原则，保证开一家成功一家。

（二）聚客点的测算与选择

1. 确定这个商圈内，最主要的聚客点的位置

例如，北京西单是很成熟的商圈，但不可能西单任何位置都是聚客点，肯定有最主要的聚集客人的位置。肯德基开店的原则是：努力争取在最聚客的地方或其附近开店。

古语说“一步差三市”。开店地址差一步就有可能差三成的买卖。这跟人流动线（人流活动的线路）有关，可能有人走到这儿就拐弯，则这个地方就是客人到不了的地方，虽然差了一个小胡同，但生意差很多。这些因素在选址时都要考虑进去。

在这个区域里，人流动线是怎么样的：人从地铁出来后是往哪个方向走等这些因素，派人去掐表，去测量，有一套完整的数据之后才能据此确定地址。

比如，在店门前人流量的测定：在计划开店的地点掐表，记录经过的人流，测算单位时间内多少人经过该位置。除了该位置所在人行道上的人流外，还要测量马路中间的和马路对面的人流量。马路中间的只算骑自行车的，开车的不计。是否计马路对面的人流量，要看马路宽度：路较窄就计；路宽超过一定标准，一般有隔离带的，顾客就不可能再过来消费，就不能计对面的人流量。

肯德基选址人员将采集来的人流数据输入专用的计算机软件，就可以测算出在此地投资额不能超过多少，超过这个数据，这家店就不能开。

2. 一定要考虑人流的主要动线是否被竞争对手截住

人流是有一个主要动线的，如果竞争对手的聚客点比肯德基的选址地点更好，那就有影响。例如，北京市北太平庄十字路口有一家肯德基店，如果往西 100 米，竞争业者再开一家西式快餐店就不妥当了，因为主要客流是从东边过来的，再往那边开，大量客流就被肯德基截住了，开店效益就不会好。

3. 聚客点的选择影响到商圈选择

聚客点的选择也影响到商圈的选择。因为一个商圈是否有主要聚客点是这个商圈成熟度的重要标志。比如北京市某新兴的居民小区，居民非常多，人口素质也很高，但据调查显示，找不到该小区哪里是主要聚客点，这时就不要先去开店，当什么时候这个社区成熟了或比较成熟了，确实有某个地方是主要聚客点才开店。

我们经常看到一条街道一边是麦当劳，一边是肯德基，这就是肯德基采取的跟进策略。因为麦当劳在选择店址前已做过大量细致的市场调查，挨着它开店不仅可省去考察场地的时间和精力，还可以节省许多选址成本。

（资料来源：www. bschool. hexun. com/2011-02-25/127559765. html）

思考题

1. 商圈是如何划分与选择的？

2. 分析选址的重要性?

3. 结合肯德基的成功经验,谈谈如何正确选址?

第一节　商圈与商圈的设定

一、商圈

1. 商圈的含义

商圈(Trading Area)也称交易区域,是指以连锁门店所在地为中心,沿着一定的方向和距离扩展,吸引顾客的辐射范围。简而言之,就是连锁门店吸引其顾客的地理区域,也是来店购买商品和服务的顾客所居住的地理范围。商圈可分为成熟商圈和未成熟商圈:成熟商圈是指早已形成的比较固定的商业区域,一般不受个别门店开设的影响;未成熟商圈是指尚未成型的商业区域,某一门店的进入会对其范围大小产生一定影响。

2. 连锁门店商圈的构成

连锁门店的商圈主要由核心商圈、次级商圈、边缘商圈构成,如图 5-1 所示。

核心商圈是指最接近连锁专卖店并拥有高密度顾客群(55%~70%)的区域,可用 20 分钟左右的车程来确定其覆盖的范围。

次级商圈是指位于核心商圈之外,顾客光顾率较低,一般这一区域的顾客约占连锁专卖店顾客群的 15%~25%左右,可用 20~40 分钟车程来确定其覆盖范围。

边缘商圈是指位于次级商圈之外,顾客分布率最低,一般这一区域的顾客约占连锁专卖店顾客群的 5%~10%左右,车程一般较长。

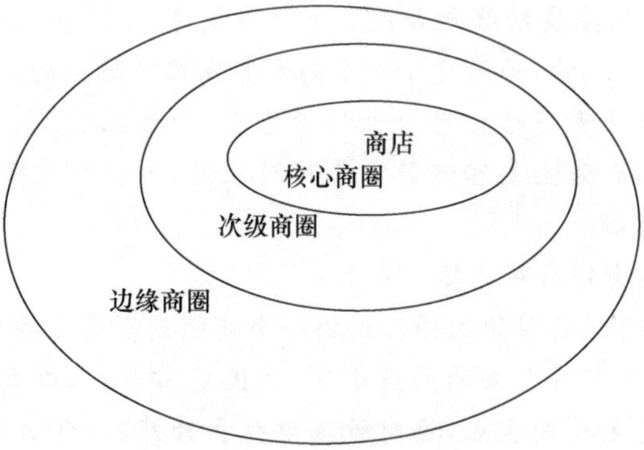

图 5-1　商圈分布示意

以商丘李宁专卖店为例,它的选址就是注重辐射作用及商圈战略的典范。商丘李宁专卖店设在商丘标志性街道神火大道和团结路交叉口,位于商丘市的商业中心经典广场,该商圈核心商圈为商丘市梁园区、次级商圈为睢阳区、虞城等地,边缘商圈涉及夏邑、永城、柘城等地,是商丘区域最大的商业活动地。

二、商圈形态

1. 商业区

商业区是商业行业的集中区，其特色为商圈大、流动人口多、热闹、各种商店林立，其消费习性为快速、流行、娱乐、冲动购买及消费金额比较高等。

2. 住宅区

住宅区是指该区户数多，至少要有 1 000 户以上。住宅区的消费习性为消费者群稳定、便利性、亲切感、家庭用品购买率高等。

3. 文教区

文教区是指该区附近有大、中、小学校等。文教区的消费习性为消费者群以学生居多、消费金额普遍不高、休闲食品和文教用品购买率高等。

4. 办公区

办公区是指该区为办公大楼林立。办公区的消费习性为便利性、外来人口多、消费水准较高等。

5. 混合区

混合区是指住商混合、住教混合。混合区具备单一商圈形态的消费特色，属多元化的消费习性。

三、影响商圈形成的因素

1. 连锁经营企业类型

在同一商业区或购物中心内，由于连锁经营企业类型不同，其商圈的范围会有所不同。如果是商店，品种齐全，进行广泛促销，并注意树立良好形象，即人们通常所说的目标商店，那么其商圈将比一般商店的商圈大得多。例如，即使在同一购物中心内，特色突出的服装店能够吸引 45 公里以外的顾客，而一般的鞋店只能吸引 15 公里以内的顾客。还有一类商店被称为附着式商店。这类商店自身并不创造客户群，也不真正形成自己的商圈，顾客由于其他原因被吸引到商店所在区域。例如，书报亭、购物中心内的美食广场均属附着式商店。顾客并非被这些商店本身所吸引，可一旦他们来到附近，往往会顺便光顾这些商店。

2. 连锁经营企业规模

连锁经营企业商圈的范围受连锁经营企业规模的影响，随着连锁经营企业规模不断扩大，其商圈的范围通常也不断扩大。两者之所以存在一定的正相关关系，主要是因为连锁经营企业规模的扩大通常表现为连锁经营企业和服务种类的增加。但值得注意的是，商圈并不随连锁经营企业规模同比例增加。例如，超市的商圈比便利店的商圈要大得多，主要原因就在于规模不同。超市经营的产品种类较多，而便利店则主要满足顾客的零星应急性需求。

3. 竞争对手的位置

竞争对手的位置会对商圈的范围产生影响。只要潜在顾客处于两家连锁经营企业之间，那么每家连锁经营企业商圈的范围都会比预期的小。每家连锁经营企业商圈的范围却并不一定会由于竞争而缩小，连锁经营企业群很可能会扩大每家连锁经营企业的商圈，这是因为这一区域由于商品和服务种类齐全而能够吸引更多的顾客。然而，值得注意的是，在此情形下，每家连锁经营企业的市场渗透率很可能会降低。

4. 居民居住模式

居住方式对连锁经营企业商圈有所影响。在许多城区,人们都集中居住在商业区附近的住宅楼里。由于人口密度大,在顾客居住区附近开设连锁经营企业成本较低,因此形成了若干个相距不远的商业小区,于是每家连锁经营企业的商圈都比较小,而在郊区,人们各自分散居住在单独的房子里。因此,连锁经营企业为保证其销售额,必须吸引其远处的顾客。

5. 行程所需时间和交通状况

步行或驱车时间往往也会对商圈产生一定的影响。如果仅从人口地理分布的角度进行考察,这一点很容易被忽略。交通障碍,如过桥费、隧道、路况差、河流、铁路、单行道,通常会使商圈缩小和变形。

无论采取何种方式对商圈进行分析,商店还应该考虑时间因素。市中心商业区平时顾客和周末的顾客数量不同,特殊事件如节假日会吸引远处的顾客,但只限于特定时期内,假日一旦结束,商圈立即缩小。因此,必须经过完整、持续的调研才能确定商店商圈的范围。

6. 媒体接受状况

连锁经营企业开展的促销活动也会影响其商圈大小。因而,当借助报纸等各种形式的媒体进行广告宣传时,对于媒体所辐射到的地区,连锁经营企业能够很容易地收回投资、扩大商圈。如果存在当地媒体辐射不到的地区,连锁经营企业则应将成本和在全城地区大做广告可能产生的额外广告支出与扩大商圈的可能性进行权衡。

四、商圈划定方法

(一)经验设定法

1. 商圈的习惯划分标准——根据消费者的购物习惯来划分

(1) 核心商圈(20分钟左右车程)

(2) 次级商圈(20～40分钟车程)

(3) 边缘商圈(车程较长)

2. 各层次商圈容量的大小

(1) 对于地区性商店来说——区级商业中心商店

(2) 对于商业中心商店来说——市级商业中心商店

(3) 居民区店铺

(二)雷利法则(或称赖利法则)

雷利法则是指在两个城镇之间设立一个中介点,顾客在此中介点可能前往任何一个城镇购买,即在这一中介点上,两个城镇商店对此地居民的吸引力完全相同,这一地点到两个商店的距离即是两个商店吸引顾客的地理区域。

雷利法则是最原始、最基本的商圈理论法则,以后的众多法则均源于该法则关于零售吸引力的核心思想之上。雷利法则对研究城市商圈的贡献在于,如果企业无法在投资地获得更为详尽的资料,只能通过官方资料大概知道该地人口和地理情况,那么可以利用雷利法则对该地点进行初步的吸引力判断。雷利法则运算方法简单,数据容易获得,是企业在决策早期经常使用的方法。

利用雷利法则确定的连锁交易的吸引力,对于某些中间地区其连锁交易的吸引力较大;而对于另一些中间地区其连锁交易的吸引力较小。因此,需要综合评价对多个中间地区的连锁交易的平均吸引力,即区域平均连锁吸引力。

$$D_{ab}=\frac{d}{1+\sqrt{P_b/P_a}}$$

式中　D_{ab}—表示 A 城镇商圈的限度(以沿公路到 B 城镇的里程衡量);

P_a—表示 A 城镇人口;

P_b—表示 B 城镇人口;

d—城镇 A 和 B 的里程距离。

【例 5-1】 假设:A 城镇人口 9 万人,B 城镇人口 1 万人,A 城镇距 B 城镇 20 公里。试计算 A、B 城镇的平均连锁吸引力。

解

$$D_{ab}=\frac{20\text{ 公里}}{1+\sqrt{1/9}}=15\text{ 公里}$$

$$D_{ba}=\frac{20\text{ 公里}}{1+\sqrt{9/1}}=5\text{ 公里}$$

具体标注如图 5-2 所示。

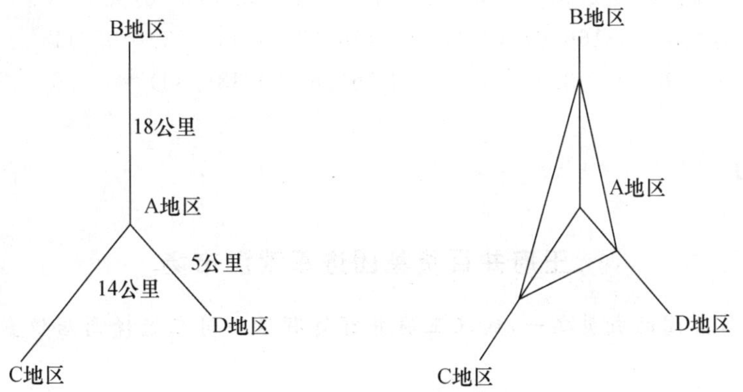

图 5-2　A 地区大概的商圈

(三)赫夫法则

赫夫法则是从不同商业区的商店经营面积、顾客从住所到该商业区或商店所花的时间及不同类型顾客对路途时间不同的重视程度这三个方面出发,来对一个商业区或商店的商圈进行分析。

$$P_{ij}=\frac{S_j/T_{ij}^{\lambda}}{\sum_{j=1}^{n}S_j/T_{ij}^{\lambda}}$$

式中　P_{ij}——i 地区的消费者在 j 商业区或商店购物的概率;

S_j——j 商店的规模(营业面积)或 j 商业区内某类商品总营业面积;

T_{ij}——i 地区的消费者到 j 商店的时间距离或空间距离;

λ——通过实际调研或运用计算机程序计算的消费者对时间距离或空间距离敏感性的参数;

S_j/T_{ij}^{λ}——j 商店或 j 商业区对 i 地区消费者的吸引力;

$\sum$——同一区域内所有商业区或商店的吸引力。

【例 5-2】 一个消费者有机会在同一区域内三家超市中任何一家超市购物,已知这三家超市的规模和三家超市与该消费者居住点的时间距离如表 5-1 所示。试计算该消费者到每家超市的概率。

表 5-1 三家超市的规模和与该消费者居住点的时间距离

商　　店	时间距离/分钟	规模/平方米
A	40	50 000
B	60	70 000
C	30	40 000

解

如果λ=1,则每家超市对这个消费者的吸引力如下。

A 的吸引力是：50 000/40=1 250

B 的吸引力是：70 000/60=1 166.67

C 的吸引力是：40 000/30=1 333.33

该消费者到每家超市购物的概率分别是：

到 A 的概率=1 250/(1 250+1 166.67+1 333.33)=0.333

到 B 的概率=1 166.67/(1 250+1 166.67+1 333.33)=0.311

到 C 的概率=1 333.33/(1 250+1 166.67+1 333.33)=0.356

【案例分析】

王府井百货集团进军武汉市场

王府井百货集团的成员之一,武汉王府井百货有限公司在选择商店位置时进行了三方面的决策。

第一,选择了湖北省省会武汉市。

第二,选择了武汉三镇中最为繁华的汉口一级商业地段、知名度很高的传统零售区——中山大道。

第三,选择了汉口中山大道与江汉路交汇处的佳丽广场,该广场右邻闻名全国的江汉路商业一条街,左邻六渡桥商业中心区。

王府井选择店址时一般通过三个层次的分析。

1. 地区/市场区域分析,决定零售店的所在地区区域(人口、购买力、需求、公司目标市场)

武汉是长江中游最大的内河港和工商城市,城市综合经济实力居全国第六,面积 8467 平方公里,全市人口 710 余万人,人口密度每平方公里 817 人,在中国大城市中位居第五。

武汉地理位置得天独厚,具有向沿海开放和利用中西部资源的双重优势和辐射功能。因此,王府井百货集团选择了武汉作为其扩大经营规模的战略要地。

2. 交易区域/商圈分析,决定商店所在地区的某一区域(确定其投资的位置)

王府井百货有限公司对交易区域/商圈进行分析时发现：该交易区域位于武汉市最繁华的汉口一级商业地段中山大道上,右邻江汉路商业一条街,左邻六渡桥商业中心区,是知名度很高的传统零售区。

该区大型商场、购物中心、名牌专卖店云集,附近十几条公交路线,分别辐射汉阳、武昌两镇。中山大道及江汉路客流量每天 10 小时平均为 30 万至 50 万人次,节假日可达 50～80 万。

3. 地点/商店的具体位置分析，决定零售店所在区域的具体地点

该区域所在位置较好，属易接近型，且周边商店具有高度协调性、和谐性。

（资料来源：http://www.doc88.com/p-908965423959.html）

思考题

王府井百货集团进军武汉市场时主要考虑了哪些因素？

技能训练

选择一个你熟悉的集团或公司分析它如何划定商圈的？

第二节　连锁经营企业选址

一、选址的重要性

众所周知，选址是连锁门店成功关键的因素，业内有句名言："门店最重要的是什么。第一是选址，第二是选址，第三还是选址"，可见选址对于连锁经营企业的重要性。

连锁店筹建及扩张时，做好商圈分析是必不可少的，但最终目的是为了选定适当的设址地点。在西方国家，选址被视为开业前及发展中所需的三大主要资源之一，因为特定开设地点决定了连锁店可以吸引有限距离或地区内潜在顾客的多少，这也就决定了连锁店可以获得销售收入的高低，从而反映出开设地点作为一种资源的价值大小。店址选择的重要性主要表现在以下几点。

① 店址选择是一项大的、长期性投资，关系着企业的发展前途。连锁店的店址不管是租借的或是长期性投资，关系着企业的发展前途。一经确定，就需要投入大量的资金去营建店铺。当外部环境发生变化时，它不能保证人、财、物等经营要素能随时作相应调整，因其具有长期性、固定性特点。

② 店址是连锁店确定经营目标和制定经营策略的重要依据，不同的地区有不同的社会环境、人口状况、地理环境、交通条件、市政规划等特点，它们分别制约着其所在地区的顾客来源及特点和连锁店对经营的商品、价格、促进销售活动的选择。

③ 店址选择是否合适，是影响连锁店经济效益的一个重要因素。企业的店址选择得当，就意味着其享有"地利"优势。在同行业商店之间，如果在规模相当、商品构成、经营服务水平基本相同的情况下，好店址必然享有较好的经济效益。

二、选址的原则

5A 法则即"便利法则"，"A"是 Advantage(便利)的英文字头。5A 法则的基本内容包含了 5 个层次的便利，主要应用于针对某个城市或区域、为大型连锁经营企业选址所进行的工作。

5A 法则的基本理念是：以消费者为本，为消费者购物提供全程便利。以消费者为本，就要站在消费者的立场为消费者着想，明确选址工作是"为何做?"；提供全程便利就要对消费者购物的全程进行分析研究，明确选址工作该"如何做?"。

5A 法则是店址技术的核心，它主要涉及了 5 个方面的内容：交通便利、确认便利、趋近便利、进出便利、选购便利。围绕这 5 方面的内容，以购物便利性为主线，5A 法则囊括了店铺选址工作中的各个主要环节，为确定店址的各项标准和指标提供了依据。

1. 交通便利

交通便利是指让预期数量的消费者能便利地从其出发地到达商场所在的地域。对交通便利性的研究，是以商家对消费者的预期数量为基础的，这个预期数量又源自商家对周边人口分布及其消费水平的调查分析。不同商家在同一地区，或同一商家在不同地区，对消费者的预期数量都可能会有所差异。对于大型连锁商家而言，目前对有效商圈常住人口的预期数量一般不会少于 20 万人。交通便利性研究主要涉及了消费者对交通时耗的便利需求，并由此引伸出消费者对不同交通方式、不同交通道路等方面的便利需求以及由于一些自然障碍因素对便利性的影响，包括以下因素。

① 交通时耗：针对大型综合超市，单程 5 分钟内——满意，10 分钟内——可以，15 分钟——勉强。

② 交通方式：自驾车、出租车(的士)、公交车(巴士)、自行车、步行。

③ 交通道路：主干路、主路、支路、环路、快速路、高架路、高速路、单行路、步行街。

④ 自然障碍：铁路、河流、封闭路、城墙、丘陵、厂(院)区、公园。

2. 确认便利

确认便利是指让消费者能便利地找到目标商场。即使是已被消费者熟悉的商场，由于其周边社区、道路和其他相邻建筑物的发展变化，也会不可避免地让人一时“难找”甚至“找不到”。特别是对于自驾车的消费者而言，在行驶中寻找想去的目标商场会更困难，商家为此需要增强商场建筑物的可视性。而且，加强确认的便利性还会增加消费者即兴购物的可能性。主要措施有以下几种。

① 远距离确认：500 米外，高位店标，指路牌。

② 中距离确认：200 米外，建筑临主路，建筑临街长度至少 60 米以上，外墙大型店标，无遮挡(如树、其他大型标牌等)，周边开阔。

③ 近距离确认：50 米外，商场入口标牌，电梯入口标牌。

3. 趋近便利

趋近便利是指让消费者能便利地靠近到商场门前。不同交通方式有不同的趋近便利性需求。

① 对于自驾车、出租车、自行车：需有对应于来向不同车辆的道路出入口、允许车辆掉头的路口、无路障、无绿化隔离带。

② 对于公交车：需有若干条公交线路的车站点距离商场不超过 200 米，其每日的运营时间不少于商场的营业时间。

③ 对于步行者：需有跨越公路的人行天桥或过街人行道。

4. 进出便利

进出便利是指让消费者能便利地进出商场。对于建筑面积超过 1 万平方米的大型超市，考虑的主要因素包括以下几点。

① 多组并联的外门构成的商场主入口，总宽度不宜小于 12～16 米，其中有 1～2 组自动门。

② 门口外的台阶尽可能少且不宜超过 4 级，防滑，有手推车通行坡道及残疾人无障碍

通道。

③ 门口外有较大的雨棚，门口处有充足的照明。

④ 当超市不设在首层且对首层无使用权时，应有直接通向超市的自动步道且步道的入口尽量靠近首层商场主入口。

⑤ 机动车停车位宜达到200个以上（仓储式商场宜达到300个以上）。室外停车场应靠近商场主入口，购物小推车可到达每个车位；室内停车场应设在超市商场的同层或邻层（不宜隔层设置），并应设置自超市直通室内停车场的自动步道。

⑥ 有出租车上下乘客的场地及出租车排队候客的场地（不宜少于5个车位）。

⑦ 有自行车存车场地。可将两轮机动车停车位与自行车存车场地相邻。

5. 选购便利

选购便利是指让消费者能便利地在商场内辨认、选择、拿取、携带所需商品以及结算付款。为此，需要将选址技术与商品经营技术高度统一和匹配。前者通过选择或设定相关的建筑条件满足商场硬件方面的需求，后者通过提供经营服务满足商场软件方面的需求。通常，根据顾客的便利性需求和商品经营技术的需求，大型超市商场对建筑条件的相关要求如下。

① 适宜的商品展放空间，满足特定商品数量对展放空间的要求。对大型综合超市，通常需要约1万平方米建筑面积，其中60%～65%为卖场经营面积。建筑层高通常宜大于4.80米。建筑柱距利于商场平面布局，通常柱距9～12米为宜。

② 适宜的通道，便于推购物车的顾客通行。涉及其宽度、地面饰层、建筑柱距等因素。通常主通道宽4～6米，次通道宽2～4米。通道地面平坦，饰面材质防滑、耐磨、抗碾压。

③ 适宜的楼层，首层为佳，尽可能避免跨层。必须跨层时，超市总层数不宜超过2层。跨层时应设双向自动步道，其出入口前需有4～6米距离的缓冲区。

④ 适宜的收银区域和适量的收银台。约1万平方米建筑面积的大型综合超市，收银机不宜少于25台，通常为30～40台，个别商家会超过50台。收银台前应留有足够的停滞区，通常需留出3～6米长度的排队区域。

⑤ 充足的照明，通常照度大于800勒克斯，生鲜区应有适当的辅助照明。

⑥ 舒适的空调，通常夏季室内设计温度26℃，冬季室内设计温度17℃。

⑦ 小推车及其存放区。

⑧ 服务台及存包处。

⑨ 配套经营的小商铺区，通常为10～40个不同品类的小商铺。

另外，除了满足消费者的5种便利需求，选址中还需要注意满足商家自身在经营管理中对店址的便利性要求。例如，货运通道、专用卸货区、货梯、库房、办公房位置等，这些是满足消费者便利需求之外的商家内部的便利性需求。

综上所述可知：5A法则是大型连锁商业选址的基本准则。可以说，商家选址就是在选便利，商家竞争也将会更多的是对店址便利性的竞争。

三、连锁经营企业选址一三模型

选址一三模型就是一个前提和三个步骤：一个前提就是选择进入城市的前提，即城市评估；三个步骤就是选取具体店铺地址的三步，即地址评估。

（一）城市评估

对于连锁复制选址，首先应当对准备进入的城市或已经进入的城市进行综合评估，收集各种相关数据。具体数据如下。

① 城市背景资料。指地理位置、人口数量、人口密度、区域划分、城市发展规划、公共交通、竞争对手、政府优惠政策等。

② 城市经济资料。指经济水平、收入水平、房价、物价、所属行业发展状况等。

对相关数据进行分析，分析该城市的经济发展速度、城市规模，是否适合开连锁店；分析进入该城市的投入产出比，需要开多少家店才能基本覆盖；分析预测第一年的营业额及各项费用支出预算，分析预测第二年的增长趋势；分析客流规律及消费潜力；分析交通地理条件；分析竞争激烈度；分析人力成本；分析广告宣传成本；分析人文状况；分析其他影响经营的因素，如政府的工作效率等。在此基础上，形成该城市的评估报告，作为连锁经营企业进入该城市进行选址的前提依据。城市吸引力排序评价指标如表5-2所示。

表5-2 城市吸引力排序评价指标

因素/评估	市场潜量	竞争激烈程度	供应链发达程度	政策和开放程度
指标	可支持超市盈亏平衡的总营业面积	竞争对手的数量，现有竞争对手实力（外资和内资扩区域及扩张连锁商），行业饱和程度	全国性品牌制造商数量（食品、服装、日用品）；超市商品的来源和渠道长度	连锁行业的开放程度；城市基本投资环境评价；法律的规范程度
重要性评估	超市实现战略目标的关键性因素之一。选择市场潜力大的城市，重点进入	超市实现扩张战略的关键性因素之一。选择竞争程度相对较低的城市发展	结合所经营的商品品类考察供应链的发达程度，供应链发达程度对于配送和价格领先有重要意义	作为区域市场的新进入者，政策和开放度是必须要考虑的因素；是确定自建或并购等的参考依据
权重	40%	30%	20%	10%

（二）地址评估

1. 选商圈

选商圈主要对城市各区域的商圈个数、商圈名称和类型，确定城市核心商圈、次级商圈与边缘商圈进行分析。对商圈的成熟度、发展规划、潜力、辐射范围、有无竞争对手等情况进行分析，以便选择符合定位，适合进入的商圈。

2. 选街道

选街道主要对所选商圈的街道个数、名称和类型，对街道条件、人流车流、竞争情况等进行分析。

① 街道条件：街道长度、街道宽度、店铺数量、人流出入口、街道成熟度。

② 人流车流：人流量、车流量（早、中、晚）。

③ 竞争情况：典型竞争门店数。

④ 吸引情况：有无与所属行业顾客群产生吸引力的设施或条件。

3. 选商铺

选商铺主要分析两方面内容：外部评估和内部评估。

① 外部评估：人流量、车流量、门店可视范围、门前空地、门前道路宽度、邻铺类型等。

② 内部评估：面积、建筑结构、招牌长度、门面长度、配套水电条件、租金等。

四、商店位置类型的设计

地点类型主要分为三类，孤立店、规划的购物中心、无规划商业区。上述三种位置类型具有不同的优势和劣势，连锁经营企业管理者要确定适合自己门店的位置类型，关键是要分析自己的业务类型与哪种地点类型相匹配。

（一）孤立店

优点：无竞争对手，租金较低，具有灵活性，开店费用低，能见度高，有选择和扩大规模的潜力，有利于顾客一站式购物或便利购物。

缺点：如果商店规模不大，不易吸引远方顾客，商圈较小；广告费可能较高；在多数情况下，建筑不能租用而必须新建；通常情况下，顾客更愿意去多功能的商业中心区购物。

在孤立店区要形成和保持一个目标市场份额并不容易，因此，通常最适合在孤立店开办商店的是大型连锁商店，如美国的沃尔玛、北京的燕莎商城。孤立的中小型连锁商店不可能形成一批针对它来的顾客，因为它没有花色品种齐全的商品，又没有很大的名声，顾客也就不愿去光顾。但也有一些小店铺只强调在孤立位置经营，如许多加油站与便利店（7-ELEVEN店）等。

（二）规划的购物中心

规划的购物中心是由一组统一规划、建在一起的商用建筑构成，它的产权集中，管理也集中。它们作为一个整体进行设计和运作，并以均衡配置为基础，在其周围设有各种停车设施。规划的购物中心，其位置、规模和商店组合与被服务的商圈有关。一个典型的购物中心有一家或一家以上的骨干商店或主力商店，及各种各样较小的商店。通过均衡配置，规划的购物中心的商店在新提供的质量和品种上相互补充，商店的类型和数量紧密结合，以满足周围人口的全面需要。

优点：协调规划，商品和服务品种组合合理，拥有完善的设施、宽敞的停车场、各具特色又统一规划的购物中心形象，有较大的商圈，适合家庭购物及休闲。

缺点：这些地方通常租金较贵，营业管理易受限制，竞争也较激烈。

（三）无规划的商业区（自然形成的商业中心）

无规划的商业区连锁位置是指有两家以上的商店坐落在一起，或相距极近，但不是事先规划的结果。商店的位置是根据各自的利益确定的，而不是从整个商业区来考虑的。

无规划商业区有以下四种类型。

1. 中心商业区

中心商业区（Central Business District，CBD）是一座城市商业网点最密集的购物区，吸引着来自整个市区的消费者，包括所有阶层的人。这些商店并非按一定的模式布局，而是随时间的推移（先来先开）、连锁业的发展趋势及机遇而定。

优点：丰富的商品/服务组合，公共交通便利，有多种类型和形象的商店，商品价格的档次多样，客流量大，连锁店的总部经常设在这里。

缺点：停车场地紧张；交通运输拥挤，顾客来往及货物运输不方便；人群拥挤；许多连锁设施陈旧；提供的商品不均匀，如有些中心商业区只提供几类商品；租金税金较高；与郊区相比，一些中心城区日渐衰退。

世界连锁商业布局正由市中心向城郊结合部转移，呈集中化、规范化形态，中心城区出现空心化倾向。发达国家商业中心区的形成，一般经历了以下几个阶段。

① 城镇建设初期，随着居民迁入，在居民聚居区开设一些满足日常生活必需的小商店，具有零星、松散、小而全等特点。

② 随着城镇规模扩大，主要道路的形成，商业在原有的点状结构上沿街道延伸，形成条状结构的商业街，进而形成街区商业中心。

③ 随着社会经济的发展，中心商业区交通日益拥挤、地价昂贵，一般居民无法继续在此地生活，向城郊结合部扩散，于是城郊结合部又出现新的商业设施。中心商业区因人流减少而销售增速减缓，例如，美国纽约的曼哈顿区，日本东京的银座、新宿区，巴黎的香榭丽舍大街都属于这种类型。

④ 随着生活水平的提高，汽车成为主要代步工具后，人们改变了就近购物的习惯，距离远近不再成为障碍。所以购物中心开始相对集中，条状商业街区向块状商业圈聚拢，城郊结合部商业区向郊区特大型购物中心发展，新社区逐步形成，商品齐全、档次拉开，能满足不同层次的需要。

⑤ 中心区居民经过两次扩散，纷纷向边远城镇转移，小区安静、生活质量明显提高，中心商业区逐渐萧条。

2. 次级商业区

次级商业区(Secondary Business District，SBD)是指分散在一座城市的多个繁华程度较低的购物区域，通常位于两条主要街道的交叉路口。一个城市一般有几个次级商业区，每个区至少有一家较大的百货商店，还有一些其他店。在次级商业区出售的商品，类型上是和中心商业区相近似的。不过次级商业区的商店较少、较小，商品的特色和品种较少，其商业圈也较小。

优点：商品花色品种比较齐全，靠近大路和公共交通站；没有中心商业区那么拥挤；人员服务比较多；与中心商业区比较，更接近居民区。

缺点：供应的商品和服务不均衡，租金与税金也比较高(但不如中心商业区高)，交通和货物运输较拥挤，设备老化，停车困难等。当然，这些缺点都不如中心商业区突出，连锁公司的分店比中心商业区少。

3. 邻里商业区

邻里商业区(Neighborhood Business District，NBD)是指为了满足住宅区居民购物和服务方便而自发形成的一个小型商业区，主要由若干小商店组成。以超级市场或方便店、杂货店为主，位置处于住宅区的主要街道上。

优点：邻里商业区营业时间长，停车方便，环境不那么喧嚣。

缺点：商品和服务的选择范围小，销售额也不大，通常价格也比较高。

4. 商业街

商业街(沿街小店群，String)是指由若干经营类似商品的商店聚集在一起形成的商业区。这些小店坐落在沿街或公路旁，一般经营相似或互补的商品。

特色商业街是经营某一类商品的商店聚集，这些街道历史较长，形成了自身独特的文化和特色品牌。例如，长沙清水塘古玩一条街、坡子街小吃一条街等。

五、位置选择因素分析

要想从孤立商店、规划的购物中心和无规划的商业区这三种类型中选择一种，这一决策取决于公司的战略和对每一类位置优劣的慎重评价。一旦位置类型确定，连锁商就必须为其商店确定大致的店址。

（一）店址应具备的条件

一般较好的商店地理位置，要具备以下条件（具备以下全部条件的是第一流的店址，一般的都要具备其中的两条以上）。

1. 商业活动频度高的地区

在闹市区，商业活动极为频繁，把商店设在这样的地区营业额必然高。这样的店址就是所谓的“寸金之地”。相反，如果在非闹市区，在一些冷僻的街道开办连锁商店，人迹罕至，营业额就很难提高。

2. 人口密度高的地区、居民聚居、人口集中的地方是适宜设商店的地方

在人口集中的地方，人们有着各种各样的对商品的大量需要，而且需求基数也十分大。如果商店能够设在这样的地方，致力于满足人们的需要，那就会有做不完的生意。而且，这样的地方，顾客的需求比较稳定，销售额不会骤起骤落，可以保证商店的稳定收入。

3. 面向客流量最多的街道

因为商店处在客流量最多的街道上，受客流量和通行速度影响最大，可使多数人就近买到所需的药品。

4. 交通便利的地区

旅客上车、下车最多的车站，或者在主要车站的附近。通常可以在顾客步行不超过15分钟路程内的街道设址。

5. 接近人们聚集的场所

如电影院、公园、剧院、农贸市场、学校等场所，或者大工厂、机关附近，以及一般人烟稠密、店铺林立且各种业态比较成熟稳定的地方。

6. 店中店形式

目前，各商店都在跑马圈地，可在店址的选择上（尤其对于跨区域开店）确实有一定难度，一旦和某连锁超市或大型购物中心、商场等合作发展店中店，就可以充分利用其网点，而选址问题也等于转嫁给了超市或大型购物中心等，节省了大量的人力与物力。

7. 同类商店聚集的街区

大量事实证明，对于那些经营选购品、耐用品的商店来说，若能集中在某一地段或街区，则更能招揽顾客，因为经营的种类繁多，顾客在这里可以有更多的机会进行比较和选择。

（二）不宜商店选址的区域

1. 快速车道旁

随着城市建设发展，高速公路越来越多。由于快速通车的要求，高速公路一般有隔离设施，两边无法穿越，公路旁也较少有停车设施。因此，尽管公路旁有单边的固定与流动顾客群，也不宜作为新开店选址的区域。人们往往不会为一项消费而在高速公路旁违章停车。

2. 周围居民少或增长慢而商业网点已基本配齐的区域

这种地区不宜作为商店的新地址，这是因为在缺乏流动人口情况下，有限的固定消费总量不会因为新开商店而增加。

3. 同一地区，层高的地方

这种地方不宜开设商店，例如开在二楼甚至高层的店铺。这不仅是因为高层店不宜顾客上去购买，也因为高层店一般广告效果差，商品补给与提货都有所不便。

（三）商店位置的确定

连锁商确定店址需要分两步进行。

第一步，确定商店位置的类型。是选择独立商店，或是无规划商业区，或是有规划的商业区。

第二步，具体确定商店的坐落场所。对一个孤立的商店来说，应选定一条具体的公路或小巷；对建在无规划区的或有规划区的购物中心来说，应选定一个具体的区域或购物中心的某一部位。

（四）位置选择因素分析

在位置选定之后，应该对所选的店址进行评价。评价店址和选择店址同样重要，特别是对于那些营业受顾客交通方式影响的商店来说更是如此。在任何地区内对一个特定商店最合适的店址，称为百分之百的位置。由于不同类的商店需要不同形式的位置，某一位置对某一个连锁商来说，可能评为100%，但对于其他连锁商来说可能并非如此。对商店地址可按如下标准来进行评价。

1. 客流

客流是指某一地区各种人员流动的数量及其规律。客流构成连锁经营企业现实的或潜在的顾客。一个连锁经营企业要使自己的经营得以维持和发展，必须有足够的客流。为此，店址选择必须进行客流的调研与预测。

客流的调研与预测可以通过观察法或询问法进行，具体操作比较简单，但是需要花费较多的人力。而对客流的分析则在客流调研与预测中占有重要地位，客流分析内容如下。

(1) 商店客流类型

① 本身客流。本身客流是指客流中专为到本商店购买商品的部分。本身客流的多少，是影响商店经营效益的重要因素。一般而言，商店的形象越好，本身客流越大。而商店周围的竞争状况也是影响本身客流的重要因素。

② 派生客流。派生客流是指客流中出于其他目的到达商店所在地区，而顺便进店的部分。派生客流的大小，主要取决于商店周围的环境，比如，交通枢纽地区、旅游点往往有较大的派生客流。处于大型、著名商店的周围，往往也有较大的派生客流。当然，派生客流是否真正成为商店的现实顾客，还要靠商店本身的努力。

③ 分享客流。分享客流是指客流中从临近其他商店的顾客中分流到本商店的部分。如果在同一地区设有同类商店或经营同类商品的商店，客流往往会在商店之间分流，特别是处在大店或名店周围的中小商店，大多可以得到一些分享客流。

(2) 客流规律分析

不同的客流有不同的行为规律。一般而言，不同客流在购买目的、购买商品的类别、流动速度、停留时间等方面都会有所区别。比如，本身客流往往有明确的购买目的，停留时间相对较长，购买的商品以日常用品为主。流动客流往往无明确的购买目的，他们进店主要是处于一种浏览状态，流动速度快、停留时间短。

同样的客流量，以下条件下可以增加销售额。

① 客流量和时间不大变动，而且是不间断的。

② 来店的顾客轻松自如，不是匆匆忙忙。

③ 顾客虽然是匆匆忙忙的，但其目的是到商店来购物。

④ 客流量相当大，其中有一部分顾客确实会买一定数量的商品。

⑤ 客流量不大，但真正来买东西的顾客却很多。

⑥ 顾客购买兴趣很大。

⑦ 从店前往返的顾客很多，特别是市中心地区的顾客，有所需要时，更会增加购买。

2. 服务区人口分析

商店服务区的人口一般可以分为三类，他们的特点是不同的。

(1) 居住人口

居住人口是指居住在商店服务区内的人口。居住人口构成商店顾客的主要部分，尤其是对经营日常用品的商店更是如此。

(2) 工作人口

工作人口是指居住在外区但工作单位在服务区内的人口。他们通常也会成为某些商店的顾客，但其购买频率、购买范围、购买数量要少于居住人口。

(3) 流动人口

流动人口是指既不是居住在本区，也不在本区工作的人口，仅仅是由于某种原因临时到达该区域的人口。他们到该商店购物具有偶然性和不确定性。

一般来讲，开店位置附近人口越多、越密集越好，但也要结合行业特点，因地制宜。凡居民较集中的地方，都可以建立食杂、小百货、小吃等各种店铺。越是缺乏商业网点的地方，营业条件越能得到改善，特别是一些有消费特色的个体经营行业，如乐器、科技设备，专用器材、音乐茶座，咖啡饮料等。当然，没有必要开到商业闹市区去，那里容易被挤垮。而经营价格较高的衣料、服装、箱包鞋帽、家用电器、化妆品等这样的店铺应设在商业街或商业中心。

3. 交通条件分析

交通条件方便与否对店铺的销售有很大影响。只有在交通方便的地方设店，才能给消费者提供方便，才能吸引更多的顾客。交通条件分析具体要考虑以下两点。

(1) 企业交通的利用率

① 大众交通工具的可获取性。是指公共汽车、出租车、火车或其他公交工具等。对于那些自己没有汽车，或自己不愿意开车到交通拥挤而停车场地又有限的地点购物的顾客，可利用的大众交通工具是否方便就显得很重要。

② 是否接近主要公路及交通限制情况。购物时，驱车时间是许多顾客考虑的一个重要因素。此外，在公路上行驶的人不喜欢 U 字形拐弯。

③ 送货运输是否便利。许多大道对于顾客往来是极为便利的，但却禁止大型卡车通行或规定卡车的承载重量。

(2) 停车设施

停车设施一般包括设在开设地点的，也包括设在开设地点附近的。停车场的规模一定要合适，停车场小了，顾客不方便；停车场大了，顾客会认为商店是不受欢迎的。

4. 周边商店聚集状况

(1) 异种连锁业聚集

(2) 有竞争关系的连锁业聚集

(3) 有补充关系的连锁业聚集

(4) 多功能聚集

5. 城市发展规划

经营者在选择店址的时候需要从城市整体规划，尤其是从城市商业网点规划的角度来考虑，包括交通、市政、绿化、住宅等。同时，也要考虑规划对选址的有利条件与不利条件、短期规划与长期规划等。

6. 其他因素评价

(1) 环境的好坏

通常讲的环境好坏有两种含义，一种是指店铺周围的环境状况，如果饮食店开在公共厕所附近或不远处是垃圾堆、臭水沟、化工厂（有气味）或是店门外尘土飞扬，这都是恶劣的开店环境。另一种是指店铺所处位置的繁华程度，一般来讲车站、学校、娱乐场所、医院、附近主要商业街的地段，商务楼附近或是成熟住宅区等客流量大、人口密度较高的地区或同行集中的一条街上，这类开店环境均有较大的优势。

(2) 周围设施的便利性

有的店铺虽然开在区域干道旁边，但干道两边的栅栏，却使生意大受影响，因此在选择临街铺面时要注意这一点。那么如何选择呢？典型街道有两种。一种典型街道是只有车道和人行道，车辆行驶时视线很自然能扫到街两边的铺面，行人在街道边行走，也能很自然地进入店铺；如果街道过宽，有时反而聚不起人气。据调查研究，当街道宽度为 25 米左右，则最易形成人气。另一种典型街道是车道、自行车和人行道分别被隔开，这种位置形成一种封闭交通，对开设店面是不太有利的。

(3) 邻近商店的类型

开设地点周围商店的多少和规模的大小，应当与选定位置的类型相适应。例如，一个对孤立店有兴趣的连锁商就希望附近没有其他商店与其竞争。

(4) 具体的店址

具体店址应当按可见度、位置的布局、场地的大小与形状、房屋的大小以及房屋与场地的环境和使用年限等进行评价。可见度是指一个店址被往来行人和乘车者所看到的程度。位置的布局是指商店在商业区或购货中心内的相对位置。一般选址时认为三岔路口、拐角的位置是好位置；坡路、偏僻角落；或楼屋高的地方，位置较次；南向街面的店铺显然优于北向街面；十字路口要优于直行路段。

(5) 占用房产的条件

占用房产的条件包括设备或租用房产的费用、管理和维修费、税金、城乡规划法令的限制和自愿约束等。资金充裕的商人既可以自己购置房屋，也可以租赁房屋。在价格比较便宜的地点，大多数是自己置备房屋的；当然，租赁房屋也有它的好处，租赁可以减少资本而且比自己有房产的财务风险要小。

六、店址评估

（一）多因素分析法

第一步，找出商店设置的可行店址。

第二步，确定各影响因素的权重，对各备选店评分，并计算总分。

第三步，进一步分析，包括地址条件与新开店相符程度；销售前景分析；竞争地位分析；与周围其他类型商店的相容能力分析。

商店选址的多因素分析如表 5-3 所示。

表 5-3 商店选址的多因素分析

选址因素	权重	预选店址得分			权重×预选店址得分		
		店址 1	店址 2	店址 3	店址 1	店址 2	店址 3
商圈内人口多	5	8	7	9	40	35	45
商圈内收入高	5	5	7	6	25	35	30
接近目标顾客	5	6	5	6	30	25	30
机动车流量大	3	7	8	7	21	24	21
非机动车流量大	3	5	5	6	15	15	18
行人流量大	5	5	6	6	25	30	30
与邻店关系融洽	2	−4	3	4	−8	6	8
物业费低	4	6	5	−3	24	20	−12
广告费低	2	5	6	3	10	12	6
商店能见度高	3	3	5	5	9	15	15
营业面积合适	3	4	−2	6	12	−6	18
店面可扩充	2	−6	−2	−2	−12	−4	−4
停车位充足	3	−5	3	6	−15	9	18
与开发商关系融洽	2	7	5	4	14	10	8
合　计					190	226	231

注：每一因素按重要程度分成 5 个等级，每个地址各因素评分分布在−10 到 10 区间内。

(二) 效益评估法

1. 新店营业潜力

假设新开超级市场的商圈有三个层次，第一层次主要商圈内的居民户数为 2 000 户，第二层次即次要商圈内的居民户数为 4 000 户，第三层边际商圈内的居民户数为 6 000 户。若平均每户居民每月去商店购买食品和日用品为 500 元，则：

主要商圈居民支出总额：500 元/户×2 000 户＝100 万元

次要商圈居民支出总额：500 元/户×4 000 户＝200 万元

边际商圈居民支出总额：500 元/户×6 000 户＝300 万元

据调查分析，新开超级市场的市场占有率在主要商圈为 30%，在次要商圈为 10%，在边际商圈为 5%，则：

主要商圈购买力为：100 万元×30%＝30 万元

次要商圈购买力为：200 万元×10%＝20 万元

边际商圈购买力为：300 万元×5%＝15 万元

该新店营业潜力可估计为：(30＋20＋15)万元＝65 万元

2. 开店投资与经营费用测算

① 开店前期投资预估。指设备费用、工程费用以及商业建筑和停车场费用等。

② 开店后经营费用预估。包括：固定费用，如工资、福利费、折旧费、水电费、管理费等；变动费用，如运杂费、保管费、包装费、商品损耗、借款利息、保险费、营业税等。上述各项费用究竟应控制在多少之内，无统一标准，但是基本前提是：毛利率大于费用率。

费用比例：货0.4%以下；店员薪水酬在总费用的50%以下；总费用与销售额比例：便利店要在某些方面18%以内(以25%的毛利率为基础)，超市要在12%以内(以17%的毛利率为基础)；总费用与总利润要在80%以内；固定费用与总费用的比例应在85%以上。

3. 损益平衡点分析

$$损益平衡点销售额=\frac{固定费用}{毛利率-变动费用率}$$

七、选址分析报告

选址分析报告的主要内容包括：新店周围地理位置特征表述；被选店址周围商业环境和竞争店情况；新店址周围居民及流动人口消费结构、消费层次；新店开业后预计能辐射的范围；新店的营业面积和商品结构；新店的市场定位和经营特色；新店址经营效益预估；新店未来前景分析。

【案例分析】

小慧的化妆品店

半年前，在化妆品行业打拼多年的小慧终于实现了自主创业的梦想——在家乡H城开了一个化妆品专卖店。专卖店避开了竞争激烈的商业中心西区，选在H城东区——一个小商品和五金批发区，紧邻一个很大的三峡移民社区，人气十分旺，更重要的是方圆1公里内没有竞争对手，大家都认为那是一个黄金地点。小慧有许多地方让人羡慕：从业多年练就小慧一身过硬的销售本领，售后服务也做得很专业，产品定位也很准确……总之，小慧好像具备了一切成功要素，成功仿佛是一种必然！但现实总爱捉弄人，开业后两个月中生意相当冷清。小慧认为：这是一个新店，必须经历的过程——顾客理解接受有一个过程，市场导入期。但4个月过去了，生意依然没有起色，小慧着急了，为了吸引顾客，她运用了多种曾经被无数事实证明简单可行的促销手段：会员卡、产品派送、传单……可是她辛苦的吆喝并没有带来回报——生意仍然没有起色。小慧和同事弄不明白：明明万事俱备，为什么生意不能取得成功？

(资料来源：http://wenku.baidu.com/view/244b93ceda38376baf1fae28.html)

思考题

如果你是小慧，你如何解决这一问题？

技能训练

假如你要开新店，你如何进行选址？

【本章复习题】

1. 影响商圈形成的因素主要有哪些？
2. 商店位置选择需考虑哪些因素？
3. 什么是多因素分析法？

第六章

连锁经营企业商品经营策略

【本章介绍】

在竞争激烈的今天，有人从“商品”中获取了极大的利润，也有人经营得摇摇欲坠，其中关键在于商品经营的策略，“商品可载舟，也可覆舟”。正确的有创意的商品经营策略成为了连锁经营企业管理的当务之急，成为了连锁经营企业门店能否有多大利润的关键。连锁经营企业一定要根据企业自身的情况和商品、商圈的情况，竞争对手的情况来进行商品定位，合理地运用商品的定价和促销策略，并进行自有品牌的开发来提升连锁经营企业的差异化竞争力。

【学习目标】

知识目标：掌握连锁经营企业商品定位与组合；理解连锁经营企业商品定价策略、促销策略、自有品牌开发策略。

技能目标：能够结合连锁经营企业和商品的实际情况，正确进行商品定位，能结合市场需求和商品功能，科学进行商品组合，能够进行合理的定价和采取有效的促销策略；能根据自有品牌开发的途径和策略，协助相关人员进行自有品牌的商品开发工作。

【学习内容】

1. 连锁经营企业商品定位与组合。
2. 连锁经营企业商品定价策略。
3. 连锁经营企业商品促销策略。
4. 自有品牌商品的开发策略。

【案例引导】

屈臣氏商品经营策略

屈臣氏商店以其新颖独特的产品组合以及高质量的产品深受消费者的青睐，其经营的产品可谓包罗万象，来自二十多个国家超过25 000个品种，包括洗涤用品、浴室用品、护肤护发用品、纸类制品、保健品等。屈臣氏所提供的商品“贵精，不贵多”，极有针对性地满足目标顾客追求高生活品质的较高层次的消费需求。屈臣氏的产品线也不太深，选择销售少数的高档次、高质量、品牌响的商品。同样是洗发用品，屈臣氏只经营飘柔、潘婷、花王诗芬、资生堂等几个品牌，而舍弃了面对中低收入消费者的蜂花、碧影等品牌。这种商品组合策略既符合屈臣氏的定位原则，也与其店铺面积小、租金高，必须获得较高的利润率有密切关系。

为增强竞争力屈臣氏近年来在中国内地推行“保证低价”策略，以此来吸引相当一部分对价格敏感的顾客，也为全体顾客提供性价比更高的商品。在策略实施方面，屈臣氏更是根据不同市场消费者的情况不断进行调整，使“保证低价”成为其为中国内地消费者量身定做的长期让利策略。屈臣氏不仅增加了核价的频率，简化了差额双倍返还的细则，更推出以礼品赠送鼓励消费者进行返还的措施，从而更好地贯彻低价策略。屈臣氏认为，收入超过2 500元的时尚女性，也会有不同的产品需求。同时，中国的不同城市的平均收入大相径庭，因此在定价方面，屈臣氏会突出考虑不同的级别。不同品牌的产品和同一品牌的不同等级的产品价格都会有所区分。

屈臣氏通过差异化和个性化来提升品牌价值，定价一般也相对较高。屈臣氏集团希望做到价格与市场需求一致，而不是“具有竞争力的价格”。

屈臣氏实行“优质优价”的定价策略，借此传达其高品质的经营风格，满足顾客的自尊需要与社会地位需要。同类别、同品牌的商品，屈臣氏的定价要比其他零售商要高，这恰恰暗示了产品的高品质和顾客社会地位的高贵。

（资料来源：http://www.chaoshi168.com/search/searchnew）

思考题

1. 试分析屈臣氏成功的商品经营秘诀。

2. 屈臣氏采用了什么样的新产品定价策略？

第一节　连锁经营企业商品定位与组合

一、商品定位

商品定位是一种经营策略，商品定位正确与否，关系到连锁经营企业的生存与发展。成功的商家有一个共性，就是始终如一地将商品的功能与消费者心理上的需要连接起来，通过这种方式将商品定位明确地传递给消费者。一种商品特别是著名商品，其影响是在消费者心目中被唤起想法、情感、感觉的总和，因此只有当消费者心目中关于商品定位的内容得以确认，企业为此进行的各种资源的利用才会有价值。

（一）商品定位概念

连锁经营企业在目标市场、业态确定了以后，需要考虑用什么样的商品来满足顾客要求，也就是商品定位。商品定位的好坏直接影响到连锁店的销售额和店铺在顾客心目中的形象。商品定位是一个动态的过程，是随着时间、商圈、时尚等因素的变化随时进行调整的过程。

商品定位是指连锁经营企业对目标消费者和生产商的实际情况动态地确定商品的经营结构，实现商品配置的最佳化。商品定位包括商品品种、档次、价格、服务等方面。商品定位既是企业决策者对市场判断分析的结果，同时又是企业经营理念的体现，也是连锁经营企业通过商品而设计的企业在消费者心目中的形象。

（二）商品定位的特征

1. 首要条件是顾客满意度

顾客满意度是任何企业赖以生存的主要基础。

2. 其次，应具有长期性

企业应长期满足消费者需求，这样才能树立企业的良好形象。

3. 必须具有竞争性

也就是说，商品只有从众多竞争商品中显示自己的独特之处，才会赢得竞争优势。

对连锁经营企业而言，最重要的挑战就是针对目标消费者的喜好来为商品定位；最能持久的竞争优势，就是让消费者认为你的产品比别人的好，这就是制胜的“定位”。

（三）商品定位的原则

1. 商品化原则

所谓商品化原则，是指生产制造商和供应商所提供的产品转化为经营商品的过程。商品化过程必须满足消费需求和商品销售要求。

2. 品种齐全原则

由于消费者工作节奏紧张，因此更加强调时间节约和“一站式购物”的观念，连锁经营企业在商品组合时一定要尽可能地扩大经营品种，使顾客能一次性购齐所需物品。同时，应关注政策动向及消费潮流，不断调整品种结构，导入新品。

3. 商品群原则

商品群是门店经营商品的战略单位，商品群是一群、一类商品的称呼，是根据连锁经营企业的经营观念，用一定的方法来集结商品，将一些商品组合成一个战略经营单位，以吸引顾客促进销售。做好商品群的策划工作能提升企业形象。商品群主要根据消费者的需求来进行划分，并提出一些新的概念。在市场商品日益丰富的现代社会，消费者对商品的选择往往会无所适从，这就需要经营者给消费者以适当引导，如可针对礼品商品群提出“母亲节礼品”、“情人节礼品”等新的概念，用新概念来带动商品销售。

二、商品分类

商品种类繁多，据不完全统计，在市场上流通的商品有 25 万种以上。为了方便消费者购买，提高企业经营管理水平，需对众多商品进行分类。对品种繁多的商品进行分类，是超市科学化、规范化管理的需要，同时可根据顾客的需要，选择并形成有特色的商品组合，体现自身的个性化经营特色，求得更大发展。

商品分类是为了一定的目的，选择适当的分类标志，将商品集合，总体科学地、系统地逐级划分门类，大类、中类、小类、品类以至类似品种、花色、规格的过程称为商品分类。

商品分类按照不同的标准有不同的分类方法。

（一）综合分类

综合分类是指把卖场中的商品分为 4 个层次，即大分类、中分类、小分类和单品。这种商品划分方法是连锁经营企业经营管理中必不可少的一种商品划分方法，也是整个商品业务管理的基础与前提。

1. 大分类

大分类是超级市场最粗线条的分类。大分类的分类标准是商品特征，如畜产、水产、果菜、日配加工食品、一般食品、日用杂货、日用百货、家用电器等。为了便于管理，超级市场的大分类一般以不超过10个为宜。

2. 中分类

中分类是大分类中细分出来的类别，其分类标准主要有以下几种。

(1) 按商品功能与用途划分

如日配品这个大分类下，可细分出牛奶、豆制品、冰品、冷冻食品等中分类。

(2) 按产品制造方法划分

如畜产品这个大分类下，可细分出熟肉制品的中分类，包括咸肉、熏肉、火腿、香肠等。

(3) 按商品产地划分

如水果蔬菜这个大分类下，可细分出国产水果与进口水果的中分类。

3. 小分类

小分类是中分类中进一步细分出来的类别，主要分类标准有以下几种。

(1) 按功能用途划分

如畜产品大分类中，在猪肉这个中分类下，可进一步细分出排骨、肉米、里脊肉等小分类。

(2) 按规格包装划分

如一般食品大分类中，在饮料这个中分类下，可进一步细分出听装饮料、瓶装饮料、盒装饮料等小分类。

(3) 按商品成分分类

如日用百货大分类中，在鞋这个中分类下，可进一步细分出皮鞋、人造革鞋、布鞋、塑料鞋等小分类。

(4) 按商品口味划分

如糖果饼干大分类中，在饼干这个中分类下，可进一步细分出甜味饼干、咸味饼干、奶油饼干、果味饼干等小分类。

4. 单品

单品是商品分类中不能进一步细分的、完整独立的商品品项。如上海申美饮料有限公司生产的355毫升听装可口可乐、1.25升瓶装可口可乐、2升瓶装可口可乐、2升瓶装雪碧，就属于4个不同单品。

(二) 销售作用分类

销售作用分类是指把卖场中的商品分为主力商品、辅助商品和关联商品。

1. 主力商品

主力商品是指所完成的销售量或销售金额在卖场销售业绩中占举足轻重地位的商品。一般卖场的销售情况从统计上遵循20/80原则，即20%的商品赚取80%的利润，80%的商品赚取20%的利润。那么，这20%的商品就是主力商品。

2. 辅助商品

辅助商品就是80%的商品，是对主力商品的补充。零售企业经营的商品必须有辅助商品与主力商品相搭配，否则会显得过于单调，也无法满足顾客“一站式”购物的需要。

3. 关联商品

关联商品是在用途上与主力商品有密切关系的商品，例如，西装和领带、钢笔和墨水。

（三）顾客选择分类

这种划分方法是把卖场中的商品分为便利品和冲动购买品。

1. 便利品

便利品是指顾客经常使用，购买频繁，且在购买时不会花过多时间去比较品种、价格的商品，例如，牙膏、香皂、电池、食盐等。

2. 冲动购买品

冲动购买品是指顾客事先并无购买计划，却在购买中因视觉、嗅觉或其他感官受到刺激而临时决定购买的商品，例如，风味食品、糖果、饮料等。

三、商品组合

商品组合是指一个连锁经营企业店铺经营的全部商品的结构，包括各种商品线、商品项目和库存量的有机组成方式。对零售店而言，商品结构的合理性十分重要，合理的商品结构既便于顾客的有效购买，又能提高零售店内商品的周转率，进而促进销售额的提高。

（一）优化商品组合的作用

① 有利于节省卖场陈列的空间，可以提高门店的单位销售额。

② 有利于提高门店商品的周转率，降低滞销品的资金积压。

③ 有助于门店商品的推陈出新。

连锁经营企业的经营者只有在完全有效地利用了店铺的管理后，才有可能优化商品结构。曾经发生过这样的事情：管理者对店铺的单位销售额要求过高，觉得80%的陪衬商品占有面积过大，于是撤去了很多，结果是店铺的货架陈列不丰满，品种单一，整体销售下滑很多。因此，优化商品结构就像是在整理计算机的注册表，修改正确，会提高系统的运行速度；修改不正确，可能会导致计算机系统的瘫痪。优化商品结构必须是在店铺商品品种极大丰富的前提下进行筛选。

（二）优化商品组合可参考的指标

优化商品应从以下指标进行考核。

1. 商品销售排行榜

现在大部分超市都采取信息化管理，销售系统与库存系统是相互连接的。后台的电脑系统能整理出店铺每天、每周、每月的商品销售排行榜，从中可以清楚地看出每一种商品的销售情况，调查其滞销的原因，若无法改变其滞销情况，应该进行撤柜处理。但店铺在处理这种情况时要注意以下两点：一是对于新上柜的商品，不要急于下柜，因为每一种新商品都有其一定的熟悉期和成长期；二是对于某些日常生活必需品，虽然销售额很低，但也不能撤柜，因为此类商品的作用不是盈利，而是通过此类商品销售来拉动门店的主力商品的销售。

2. 商品贡献率

仅依靠商品的排行榜来挑选商品是不够的，还应看商品的贡献率。销售额高、周转率快的商品，不一定毛利高，而周转率慢的商品未必利润低。没有毛利的商品销售额再高，也是没有意义的。门店要想长期生存下去，就应当销售有利润的商品；没有利润的商品短期内可以存在，但是不应长期占据货架。商品贡献率能帮助门店找出贡献率高的商品，并增加其销售量。

3. 损耗排行榜

损耗排行榜这一指标是不容忽视的，它将直接影响到商品的贡献毛利。例如，日配商品的毛利虽高，但是由于其风险大、损耗多，有可能不盈利。曾有一家卖场的涮羊肉片的销售额在某一地区占有很大比例，但是由于涮羊肉片破损特别多，使这家卖场一直处于亏损状态。因此对于损耗大的商品，一般是少订货，同时应由供应商承担一定合理损耗。

4. 商品周转率

商品周转率也是优化商品组合的指标之一。经营者都不希望任何商品长期占压流动资金，所以周转率低的商品不能滞压太多。

5. 新进商品的更新率

门店周期性地增加商品的品种，补充商场的新鲜血液，以稳定自己的固定顾客群体。商品的更新率一般应控制在10%以下，最好在5%左右。注意需要引进的新商品应符合门店的商品定位。

6. 商品陈列

在优化商品组合的同时，也应优化商品的陈列。经营者应注重优化主力商品和高毛利商品的陈列面，适当调整无效商品的陈列面。

7. 其他

随着一些特殊节日的到来，需要对门店的商品进行补充和调整。如正月十五和冬至前后，为配合门店的销售，经营者需对汤圆和饺子这类商品品种的配比及陈列面做相应调整。

(三) 决定商品组合的因素

连锁经营企业在选择和确定卖场商品组合的实际操作时，不仅要从门店的共性出发，使之能保持相应的业态优势；同时还要从各个门店所处的环境出发，因地、因时制宜，确定最有利于销售的商品组合，使之在市场竞争中处于有利的地位。

连锁经营企业决定商品组合时，应考虑如下几方面：

1. 单店自身情况

单店自身情况主要包括单店的经营规模和实力、商品定位，这些因素都有可能影响到卖场的商品组合。

2. 商圈顾客

商圈顾客主要表现在顾客的构成、消费结构和消费习惯的变化上。随着顾客构成的变化及购买力水平的提高，消费需求也随之不断发生变化，这种变化既反映在顾客对商品数量需求的变化，同时也反映顾客消费结构和爱好习惯的变化。因此商品组合既要与当地消费需求的特点相适应，又要及时预见到消费需求的变化，有意识地引导消费者消费。

3. 同行业竞争者

同行业竞争者主要根据商圈内商业网点的分布情况及其商品构成的情况和变化，应选择最佳商品组合，以此树立门店的经营特色，避免同质化竞争。例如，沃尔玛超市，如果附近没有大型百货商店，或百货商店的商品档次较低，沃尔玛超市就可能适当增加中高档商品的比重。

4. 商品情况

商品情况是指一些商品的需求呈现明显的季节性或周期性变化，如服装鞋帽、时令性食品以及一些节假日商品。因此，商品组合也应紧随时节循环变化。

【案例分析】

商品组合的巧妙运用

中国古代有一则寓言，讲的是一个叫柳侍郎的人，家里养了好几十只猴子，后因种种原因，食品供给发生困难，就与猴子们商谈减少它们食物供给一事。柳侍郎问猴子："早上每一位发3个果子，晚上发4个果子行不行？"猴子觉得太少，就齐声抗议："不行！"面对这种情况，柳侍郎于是说："既然大家都不同意，那就每位早上给4个果子，晚上给3个果子，这样总可以了吧？"猴子一听，以为增加了果子数量，都表示同意。其实，果子的前后数量并没有什么改变，只是果子的组合方式发生了变化而已。

这种方法也可以作为零售业经营的一种谋略，那就是巧妙地改变商品原来的组合、包装方式，换一种方法将其重新组合起来，就可能为商品增添新的功能和应用范围，从而得到人们的心理认同，把滞销的东西变成畅销的东西。英国伦敦有一家专营纸张、文具、图钉、回形针、尺子等文教用品的小杂货店，由于利润低，生意很是清淡。没有办法，经营者就去向一家管理公司咨询。

管理公司认真而仔细地对购物的顾客进行观察，并在观察的基础上进行分析。他们发现，来光顾的人，不论男女老少，也不管是否带有小孩，他们在购买文具、小商品的时候，都不是仅买一样东西，而是三件以上一起买。管理公司的管理者却从中得到启示，他联想到自己读小学乃至中学时，书包里总是存放有钢笔、铅笔、尺子、橡皮、小刀、圆规等，不禁灵机一动，想出一个新颖的经营点子"文具组合"，即将上述文具与剪刀、透明胶带、1米长的卷尺、10厘米长的塑料尺、小订书机、胶水等，放进一个设计精巧、轻便易带的盒子里，盒子上印着色彩鲜艳、形象生动的图画。

这位管理者将这个点子告诉了杂货店老板，于是新的商品组合就出现了。这种对文具新奇的组合，不仅迎合了中小学生的需要，也受到了机关及工商企业界的职员和工程技术人员的欢迎，所以一上市，很快就成为热门商品。销售额直线上升，不到一年就赚回了本钱，还收到了意想不到的利润。尝到甜头后，杂货店老板再接再厉，并增加了售货种类，进一步改善文具组合，在盒子里装上电子表、温度计，使他们的功能趋于立体化。并根据孩子们的好奇心，把组合盒也弄成五花八门、千姿百态的变形金刚。这样，文具虽然基本上还是那么几种，但是内容不变外形变，组合创新使它越来越获得了顾客的青睐。

无独有偶，沃尔玛在美国的一位店面经理曾发现，每周啤酒和尿布的销量都有一次同比攀升，但他一时却搞不清是什么原因。后来，沃尔玛公司运用商业智能(Business Intelligence，BI)技术发现，购买这两种产品的顾客几乎都是25岁到35岁，家中有婴儿的男性，每次购买的时间均在周末。沃尔玛公司在对相关数据分析后得知，这些人习惯晚上边看球赛，边喝啤酒，边照顾孩子，为了图省事而使用一次性的尿布。得到这个结果后，沃尔玛公司决定把这两种商品组合陈列在一起，结果，这两种商品的销量都有了显著增加。

(资料来源：重庆工商大学应用技术学院连锁教研室.《零售策划》，2008年.第五篇章)

思考题

1. 案例中商品组合的标准是什么？其组合的方法是什么？
2. 结合案例讨论，中国零售企业在商品组合方面存在哪些问题？请举例子分析。

技能训练

实地调查一家连锁经营企业或搜集一家连锁经营企业的资料,根据商圈情况,调查该家的商品定位是否合理。

第二节　连锁经营企业商品定价策略

价格作为营销因素组合中最活跃的因素,它应对整个市场变化做出灵活的反应。当然,这种变化必须受价值规律的制约,但它主要是受市场情况、消费者行为以及国家政策、法令等因素的影响。这些因素比较简单,在这里不多述。但是价格是连锁零售企业经营获胜的法宝之一,任何一家连锁零售企业能在竞争中获胜,都有自己独特的定价策略。一般而言,所采取的定价策略都是在它的经营理念的指引下确立的。如沃尔玛经营理念中的"天天平价"正是其价格策略的指导性原则。为了保证"天天平价"经营理念的实现,沃尔玛采取十分灵活的定价策略。连锁零售企业商品定价策略主要有以下几种。

一、商品属性定价策略

商品属性定价策略就是根据顾客对商品属性和熟悉程度的不同,采取相应的定价策略。

1. 敏感商品定价法

敏感商品主要包括顾客购买频率高、对商品价格记忆深刻的商品以及厂家在媒体上大量宣传的促销商品。对于这样的商品,连锁零售企业应采取超低价位策略。例如,沃尔玛在中国卖的烤鸡、鸡蛋价格都非常低,几乎接近于中小零售企业的进价。正是敏感商品的低价格,使沃尔玛低价口碑迅速传播开来,从而提高了市场占有率。

2. 一般商品定价法

一般商品主要指顾客不太敏感、同类商品多,短期内很难做出价格比较的商品。对这类商品,一般应采用成本加适当毛利的方法,以不高于市场定价原则来进行定价。

3. 冲动商品定价法

冲动商品主要指价格弹性大、敏感度低、顾客难以比较也很难通过商品本身来判断其价格的商品。冲动商品的市场定位主要是追求新潮、时尚的青年人,他们购买这类商品大多不是事先计划好的,而是一时冲动,随机性比较大,如保健品、护肤品、礼品、休闲娱乐品等。对这类商品的定价要依不同时间、不同地理位置而有所不同。一般来说,即使这类商品价格偏高,也不会影响其低价零售店的形象。

二、量贩定价策略

量贩定价策略就是根据包装的大小将一种商品以不同价格出售,或将单个小包装和多个商品甚至是整箱整捆包装的商品放在一起以不同的价格出售。通过这种价格对比,明显显得大包装中的商品单价相对较低,从而促使顾客购买大包装商品,加大购买量。一般而言,价格适中、消费频繁、保质期较长的商品可采用较大包装。

采用量贩定价策略要注意以下两点:一是大包装商品的单价明显要比小包装单价低,否则，无法起到刺激顾客购买的作用。二是商品包装要大小适中，如果包装过小，则批量销售作用不大；如果包装过大，则购买者一时消费不了，反而会起到限制顾客购买的作用。

三、促销商品定价策略

促销商品定价策略就是指对顾客非常熟悉的一些商品采取暂时性大幅度降价措施，有时甚至不惜把价格降至成本价之下。这些商品为卖场招揽了大批顾客，一旦顾客光顾，除了购买降价品外，通常还会顺便购买一些其他商品。这样能够大大提升门店中商品总体销售额的上升，而卖场减价损失的利润早已从增加的销售额中得到了补偿。

但是需要注意的是，在实施促销定价策略时，必须精心挑选促销商品种类，一般应选择老少皆宜、家庭通用的商品，在降价幅度上应比平时或竞争价格低20%～30%。

促销定价策略主要有以下几种类型。

1. 滚动定价法

滚动定价法是促销商品定价策略中最常用的一种方法，即从众多的商品中挑出一定数量的商品作为促销商品，分为几批实行滚动促销。有竞争力的连锁零售企业每周都要推出一批特价商品，在促销期购买者可享受物价优惠，其余时间可按正常价格销售。这种策略使门店的促销商品保持较长时间的新鲜感，又可以减少促销商品的数量，降低低价促销造成的利润损失。

2. 特殊事件定价法

特殊事件定价法是指在公众性的节日或其他特殊性的日子里进行商品促销的定价策略。采用此方法需要注意两个问题：一是要选择适当的促销商品；二是要选择适当的特价时间。一般来说，应选择与节日密切相关的商品进行促销，如儿童节选择儿童用品，情人节选择情侣用品等；促销时间则应选择在节日前夕及节日期间，持续时间不宜太长，要给顾客造成一种时间有限、过期不候的紧迫感，这样有利于顾客迅速作出购买决策。

四、灵活定价策略

单纯使用一种定价策略已经不能适应市场需求的变化，这样很容易在价格上被对手占了先机，但是面对日趋激烈的市场竞争，应该灵活采取多种定价方式，才能确保获得利润，即可以根据企业的实际情况，灵活运用成本导向和需求导向、竞争导向进行定价。

（一）成本导向定价法

成本导向定价法是以产品单位成本为基本依据，再加上预期利润来确定价格的定价策略，是连锁经营企业常用的定价方法。成本导向定价法又衍生出了总成本加成定价法、目标收益定价法、边际成本定价法、盈亏平衡定价法等几种具体的定价方法。

成本导向定价法的主要优点在于：一是它比需求导向定价法更简单明了；二是在考虑生产者合理利润的前提下，当顾客需求量大时，价格显得更公道些，服务企业会维持一个适当的盈利水平。当需求旺盛时，顾客购买费用可以合理降低。

成本导向定价法简单易用，但也存在缺点：一是不考虑市场价格及需求变动的关系；二是不考虑市场的竞争问题；三是不利于企业降低产品成本。

成本导向定价法是通过一个个假想的期望销售数字计算出定价，如果销售数字没达到预期要求，则必然无法达到预期利润。

（二）需求导向定价法

需求导向定价法是指企业在定价时不再以成本为基础，而是以消费需求为基本依据，确定和调整商品价格的定价策略。需求导向定价法包括理解价值定价法、需求差异定价法、逆向定价法。

1. 理解价值定价法

理解价值定价法是指企业以消费者对商品价值的理解度为定价依据，运用各种营销策略和手段，影响消费者对商品价值的认知，形成对企业有利的价值观念，再根据商品在消费者心目中的价值来制定价格。但是这种定价方法的难点是难以获得消费者对商品价值理解的准确资料。企业若过高地估计消费者理解的价值，其制定的价格就有可能过高，那么销量就会受到影响；反之，企业低估了消费者的理解价值，定价过低，就会影响企业的收入。因此，企业要采用此法定价，必须通过广泛的市场调研，深入了解消费者的需求偏好。

2. 需求差异定价法

需求差异定价法是指商品价格的确定是以消费者需求的不同特性为依据的定价策略。这种定价法能够使企业的定价最大限度的符合市场的需求，促进商品销售，有利于企业获取最佳的经济效益。但是，需求差异定价法在零售业中运用较少，在批发企业中运用较多。

3. 逆向定价法

逆向定价法是依据消费者最终能接受的销售价格，逆向推算出中间商的批发价和制造企业的出厂价格。这种方法能够保证中间商和制造商的利润，并可根据市场的需求情况及时调整，定价比较灵活。

（三）竞争导向定价法

竞争导向定价法是指以市场上相互竞争的同类商品价格为定价基本依据，以随竞争状况的变化来确定和调整价格水平，与竞争商品价格保持一定的比例，而不过多考虑成本及市场需求因素的定价策略。竞争导向定价法主要包括随行就市、追随领导者企业定价法、收支平衡与变动成本定价法。

竞争导向竞争法的主要优点在于充分考虑了商品价格在市场上的竞争力。但也存在着缺点：过分关注价格上的竞争，容易导致恶性价格战、忽略采用其他营销组合形成产品差异化的竞争优势，最终使连锁经营企业毫无利润。

五、心理定价策略

对于门店来说，价格的高低影响商品的销路，而商品销售状况又直接影响到门店的盈亏。对于顾客来说，商品价格是判断所购买商品是否有价值的重要尺度。因此，连锁门店的经营者应把握好顾客的心理，并根据顾客的不同心理制定不同的价格，促成购买行为的产生，这称为心理定价。常用的心理定价方法有以下几种。

（一）数字定价

连锁店在商品定价时，要特别注意数字对顾客心理的影响。

1. 尾数定价

也称零头定价或非整数定价，即给产品定一个零头数结尾的非整数价格。大多数消费者在购买产品时，尤其是购买一般的日用消费品时，乐于接受尾数价格，如 0.99 元、9.98 元等。消费者会认为这种价格经过精确计算，购买不会吃亏，从而产生信任感。同时，价格虽离整数仅相差几分或几角钱，但给人一种低一位数的感觉，符合消费者求廉的心理愿望。这种策略通常适用于基本生活用品的定价。

2. 整数定价

整数定价与尾数定价正好相反，企业有意将产品价格定为整数，以显示产品具有一定质量。整数定价多用于价格较贵的耐用品或礼品，以及消费者不太了解的产品，对于价格较贵的高档产品，顾客对质量较为重视，往往把价格高低作为衡量产品质量的标准之一，容易产生"一分价钱一分货"的感觉，从而有利于销售。

3. 吉祥数字定价

吉祥数字定价被很多连锁门店广泛使用，例如，皮鞋价格为666元，衬衫价格为268元等。利用吉祥数字定价，顺应了顾客图吉利、求吉祥的心理，在针对特定顾客时会产生一定的效果。

(二) 声望定价策略

声望定价策略即针对消费者"便宜无好货，价高质必优"的心理，在消费者心目中享有一定声望，具有较高信誉的产品制定高价。不少高级名牌产品和稀缺产品，如豪华轿车、高档手表、名牌时装、名人字画、珠宝古董等，在消费者心目中享有极高的声望价值。购买这些产品的人，往往不关心产品价格，而最关心的是产品能否显示其身份和地位，价格越高，其心理满足的程度也就越大。

(三) 习惯定价策略

有些产品在长期的市场交换过程中已经形成了为消费者所适应的价格，成为习惯价格。企业对这类产品定价时要充分考虑消费者的习惯倾向，采用"习惯成自然"的定价策略。对消费者已经习惯了的价格，不宜轻易变动。降低价格会使消费者怀疑产品质量是否有问题；提高价格会使消费者产生不满情绪，导致购买的转移。在不得不需要提价时，应采取改换包装或品牌等措施，减少消费者抵触心理，并引导其逐步形成新的习惯价格。

(四) 招徕定价策略

招徕定价策略是适应消费者"求廉"的心理，将产品价格定得低于一般市价(个别价格甚至低于成本)，以吸引顾客、扩大销售的一种定价策略。采用这种策略，虽然几种低价产品不赚钱，甚至亏本，但从总的经济效益看，由于低价产品带动了其他产品的销售，企业还是有利可图的。

六、新店商品定价策略

新的门店开张，商家一般都需要举办一系列的宣传活动以引起顾客的注意，吸引顾客光临。像这样新开张的门店要通过实行特殊的价格策略来吸引顾客。对于一家新的门店开业以后能否让顾客经常光顾，以及能否通过他们的口碑将门店的声誉传播开来，吸引更多消费群体的光顾，很大程度上取决于他们首次光顾门店时形成的第一印象。而在第一印象中，最重要的一点就是所售商品的价格是否比其他商店低。为此，新开张的门店应该实施特殊的商品定价法。这种定价法包括以下两种定价策略。

(一) 低价渗透策略

低价渗透策略是指新门店以较低的产品价格打入市场，迅速引起轰动效应，极快地获得较高的市场占有率，在顾客形成购买习惯之后，再适当提高商品价格。低价渗透的最大优势在于它能将门店物美价廉这一经营特色最大限度地传达给广大顾客，并迅速地占领更大的市场份额。

（二）折价渗透策略

折价渗透策略是指在正常定价水平的基础上折让一定比例，例如，有些商品打9折。折价渗透策略指的是新店以折扣价格打入市场，以此吸引众多顾客的光顾。由于各个商品毛利加成本后的价格各不相同，按一定比例一刀切降价，有可能会造成一些畅销商品的无谓降价，而一些高价商品降价优势又不明显。折价渗透策略就能很好地解决这一问题，它常常是以竞争对手比较为前提，以主要品种低于竞争店的价格为定价标准，具有极强的针对性和渗透性。但折价渗透定价的持续时间不能过长，否则，顾客会对这种促销方式失去新鲜感，甚至可能产生受骗上当的感觉。

连锁零售企业可以通过新店的低价商品给顾客留下深刻的印象，从而吸引顾客日后继续光临这家店铺，成为忠实顾客。另外，新店的低价会对整个连锁零售企业起到宣传的作用，从而带动了所有门店的商品销售。

【案例分析】

苏宁不惧价格战：宁可“杀敌一千自损八百”

2010年12月，苏宁、国美两大家电连锁商与京东商城进行了网上交锋，价格战是最锐利的武器。苏宁易购推出了“48小时疯狂秒杀”，国美收购库巴后也投入1 000万元进行大规模促销。即便是让京东引以为傲的笔记本、手机等数码类产品，在苏宁、国美强大的价格优势前，也被“比了下去”。而在这场战役面前，苏宁副董事长孙为民显得信心满满：“一个盈利的企业我会高度关注，不盈利的没什么好谈的。”面对竞争对手京东商城不惜血本，大打价格战的进攻，孙为民并不以为然，“我担心的是对方的模式效率更高，成本更低，赚钱更多。”

能让孙为民如此自信的，是当其他电子商务网站仍陷于盈利难题、靠低价烧钱赚取营收时，苏宁易购是盈利的，其综合毛利率比线下同品类仅低2个毛利点。目前，线下实体店综合毛利率为17%左右，但由于其3C产品占90%左右，而3C产品净利较低，因此与线下实体店5%左右的净利相比仍偏低。苏宁易购2009年销售收入3亿元，而今年将突破20亿元，增长率高达400%。

“苏宁与国美一代的价格战是计成本的，新一代价格战是不计成本的，实际上是‘杀敌一千自损八百’，搏的是生存，此前的价格战还是有成本底限，重点是对现有市场份额的争夺，而新一代则是要把市场打出来，而它最不确定的就是能否打出来，要不烧钱也烧死了。”业内一位资深观察人士认为。

对于国美、苏宁等连锁巨头以窜货为由向供应商提出减少向京东供货，以“封杀京东”的消息，孙为民对此并没有正面回应。他称：“作为企业，盈利是主要目的，我只关心毛利率和净利润率，其他都是形式，归根结底是你有没有净利润率。”

不过，虽然不惧与京东的竞争，但与网上商城的低价竞争，使得苏宁和国美都同时陷入自身“左右手互搏”的窘状，网上商城没有价格优势势必无法吸引消费者，但低价又会对实体门店的销售造成一定冲击。

国美总裁王俊洲在收购库巴网时表示，网店的价格会比实体店有优势，网购平台必然会对包括国美在内的所有线下家电连锁都有影响，但线上和线下是满足不同人群的购物需求。业态间虽然有矛盾，但又是必须走的一步。而孙为民认为，未来一定是这两种渠道并存，“苏宁易购收入再高,也仅仅是苏宁3 500多家店中一家而已。”

新兴电子商务渠道与传统线下渠道的争夺也波及家电制造商,如何平衡两者之间的利益,获取利益最大化将是他们面临的难题。中国零售研究中心常务副主任李飞认为,网站从成立的第一天起就是靠低价,这种状况并没有根本改变。在互联网上卖的东西一定是低价的,所以跟传统渠道肯定形成矛盾和博弈,关键是制造商如何协调两者之间的矛盾,过去是一种渠道独大,未来是多种渠道并存。最好的办法是差异化同类产品,商城卖给商城,渠道卖给渠道,可以区隔开来。

(资料来源:第一财经日报,崔丹,2010年12月23日,财经C版)

思考题

1. 简单分析苏宁、国美价格战的目的。

2. 苏宁、国美是怎样进行价格战的?面对当前零售企业的价格战它们还有哪些较好的应对措施?

技能训练

实地调查一家连锁经营企业的定价策略,试总结其采取何种定价策略,并分析效果。

第三节　连锁经营企业商品促销策略

对连锁经营企业而言,促销策略是在既有价格策略的基础上提高销售量的重要手段。在商品同质化、价格差异微弱的今天,各连锁经营企业的商品、价格优势很容易被取代,因此,促销活动就变得十分重要。

促销是指对既有和潜在的顾客,运用各种积极方式,吸引他们并进而刺激其购买需求,以增进门店各类商品的销售。

一、影响促销策略的因素

(一) 营销环境

连锁经营企业面对的营销环境,无论宏观环境还是微观环境都会在一定程度上影响连锁经营企业的促销组合。例如,许多国家禁止通过电视媒体做香烟广告。所以在选择促销手段的过程中必须充分考虑其对营销环境的适应性。

(二) 促销目标

对于连锁经营企业来说,开展促销活动的目标不完全相同,也会产生不同的促销策略。通常促销目标有以下几种。

(1) 吸引顾客

可以用某一商品的低价吸引顾客进店,顺便购买其他正常价格的商品,从而打开商品销售大门,大大提升门店的销售量。

(2) 提升企业形象

通过促销可以塑造企业物美价廉的形象。

(3) 对抗竞争对手

促销是连锁经营企业应对竞争的重要手段,一系列新奇、实惠、有效的促销活动,会增加消费者对该连锁经营企业商品的购买欲望，从而有效地击败竞争对手。

(4) 及时清理存货

对于一些可以滞销的商品，通过促销可以加快资金的回笼。

二、促销策略

(一) 会员制促销

会员制促销是当前零售企业普遍采用的一种促销形式。一般做法为：在某一零售店组织一个顾客俱乐部，当顾客向俱乐部交纳一定数额的会费后，就成为俱乐部的成员，以后购买商品时可以享受一定的价格优惠或折扣。在美国，企业80%的营业收入都来自企业俱乐部会员，其中大部分会员都是终身客户。会员制促销模式多年来一直被西方国家广泛应用，经实践证明，会员制促销是培养客户忠诚度的有效促销手段之一。其优势有以下几点。

(1) 会员制促销最主要的优点是为企业培养众多忠实的顾客，建立起一个长期稳定的市场，提高企业的竞争力

薄利多销是会员制促销企业的一个普遍特征，而且会员一般都有时间期限，在此段时间内会员都是企业的顾客，企业的商品或服务特征会给消费者打上深深的烙印。如果企业能够让会员满意，则这种情况可能会长久持续下去。由于会员制促销能把大量顾客长期吸引在企业周围，对竞争对手来说也是一种变相打击。

(2) 会员制不但可以稳定老顾客，还可以开发新顾客

由于实施会员制的企业普遍具有比同行业更优惠的价格，因此其对新顾客的吸引力很大。此外，大部分会员卡是允许外借的，因此这也给新顾客提供了机会，大大增加了他们成为会员的可能性。

(3) 会员制促销能够促进企业与顾客双向交流

顾客成为会员后，通常能定期收到商家有关新商品的信息并了解商品信息和商家动态，有针对性地选购商品。除此之外，企业能够及时了解消费者需求的变化，以及他们对产品、服务等方面的意见，为改进企业的促销模式提供了依据。

海尔总裁张瑞敏曾经说过，“现代企业竞争的本质是客户忠诚度的竞争。”谁赢得客户忠诚度，谁就能在未来的市场竞争中获胜。会员制促销策略是一种最能诱惑顾客、留住顾客、最有传播性的促销方式。如沃尔玛的山姆会员店，在美国，每三个家庭中就有一个是山姆会员店的会员；在深圳，山姆会员店的会员“连买根葱都要到会员店。”数量众多的会员使得沃尔玛的销售额得以长久地保持高速增长。

(二) 营业推广促销

营业推广促销是连锁经营企业在短期内采取的促销手段，能刺激消费者需求，向消费者传递商品信息，使消费者迅速产生购买行为，其根本目的是聚集人气、吸引客户，提高销售额。对扩大连锁经营企业的知名度、击败竞争对手有着相当重要的作用。营业推广也叫销售促进，主要有以下几种类型。

1. 活动策划

活动策划是一种重要的促销手段。很多设计新颖的活动能够吸引顾客的眼球，激发顾客购买冲动，从而给连锁经营企业带来更大的经济效益和社会效益。连锁经营企业可策划的活动有以下几种方式。

(1) 节日类活动

节日是连锁零售企业开展促销活动推广的好机会，但活动要以节日为背景，营造节日的气氛。企业可以举办中国传统节日活动，也可以举办非传统节日活动。如在一年里可在春节、情人节、劳动节、儿童节、父亲节、中秋节、国庆节等举办各种有创意的主题活动。

(2) 演出类活动

连锁零售企业通过邀请著名歌星、影星、艺术团、乐队来演出，吸引这些明星的崇拜者和顾客前来观看和消费。例如，某连锁酒楼策划的“西域风情”表演，特意从新疆请来艺术团表演民族风情浓郁的新疆歌舞节目，另外还设计了很多顾客参与活动的环节，如掀“盖头”、“祝酒”等，活跃的气氛吸引了不少顾客，从而增加了酒楼的收益。

(3) 娱乐类活动

举办娱乐类活动，时间的选择非常重要，一般选择在周末，如猜谜、抽奖、游戏等。这种活动形式增加了顾客的参与兴趣，从而增加了客流量。

2. 有奖销售

有奖销售是富有吸引力的促销手段之一，是连锁经营企业根据自身的经营状况、产品及服务特征，通过给予奖励来刺激顾客的消费欲望，从而增加销售额。消费者一旦中大奖，奖品的价值很诱人，许多消费者都愿意尝试这种无风险的有奖购买活动。所以有奖销售的设计很重要，一般要设计一个或几个价值较大的大奖，这样才能强烈地刺激顾客，而其他奖项的价值则比较小。奖金大多不用现金，而用商品、礼物、家用品或旅游来代替。

3. 折价销售

折价销售是指直接采用降价或打折的方式来招徕顾客。这种促销方式是直接把企业应得的一部分利润直接转让给消费者。这也是一种最原始、最常见，使用频率最高、最被广泛采用的促销手段之一。折价销售的形式常用的有以下几种。

(1) 限时折扣

限时折扣是指在特定的营业时间内进行价格折扣，过期恢复原价，以达到吸引顾客的目的。例如，可以选“十一”期间、店庆期间、“五一”期间或一天中的某个时段，进行折价销售。进行限时折扣时，要将折扣商品以宣传单、广播的形式告知顾客。

(2) 折扣券

折扣券是给顾客一个凭证，顾客在指定时间内购买某种商品时可以凭此券享受一定的折扣优惠。一般来说，折扣券的发放渠道有以下几种形式。

① 直接发送。即通过登门拜访、街头拦送方式将折扣券送到消费者手中；

② 通过报纸、杂志等媒体发送。即通过在报纸、杂志上刊登广告的形式，让更多消费者知道企业的促销活动，凭广告剪角到企业购物可享受折扣优惠；

③ 直接邮寄发送。即连锁经营企业选取部分顾客敏感商品，以超低的价格出售，并将印刷精美的商品手册派送给潜在的顾客，以吸引顾客前来购买，同时带动其他商品的销售。

(3) 批量优惠

批量优惠即消费者整箱、整包或较大批量购买商品时，给予价格上的优惠。这种促销方式用在周转频率较高的食品和日常用品上，可以增加消费者一次性购买商品的数量。

(4) 设置特价区

设置特价区即在卖场内设置一个区域或一个陈列柜组为特价区，销售特价商品。特价商品多是应季大量销售的商品，或者是有过多存货，快到保质期的商品。

(5) 购物返券活动

购物返券活动是指在卖场购买满一定数额后，凭购物小票到指定地点领取相应数额的购物券。例如，买500返200，买200返50等。

4. 赠品促销

赠品促销方式一般用于市场知名度不高、用户较少的商品，为了打开销路，免费赠送是常用的方法。“先尝后买，方知好歹”，这是一句古老的生意经和广告语。这种先尝后买是意在传名，因此后人称之为“活广告”。这种“活广告”至今仍被广泛运用，并从食品类延伸到日用品等。赠品促销的花费并不大，而且只要事先进行精心周密的调查研究，做到有的放矢。赠品促销适用于以下几种场合。

① 吸引顾客从其他企业到本连锁经营企业消费。

② 在本连锁经营企业一次消费达到一定标准数量时。

③ 在销售淡季为了维持市场份额。

④ 促使顾客试用新产品，扩大新产品的影响。

⑤ 连锁经营企业庆典时，为扩大影响。

赠品促销是一种有效的促销方式，有以下三种具体形式。

(1) 免费样品赠送

免费样品赠送是一种将商品直接送到顾客手中的一种推广方式。当连锁经营企业推出一种新产品或新服务时，要迅速推向市场，吸引顾客的注意，可以采用这种方法。例如，连锁超市通过买新产品赠送小袋味精、鸡精、化妆品等。

(2) 免费礼品赠送

免费礼品赠送是指以免费赠送商品作为购买一定产品的刺激。连锁经营企业可以设计一些带有企业形象标志的小礼品，比如钥匙链、卡通玩具等，在新店开业或消费者购买一定量的商品时免费赠送或低价出售，这样相当于做了一次广告。例如，麦当劳在儿童食品上使用赠品来打动儿童，常常为促销套餐送出全套小狗史努比玩具中的一种，成千上万的小顾客仅仅因为想凑齐麦当劳的全套史努比玩具而疯狂抢购。

(3) 随货附送

随货附送的方式对于建立某类型商品或某品牌商品的知名度效果显著。例如，买西装送领带，买电视送DVD等。

5. 服务促销

连锁零售企业的服务推广是企业以某种方式向顾客提供服务，以获取顾客的好感，进而促进销售的活动。

(1) 服务促销具有以下特点。

① 无形性：看不见、尝不到、摸不着、听不出。

② 易消失性：不能储存以供以后使用。

③ 不可分性：服务不能与服务提供者分离。

④ 可变性：服务质量取决于服务人员、时间地点和方式。

(2) 连锁经营企业通常采用的服务方式有以下四种。

① 售前服务。售前服务是指在商品销售出去以前为顾客提供各种服务，例如，介绍商品知识、解答顾客疑难等，有市场铺垫、宣传商品、搜集情报的作用。

② 订购服务。连锁经营企业店铺设置订购服务部，安置计算机及各种通信设备，顾客如通过网络、电话、传真、信函等多种方式订购商品，可以大大节约时间。

③ 送货服务。在顾客购买产品后，组织车辆和人员为顾客送货上门，安装调试和进行一定的培训。

④ 维修服务。为了方便顾客维修，连锁门店和生产商合作在消费者集中的地方，设立维修中心，或上门提供维修服务。例如，联想专卖店提供一年免费上门维修，五年保质服务。

⑤ 销售服务。销售人员或服务人员的态度、行为是传递给顾客的最直接的信息。因而经营成功的连锁经营企业都要求员工有一流的服务水准，如“海底捞”强调热情、周到、友爱、细致的优质服务。

6. 现场制作促销

现场制作促销是指经过专门训练的营业员或厨师在店堂进行现场制作现场表演。如今，许多连锁店将一定区域租赁给其他商户经营，这些商户的加工就在店内进行，实行的就是现场制作，如店内面包加工、豆制品加工等。这种促销方式对营造店内气氛，激发顾客的购买欲望十分有效。

7. 展销促销

展销促销是连锁经营企业邀请多家同类商品厂家在店铺内共同举办商品展销会，形成一定声势和规模，让消费者有更多的选择机会。同时，也可以组织与自己品牌关联的商品展销，这种活动通过各商家的竞争，可促进商品的销售。

（三）公共关系促销

公共关系促销是连锁经营企业利用各种传播手段，同公众（包括顾客、中间商、社区民众、政府机构等）沟通思想感情，获得人们的信赖，树立企业或产品形象。连锁经营企业的公共关系促销活动，对树立良好的企业形象、促进销售、提高企业竞争力具有重要的意义。公共关系促销主要有以下几种形式。

1. 策划新闻

策划新闻，又叫媒介事件和制造新闻，是企业的公共人员利用记者对于新闻的不断需求而有计划、主动地制造出能够吸引记者报道的有新闻价值的事件，目的是引起新闻界和社会公众的注意，使企业的名字经常可以在新闻媒介中出现，从而达到提高知名度、树立企业良好形象的目的。具体来说，策划新闻的途径有以下几种。

(1) 抓住社会公众的热点来策划新闻

随着环境的不同，公众在不同的时期，关注的“热点”问题也不相同。同时，要洞察新闻媒体的运作规律，知道记者对新闻的兴趣点，要根据公众和记者关注的热点问题来策划新闻。

(2) 借节日庆典来策划新闻

(3) 借名人效应来策划新闻

(4) 借新闻机构来策划新闻

2. 公益活动

公益活动是组织出人、出物或出钱赞助和支持某项社会公益事业的公共关系实务活动，这是用来扩大影响，提高美誉度的重要手段。具体来说常见的公益活动有以下几种类型。

(1) 赞助体育活动

体育活动拥有广泛的观众，同时也是新闻媒体报道的对象，这种方法是连锁经营企业公益活动的重要选择。通常是赞助某一项体育运动、赞助某一次体育比赛设施的购置等多种方式。

(2) 赞助文化活动

文化生活是社会生活的重要内容之一。企业进行文化生活方面的赞助，不仅可以促进文化事业的发展，丰富公众的生活内容，而且可以培养与公众的良好感情，大大提高企业的知名度。例如，赞助大型联欢晚会、文艺晚会、电影拍摄等。

(3) 赞助教育事业

教育是立国之本，发展教育事业是国家的基本战略。企业赞助教育事业，有利于教育事业的发展，有利于企业的人才招聘与培训，有利于树立企业关心社会教育的良好形象。常见的方式有以下几种。

① 赞助学校的基础建设，如图书馆或者为贫困地区建校办学。

② 赞助学校专项经费，如专项科研基金和设立奖学金等。

③ 赞助教学用品，如设备、器材等。

(4) 赞助社会福利和慈善事业

赞助社会福利和慈善事业，是指企业通过出资社区市政建设，为各种需要社会赞助的人提供物质帮助和开展义务服务活动等措施。对社会承担义务和责任，不仅有利于企业搞好与社区、政府和公众的关系，也有利于扩大企业的影响。

3. 庆典活动

庆典活动是指利用重要节日和重要事件，举行的庆祝或典礼活动，是企业借助喜庆和热烈的气氛，对外扩大影响，对内增强凝聚力的重要手段。庆典活动形式多种多样，如节日庆祝、开业典礼、签字仪式等。

(四) 广告促销

广告促销是现代企业常用的促销手段之一，是通过支付一定的广告费用，购买各种媒体（报刊、电视、广播、广告牌等）的空间和时间，向消费者、厂商和各类社会机构提供各种商品和服务信息，传播企业形象、扩大知名度，从而提高销售额的一种方法。广告能够引发顾客的注意，激发顾客的兴趣，产生购买行为。

连锁经营企业要通过广告传达的信息，需要借助媒体传递给目标公众。能否选择合适的媒体发布广告，直接关系到广告的效果和成本。所以企业在做媒体决策时要慎重，要根据各个分店处于不同的地理位置、不同的商圈情况酌定。为了使广告有着最大到达率和暴露率，要有一个切实可行的媒体投放计划，使广告预算在报纸、杂志、电视、广播、户外等媒介上合理分配和组合，从而使各种广告宣传媒体能够相互补充，相辅相成，发挥出最大的广告促销效果。那么，在选择媒体类型时，首先要考虑各种媒体的优势和劣势及其时效性和费用成本，结合自身的情况，根据各类媒体的特点，做出最优的选择。下面列出一些常用媒体的特征。

(1) 报纸

报纸普及率高，灵活性强，设计更改较容易，成本较低，与其他媒体相比，其费用并不高。特别是一些地方区域性报纸，往往是当地居民主要的信息来源，说服较强，广告的费用较低。

(2) 杂志

杂志选择性强，版面集中，印刷精美，形象突出，时效长，成本较低，但是缺乏灵活性，反映不及时，传播速度慢。

(3) 电视

电视具有巨大的宣传效力，直观性强，能使观众产生浓厚兴趣，富有感染力，传播速度快，但费用较高。

(4) 广播电台

广播电台不受地点限制，传播范围广，灵活性强，广播内容更改容易，可以根据地区性顾客的实际情况作宣传，但其缺乏生动和形象性，收听的概率相对较低。

(5) 广告牌

广告牌反复诉求，效果好、选择性强、保留期长、注目率高、灵活多样，但其传播区域小，覆盖面窄，广告受众流动性大。

(6) 夹报

夹报可以有效传递到订报客户手中，被阅读的概率大，目的性明确。可根据目标商圈作夹报。

(7) DM

DM(Driect Mail)是指直接将广告以信函方式寄到消费者手中的做法。DM有明确的目标客户，但是消费者可能不会拆阅，或者拆阅后马上丢掉。

【案例分析】

母亲节亲情促销活动

1. 大润发超市台湾商品促销

即日起至5月21日，大润发超市将持续举行台湾商品展活动。原产自台湾地区的多种产品都将会在本次商品展中展出，包括牛头牌沙茶酱、工研东洋口味/印度口味咖喱、义美小泡芙、张君雅小妹妹巧克力甜甜圈、虾味鲜酥条、77蜜兰诺松塔、蓝莓威化饼等。期间会员凭卡购买进口食品促销品(奶粉、烟酒、水果除外)，单张收银小票满58元，即可参加幸运大抽奖，有机会获得1 000元的台湾旅游基金。

2. 沃尔玛超市多款纸品促销

沃尔玛超市纸品专区现在正推出多款产品低价优惠。软抽纸中，维达柔滑软抽纸(100抽×4包)、心相印优选软抽纸(200抽×3包)均以8.8元出售。洁柔旗下的抽取式纸巾(150抽×3包)每提售价12.8元；蝴蝶卷纸(118克×10卷)16.8元，清风超质感卷纸(314克×10卷)19.8元。

3. 壹加壹超市有10元均一价

壹加壹超市现正举行“母爱感恩季，10元均一价”优惠活动，5月8—21日，多款洗沐产品、清洁用品、卫生纸、实用家品、专柜服饰等全部设置10元均一价产品。同时，防晒乳液、洗面奶、隔离霜等多款夏日清洁防晒修护产品、遮阳帽、太阳眼镜也有特价。5月11—12日，壹加壹超市还有“母亲节贺卡派对”现场活动。

4. 百佳超市买满额有礼送

即日起至5月16日，百佳超市推出“浓情佳品献母亲”节日促销，多种知名个人护理品牌商品特推出折扣大优惠。其中，玉兰油多效修护防晒买一送二装售98元；旁氏清透净白洁面乳100克+洁面乳40克促销装以14.5元的低价出售。此外，妮维雅产品购满108元减20元、薇婷脱毛系列商品购满68元减8元。

5. 华润万家超市指定商品5折

5月12日母亲节当天，华润万家超市将特别推出母亲节指定商品5折限时抢购活动。与此同时，“妈妈很惠买”的主题优惠促销活动将一直持续到5月15日。在“妈妈很惠买”活动中，10千克装的福佑岭南人家丝苗软黏米以59.9元的惊喜价出售。500克装的红枣坊新疆和田红枣低至29.9元/包。

6. 58元一小时自拍体验

中山逢源商业街快乐精灵自拍照相馆推出1小时自拍体验活动，原价148元，现在仅需58元，可私密畅拍1小时＋底片刻录光盘全送＋2张精美荷包照，包括提供全套专业影棚设备、单反无线遥控器、多套进口纯色背景，在这里可以大胆展现你的个性创意，不限人数、不限张数，人越多越好玩。

(资料来源：http://www.chaoshi168.com/hydt/shownew/26890.html)

思考题

1. 连锁经营企业可以采取哪些促销策略？

2. 请分析案例中的促销方式，并评价其促销效果。

技能训练

以小组为单位，调查当地一家连锁经营企业门店的促销活动，并总结其促销活动的类型和特点。

第四节　自有品牌商品的开发策略

连锁零售企业的发展规律是从一般品牌开始的，但在具备实力、形成规模效应后，建立和发展自有品牌，充分发挥品牌效应就成为连锁零售店和大型零售企业的发展趋势。不少大型连锁零售企业都经历了“先以一般品牌为主，逐步发展为自有品牌为主”的转变过程，目前，有的大型连锁零售企业的自有品牌已占到其总商品的20%～25%。如华润万家超市的“润之家”、“简约组合”，沃尔玛的“惠宜”、麦德龙的“厨之选”这些超市自有品牌早已渗入我们的衣食住行。

一、自有品牌的概念

自有品牌，也称中间品牌，是连锁零售企业自己设计并利用其品牌效应来扩大销售的商品；自有品牌具有风格独特、价格低廉、统一设计、统一货源、统一价格以及可以形成系列产品的优势，尤其满足特定顾客的需要。

自有品牌商品目前有两部分：一是自产，二是定牌。自产商品主要是指投入小、销量大、周期短的产品。定牌商品发展迅速、潜力大。生产定牌产品的企业可不负责销售、广告，只管以销定产。自有品牌无论淡旺季，都可充分满足市场供应。而且可以利用无形的附加值与形象创造品牌商品，比起同类产品，更能激发购物者的忠诚度，并会使连锁零售企业的规模化发展呈现出纵向化发展优势，为公司带来更多利润。

二、开发自有品牌的优势

连锁零售企业发展自有品牌，具有以下优势。

(一) 信誉优势

能够开发自有品牌的连锁零售企业往往具有雄厚实力、良好的声誉和企业形象。企业在长期的实践中，以一种或几种经营特色形成了自己良好的信誉，树立了一定的品牌形象，使连锁零售企业创立的自有品牌从一开始就具备了名牌的许多特征，极易被顾客解释和认可。如今，商品供给日益丰富，而消费者又较少拥有特定的商品的专业知识，认牌购买往往成为消费者的惯常购买行为，特别是在假冒伪劣产品泛滥的时候，良好的企业形象和品牌信誉几乎成了消费者的"避难所"。广大消费者总是喜欢到"放心店"、"信得过"商店购物即是明证。

(二) 价格优势

开发自有品牌商品的最大优势是质优价廉。欧美连锁零售企业中自有品牌商品的价格一般比同类商品价格低30%左右。开发自有品牌的商品之所以具有价格优势，主要有以下原因。

第一，大型连锁零售企业自己组织生产自有品牌的商品，使商品进货省去许多中间环节，节约了交易费用和流通成本。

第二，使用自有品牌的商品不必支付广告费，零售商已有的良好信誉就是自有品牌商品最好的广告。

第三，自有品牌商品仅在开发商品的连锁零售企业中销售，可省去为打通流通渠道所需的费用。

第四，大型连锁零售企业拥有众多的连锁店，可以大批量销售，取得规模效益，降低商品的销售成本。

(三) 特色优势

使用制造商品牌的商品，通常各连锁零售企业都可以经营，这使得各零售连锁企业在所经营的商品的品牌上的差异日趋缩小。从而造成连锁零售企业经营上雷同有加而特色不足，加剧了连锁零售企业进入了激烈的价格战。而实施自有品牌营销战略，大型连锁零售企业首先要对其品牌进行准确的市场定位，连锁零售企业首先要对其品牌进行准确市场定位，企业要根据自身实力状况、竞争者的市场定位、目标市场的需求特点来确定自有品牌商品在市场中的地位。连锁零售企业的自有品牌与制造商品牌的最显著区别在于连锁零售企业的自有品牌只能运用于开发商品的企业内部，其他连锁零售企业不能使用，因此，使用自有品牌也就把本企业的经营特色体现出来，以特色经营赢得顾客。

(四) 领先优势

市场营销的核心是把握、满足消费者需求。连锁零售企业直接面对广大消费者，能比较准确地把握市场需求特点及其变动趋势，从而能根据消费需求特点来设计、开发、生产、组织商品，这样就使自有品牌的商品比制造商品牌的商品更能快捷地体现市场需求，领先一步，在市场竞争中处于先发制人的有利地位，掌握竞争的主动权。

三、开发自有品牌的条件

(一) 时机取舍

大型连锁零售企业开发自有品牌商品时，首先考虑是否具备相应的条件。

1. 消费者对自有品牌有一定的认可度

有了广泛的消费市场，自有品牌商品才有赖以生存的土壤，这是欧美大型连锁零售企业取得自有品牌开发成功的重要条件。目前，中国的消费者层次差别性很大，有的地区的消费还仅仅停留在数量层面上，而一些发达地区的消费者虽然关注品牌，但对零售商品品牌还存有疑虑，常常通过专业品牌来判断商品的优劣。因此，国内零售商进行品牌开发时，首要关注的应该是顾客的认可度。

2. 连锁零售企业须具备一定的经营规模

由于自有品牌一般只能在零售商自己的终端销售，而且开发一个自有品牌耗费的资金很大。这就要求连锁零售企业必须具有庞大的销售网络和雄厚的资金实力，以实现大规模生产和大规模销售。所以自有品牌主要适用于大型商业企业，尤其是大型零售业。国外大型商业企业的自有品牌之所以成功，关键就在于他们具有庞大的销售网络。尽管近几年中国大型连锁零售企业发展迅速，但真正能够实现规模经营，取得规模效益的并不多，如果再具体到某一种产品上，这种规模效益要求就更高了，这一点已成为制约自有品牌在中国发展的重要因素。所以国内零售商在开发自有品牌前还要考虑：是否已经具备了控制制造商的条件和实力；是否具有良好的信誉和形象来吸引顾客，使顾客保持对其开发品牌的忠诚度。

（二）产品选择

连锁零售企业在具备了开发自有品牌的条件后，切忌盲目地把所有的产品都贴上自己的牌子销售。以下商品适合做自有品牌。

1. 品牌意识弱的商品

对于某些商品而言，消费者的品牌意识非常强，已趋于购买指定商品，因此连锁零售企业开发自有品牌的难度就很大，即使开发出来也很难得到消费者的认可。在品类的选择和品牌塑造上要慎之又慎，推出的产品既要符合自身特色，又要尊重消费者对品牌的情感诉求。而另一些商品，消费者的品牌意识较弱，如洗衣粉、洗衣皂、卷纸等日常用品或食品等，商场可以采用一些促销手段来影响消费者的购买行为，因而这些商品可以作为自有品牌商品考虑。

2. 销售量大和购买频率高的商品

只有销售量大的商品，企业才可以实行大量订货，从而降低开发的成本，保证自有品牌实现低价格。购买频率高的商品使得商店和消费者接触频繁，商品的品牌忠诚度较低，顾客很可能在其他因素的影响下改变购买品牌，这有利于连锁零售企业开发新顾客，使他们购买新品牌的商品。

3. 单价较低和技术含量低的商品

单价较低的商品消费者可在第一次购买后通过使用决定是否再次购买，其风险性较小，特别是对一些价格敏感度较高的日用品，在同等质量的条件下，消费者更易于接受价格较低的自有品牌商品。而单价较高的商品，消费者的购买决策是比较谨慎的，不可能在购买后如感觉不好还要再买一个。另外，技术含量高的商品不宜作为自有品牌开发对象，主要是因为此类商品的品牌忠诚度较高，不易改变消费者的购买态度，再者这类商品往往需要强大的售后服务来支撑，而这恰恰是零售企业的弱势。

4. 保鲜、保质要求程度高的商品

如食品、蔬菜、水产品等对保质要求高的商品，连锁零售企业以良好的信誉来保证，并利用短渠道的优势及时地把货真价实的商品提供给消费者。

（三）商标采用

自有品牌的商品可以采用单一品牌策略或多品牌策略。零售商经营的所有商品都只采用自有品牌，不使用制造商品牌等其他品牌策略。如英国玛莎百货——圣米高，对不同种类的商品和不同价格档次的商品采用不同的商标。

（四）优质低价

自有品牌商品要以“质”字优先，严控商品质量，千万不能马虎，不能因为“价低”就等于“质次”，而是要做到“质优价廉”。质量是自有品牌的最重要保障，质量不仅关系到自有品牌的未来发展，更会影响到零售商的整体销量和品牌形象。连锁零售企业应该保证自有品牌商品的毛利空间、保证完善的质量抽查体系和严格执行产品质量标准、保证自有品牌商品的库存数量、保证自有品牌商品与同类商品在价格中的竞争地位、保证自有品牌商品的商品周转率，从而确保自有品牌商品效益最大化，使自有品牌真正成为连锁零售企业的有力竞争武器。例如，沃尔玛提出的“质优价更优”自有品牌。

四、连锁经营企业开发自有品牌战略

1. 联合开发策略

联合开发策略就是连锁经营企业与实力强劲的大生产商联合开发自有品牌商品，共同分担开发费用、共担风险、共享利润。

2. 战略联盟策略

战略联盟策略是指连锁经营企业与实力较弱的中小生产商结成联盟，根据市场需求，提出产品的生产标准，委托中小生产商加工生产，待验收合格后在产品上冠以连锁经营企业自有品牌进行销售的一种策略。

3. 自主开发策略

自主开发策略是商业企业进入生产领域的一种品牌开发模式。

在超市竞争日趋白热化的经营环境中，要想达到既能降低进货销售成本，又能为消费者提供满意的商品，开发和经营自有品牌的商品是一条有效的途径。

五、自有品牌开发的途径

1. 委托加工（定牌）

委托加工（定牌）是指商业零售企业根据市场需求动态，对商品的质量、规模、类型、原材料、包装等方面自行设计，然后委托生产企业按照设计要求制造，在销售时使用自有品牌。

2. 自产自销（定产）

自产自销（定产）是指连锁零售企业自行投资设厂或通过并购、参股、控股等形式，进入生产领域，利用自身的信息优势，开发生产某些商品，并使用自有品牌进行销售。

连锁零售企业自有品牌开发的最终目标就是创立自己的品牌，丰富企业的商品构成，从而形成零售市场的差异化优势，同时借助商品进一步强化企业形象。但是，创立品牌却是一个非常艰辛的过程，并不是简单的命名、设计包装、定点生产、摆上货架就可以大功告成，必须遵循品牌的成长规律并进行合理规划；否则，开发的商品只能称之为自有标签或自有商标商品，零售商并不能真正享受品牌带来的利益。自有品牌的开发重点应在品牌的开发，而非商品开发。只有品牌，才具有独特性和唯一性，才能与竞争对手形成差异，而这才是零售商开发自有品牌的出发点和归宿。

【案例分析】

自有品牌的开发

屈臣氏是大型的个人护理专业店、全球第三大保健及美容产品零售集团，在亚洲和欧洲拥有3 300多间零售店。2011年，屈臣氏在个人护理产品的销售市场中占据了21%的市场份额，屈臣氏的自有品牌产品更是由于可靠的品质和良好的性价比在消费者中“家喻户晓”。有数字表明，在屈臣氏所售产品中，15%为屈臣氏自有品牌。自有品牌品种数量由最初的200多个产品类别，迅速增长到目前的1 500多个，每周200多个新产品中，有10%～20%是自有品牌。而在屈臣氏的年销售额中，自有品牌占30%。

1. 屈臣氏的自有品牌为何如此成功?

屈臣氏的自有品牌之所以“家喻户晓”，是与屈臣氏的自有品牌战略分不开的，主要表现在正确的品牌定位，新颖的产品满足了消费者的偏好，价格合适、有力的宣传和连锁经营、良好的分销渠道等多个方面。

2. 自有品牌的正确定位

零售商自有品牌在与制造商品牌进行竞争时，品牌的正确定位非常重要。屈臣氏在比较中西方女性的购物习惯后，最终将主要目标市场锁定在18～40岁的女性，特别是18～35岁的时尚女性。因为这个年龄段的女性消费者喜欢用最好的产品，寻求新奇体验，追求个性和时尚，愿意在朋友面前展示自我，同时，思维活跃、热爱生活，愿意进行各种新的尝试。这个年龄段的目标顾客的特点与屈臣氏自有品牌的健康、美态、快乐(health，good，fun)三大理念，协助热爱生活、注重品质的人们塑造自己内在美与外在美统一的品牌定位是非常符合的。因此屈臣氏的自有品牌在一开始就与目标顾客一拍即合，建立了很好的默契关系。

3. 产品新颖，满足消费者偏好

开发自有品牌有了正确的市场定位还仅仅是一个开始，零售商还得开发出受消费者喜欢的产品。屈臣氏直接与消费者打交道，能及时、准确地了解消费者对商品的各种需求信息，通过分析销售数据能很好地了解消费者的需求偏好。

4. 价格合适，宣传有力

自有品牌有了好的品质外，还得有好的宣传和合适的价格。屈臣氏选了1 200多种产品进行让利，其中自有品牌产品占减价商品的15%，这些自有品牌产品的价格甚至比同类产品在其他超市的售价低20%～30%左右。由于零售商自有品牌一般仅在该零售商的内部进行销售，其室内宣传顾客集中度高、广告针对性强、经济效益高，宣传效果比制造商品牌要好得多，特别是在人员推销、营业推广方面，零售商自有品牌更是“近水楼台先得月”，屈臣氏的自有品牌在推入市场之前先要由员工试用，再让员工向消费者宣传，这样员工就成了最好的代言人，能够进行高效、有效的行销和口碑传播。

从屈臣氏的安全来看，中国连锁零售企业应如何进行自有品牌开发呢?

1. 建立自有品牌，实行差异化竞争

随着零售业竞争的加剧，从企业经营本身看，趋同性强、缺乏特色，而且通常制造商品牌的商品各零售企业都可以经营，这必然造成商家经营内容的相似，势必使各商家矛盾激化，使得中国的零售业陷入了困境，难以满足消费者差异化的需求。零售业之间的竞争方式已不能局限在仅靠出售制造商产品而打价格战了，零售业需要建立自己的品牌来进行差异化竞争。纵然，差异化竞争需要从多方面做出努力，但实施自有品牌营销战略不失为一条有效的途径。

2. 定位准确，适应顾客

零售商所销售的制造商品牌大同小异，其他因素如店内氛围等很容易被对手模仿，只有依靠品牌这个核心竞争力来进行差异化竞争。要想进行品牌差异化竞争，品牌定位必须准确，品牌的形象是什么，与目标顾客是否相一致，与其他竞争对手的定位差异在哪里？零售商除了选择合适的制造商品牌来进行差异化外，自有品牌的定位更为重要，自有品牌从某种角度来说更能代表零售的形象。例如，屈臣氏经营的是个人护理品，选择的目标顾客是18～35岁的时尚女性，自有品牌的开发与其品牌定位和目标顾客非常相符，这样就实现了差异化竞争。

3. 设计好产品，定好价位

零售业的商品品种齐全，丰富多样，但并不是每种商品都适合做自有品牌的开发，自有品牌应选好品种。零售商应利用直面消费者的优势，积极研究对策和方案，在及时捕捉、收集、分析消费者需求的基础上，提出最可能满足消费者不同需求的新产品设计方案或要求，开发设计自有品牌产品。一般而言，自有品牌应开发购买频率高、顾客只注意其品质而对其品牌不是很敏感。自有品牌的进入壁垒相对而言要低一些，只要凭借其良好的品质就可与制造商品牌竞争。

4. 现场推销，大力宣传

零售商的商品琳琅满目，又有相当多的制造商品牌在业内培育起了一定的名气，自有品牌如何脱颖而出？这就得靠大力的宣传和介绍。因为自有品牌属于零售商的专用品牌，只在特定的店内销售，所以相比制造商，自有品牌的最大优势在于他的室内现场宣传。一方面，零售商可以给自有品牌较好的货架陈列，使其处于显要的位置，来突现自有品牌，例如，屈臣氏的店内有30%的空间留给自有品牌，可将其摆放在屈臣氏自有品牌区域比较显眼的位置；另一方面，室内可以进行有效的人员促销，对销售人员进行特殊培训，使其掌握最详尽的产品信息和有效的促销技巧。除此之外，如单张广告、闭路电视、广播、折扣、优惠券等促销方式也可用来大力推广自有品牌，适当的时候还可以进行试用品的店内派发和使用活动。试用品的及时派发，可以使消费者即时感受自有品牌的品质，室内宣传还有明显的广告受众优势，因为店内的顾客一般相对集中，宣传效果更好。

5. 优化渠道，全面推广

零售商自有品牌的开发刚开始还不能像有名的制造商品牌那样，因为他们已经建立起了一定的品牌忠诚度，销售靠的是消费者拉动；而自有品牌是靠店内大量的宣传，所以更多的是推动式销售。那么，零售商的销售渠道就显得特别重要。零售商可利用品牌优势，开展连锁经营，首先，连锁经营通过大量集中采购生产即可降低成本，营造价格竞争优势，又可实行统一配送，相应时间短；其次，连锁经营广泛的区域范围为自有品牌奠定了市场基础，连锁经营从外延上拓展了零售企业的市场阵地，使自有品牌较易进入广阔的市场领域，全面铺开，使其消费者受众更广。最后，连锁零售企业在原经营领域内培养的信誉及带给消费者一致的服务和形象还可以降低消费者对自有品牌的认知成本，提高消费者的亲和度。

（资料来源：http://www.chinairn.com/doc/40120/119589.html）

思考题

1. 屈臣氏是如何进行自有品牌开发的？

2. 简要分析自有品牌开发的意义。

技能训练

调查你所熟悉的一家大型连锁超市的自有品牌开发情况。内容包括自有品牌的种类、价格、包装等，指出该连锁超市自有品牌开发的优缺点，并给出解决的建议。

【本章复习题】

1. 连锁经营企业如何优化商品组合？
2. 连锁经营企业商品定价策略有哪些？
3. 连锁经营企业商品促销策略有哪些？
4. 连锁经营企业自有品牌开发的条件有哪些？

第七章

连锁经营企业商品采购管理

【本章介绍】

对于企业而言，利润就是血液，是生命之源，是企业得以生存和发展的根本所在。科学合理的采购不仅可以提高产成品的质量，更为降低企业的经营成本发挥了不可替代的作用，给企业带来了巨大的效益和利润。对于现代连锁经营企业，其采购管理技术和水平作为企业核心竞争力的体现也变得日益举足轻重。本章将就商品采购流程、如何选择供应商、怎样采购谈判等进行系统学习。

【学习目标】

知识目标：掌握连锁经营企业采购的定义、特点、原则以及类型；把握采购注意事项；了解供应商的分类；选择和评价供应商；绩效管理评价指标。

技能目标：能为企业选择适合的采购流程；能为连锁经营企业选择合适的供应商并能准确评价供应商；能科学制定采购绩效评价指标体系。

【学习内容】

1. 连锁经营企业商品采购概述。
2. 掌握商品采购流程管理。
3. 恰当选择供应商。
4. 科学进行采购绩效管理。

【案例引导】

采购之透视——沃尔玛帝国的秘密

在2002年2月1日之前，沃尔玛并没有自己从海外直接采购商品，所有海外商品都由代理商代为采购。沃尔玛要求当时加盟的沃尔玛全球副总裁兼全球采购办公室总裁崔仁辅利用半年时间做好准备，在2月1日这一天接过支撑2 000亿美元营业额的全球采购业务。

结果，崔仁辅不但在短时间里在全世界成立20多个负责采购的分公司，如期完成了全世界同步作业的任务，而且使全球采购业务在一年之后增长了20%，超过了整个沃尔玛营业额12%的增长率。那么沃尔玛全球采购业务的秘密何在？

1. 全球采购的组织

在沃尔玛，全球采购是指某个国家的沃尔玛店铺通过全球采购网络从其他国家的供应商进口商品，而从该国供应商进货则由该国沃尔玛公司的采购部门负责采购。例如，沃尔玛在中国的店铺从中国供应商进货，是沃尔玛中国公司的采购部门工作，这是本地采购；沃尔玛在其他国家的店铺从中国供应商采购货品，就要通过崔仁辅领导的全球采购网络进行，这才是全球采购。这样的全球采购要求在组织形式上做出与之相适应的安排。

企业活动的全球布局，当今比较成熟的组织形式有两种：一是按地理布局，二是按业务类别布局。区域事业部制有助于公司充分利用该区域的经济、文化、法制、市场等外部环境的机会，不利之处在于各业务在同一区域要实现深耕细作需要付出很大的成本。而业务事业部的利弊则刚好相反。

首先，崔仁辅的全球采购网络由大中华及北亚区、东南亚及印度次大陆区、美洲区、欧洲中东及非洲区等4个区域所组成。其次，在每个区域内按照不同国家设立国别分公司，其下再设立卫星分公司。国别分公司是具体采购操作的中坚单位，拥有工厂认证、质量检验、商品采集、运输以及人事、行政管理等关系采购业务的全面功能。卫星分公司则根据商品采集量的多少来决定拥有其中哪一项或几项功能。

2. 全球采购的流程

在沃尔玛的全球采购流程中，其全球采购网络就像是一个独立的公司，在沃尔玛的全球店铺买家和全球供应商之间架起买卖之间的桥梁。

“我们的全球采购办公室并不买任何东西。”崔仁辅解释说，全球采购网络相当于一个“内部服务公司”，为沃尔玛在各个零售市场上的店铺买家服务——只要买家提出对商品的需求，全球采购网络就尽可能在全球范围搜索到最好的供应商和最适当的商品。全球采购网络为店铺买家服务还体现在主动向买家推荐新商品。沃尔玛全球采购的流程分为重复采购和新产品采购两种。所谓新产品，就是买家没有进口过的产品。对于这类产品，沃尔玛没有现成的供应商，就需要全球采购网络的业务人员通过参加展会、介绍等途径找到新的供应商和产品。由于沃尔玛的知名度很高，许多厂商也会毛遂自荐，把它们的新产品提供给全球采购网络。然后，全球采购网络就会把这些信息提供给买家。

3. 供应商伙伴关系

在全球采购中，全球采购网络不仅要服务好国外的买家，还要在供应商的选择和建立伙伴关系上投入。“不管是哪个国家的厂商，我们挑选供应商的标准都是一样的。”崔仁辅介绍说，第一个标准是物美价廉，产品价格要有竞争力，质量要好，要能够准时交货。

第二个标准是供应商要遵纪守法。“沃尔玛非常重视社会责任，所以希望供应商能够像我们一样守法，我们要确定他们是否按照法律的要求向工人提供加班费、福利等应有的保障。”

还有一点就是供应商要达到一定规模。“我们有一个原则，就是我们的采购不要超过任何一个供应商50%的生意。”崔仁辅解释说，虽然从同一个供应商采购的量越大，关于价格的谈判能力就越强，但是供应商对采购商过分信赖也不完全是好事。如果供应商能够持续管理和经营，那还可以；如果供应商在管理和经营上出现波动，那就不仅仅是采购商货源短缺的问题。一旦采购商终止向该供应商采购，该供应商就会面临倒闭的危险，由此也会产生较大的社会问题。“这是我们不愿意看到的。”

（资料来源：http://info.10000link.com/newsdetail.aspx）

思考题

1. 沃尔玛全球采购的秘密是什么？

2. 沃尔玛的采购管理对我国连锁经营企业有什么启示？

第一节　连锁经营企业商品采购概述

商品采购是连锁经营企业经营的源头。对于实行统一的标准化经营管理体制的连锁经营企业来讲，采购就显得更为重要了。商品采购的好坏将直接影响到企业的经济效益和长远发展。

一、连锁经营企业采购的定义

通常认为，采购是作为经济主体的企业或个人为满足其生产、销售、消费等目的从市场上获取商品（包括产品和服务）的行为。商品采购可以从广义和狭义两个方面来理解。广义的商品采购是指企业根据其生产经营目的制订采购计划、审核采购计划、实施采购计划、最终完成采购计划的全过程，可以是通过货币支付方式换取所需物品或服务，也可以是通过租赁、交换或者借贷等方式来实现。其中，以货币支付方式换取物品，是最为常见的采购方式，也称为狭义的采购。本书中所讲的连锁经营企业采购主要是指狭义的采购活动。

关于连锁经营企业采购的定义，可以从以下两个方面来理解。

（1）采购是一个动态的经济活动

在这个活动中，连锁经营企业一方面能够从市场上获得维持其正常生产经营活动所需的各种资源，保证整个连锁经营企业的物资供应，为企业创造效益；另一方面，也是企业费用支出的过程，即企业为获取资源所需付出的各种成本，也就是通常所说的采购成本。

（2）采购是商流过程和物流过程的统一

采购活动的最终结果，就是将所需商品从供应者手中转移到连锁经营企业的过程，即实现了物质实体的流动。与此同时，商品的所有权也通过商品交易、等价交换等形式转移到了连锁经营企业的手中。

二、连锁经营企业采购的特点和原则

（一）连锁经营企业采购的特点

1. 信息化

目前，大多数连锁经营企业在总部与分部、连锁经营企业自身与供应商之间实现了信息共享，通过信息系统及时进行供需沟通和业务处理。

2. 供应商管理库存

供应商管理库存是一种库存管理策略，更是连锁经营企业采购的一大特色。无论是对连锁经营企业，还是对与企业有着长远合作关系的供应商来讲，供应商管理库存无疑都是最经济实用的采购模式。在这种采购方式下，企业与供应商往往事先约定存货水平，供应商通过信息共享平台关注企业库存数据和销售数量的变化。一旦这些数据低于双方预先约定的数据时，供应商将及时为企业提供补货。

(二) 连锁经营企业采购的原则

连锁经营企业采购原则与其他企业并无差别，其基本原则也是5R原则，即，正确的时间、正确的地点、正确的价格、正确的数量、正确的质量。

1. 正确的时间(Right Time)

正确的时间，即适时。它是目前企业中较为流行的采购理论，其产生的理论依据是JIT(Just In Time)生产方式和零库存理论。其目的是尽最大可能减少企业资金的占用，减少和杜绝停工待料现象的出现。

2. 正确的地点(Right Place)

正确的地点，即适地。企业在采购时应考虑到群集效应的影响，运输便利、物流成本等因素对生产经营成本的影响。

3. 正确的价格(Right Price)

正确的价格，即适价。采购是需要成本的，适价原则的目标就是用最合理的价格采购到企业最需要的商品，确保企业产成品的质量。

4. 正确的数量(Right Quantity)

正确的数量，即适量。究竟是一次性购买，还是分批次购买？每次采购的数量应该是多少才是更合适的？这些都需要采购人员精心测算，制订周密而完整的采购计划来最终确定。

5. 正确的质量(Right Quality)

正确的质量，即适质。质量是企业的生命，产品质量的好坏往往与采购者的工作能力密不可分。作为一名优秀的采购人员，关注的不应仅仅是采购价格，更应将更多的重点放在所采购商品的质量上。需知，所采购商品的质量将直接影响企业自身的生产和销售。

三、连锁经营企业商品采购的类型

(一) 按照商品采购是否通过招标的方式来分

1. 招标采购

招标采购是一种常见的企业采购方法，是指连锁经营企业作为采购的招标方，事先确定采购条件和要求，并邀请其他企业参加投标，然后由招标方按照规定从投标者中选择交易对象进行采购行为的过程。

招标采购又可分为公开招标采购和邀请招标采购。公开招标采购的投标方可以是任何一家供应商，而邀请招标采购的投标方往往是招标企业所选定的若干供应商。

一般来说，招标采购的流程可分为：发标、开标、决标和签订合约。在整个招标采购的过程中，理想的标书是最重要的。一份理想的标书应该遵循具体、标准、合理的原则。

在招标采购中应注意的是：

(1) 所购物品名称应采用标准名称，品名书写不得有误；

(2) 数量的表达方式要恰当准确，如吨、毛重、净重等；

(3) 包装应与产品要求相匹配；

(4) 物品的品质规格描述恰当合理；

(5) 交货日期必须具体明确；

(6) 价格必须确定，特别是在国际贸易中，应注意确定货币种类。

2. 非招标采购

非招标采购是指以公开招标和邀请招标以外的方式取得连锁经营企业所需资源的采购方式。非招标采购又可分为询价采购、议价采购、定点采购和直接采购。

(1) 询价采购

询价采购,也称报价采购,是应用较为广泛的一种采购方式。

所谓询价采购,是指企业在采购时先确定拟购置商品,再寻找相对理想的货源(供应商),向其询价后寄出企业订购函;同时要求对方提供报价单或正式报价,然后在这些报价基础上进行比较确定中标供应商的一种采购方式。

通常询价采购主要可为分两大类:确定报价与条件报价。此外,还有更新报价、联合报价等。

确定报价是指在特定期限内有效的报价,即在报价的有效期限内,一旦供应商所提出的价格被企业所接受,交易行为即成立。反之,交易行为不存在。目前,确定报价是国际贸易中最普遍的一种报价。

条件报价是指供应商在报价时还附有其他条件,这种报价方式下的条件内容往往并不相同。

(2) 议价采购

议价采购是基于特定采购物品、原料等,与个别供应商进行洽谈,面对面地讨价还价的一种采购方法。议价采购的优点在于:

① 相对于其他采购方式,更容易获得适宜的价格;

② 有利于政策性或互惠条件的运用。

缺点是:

① 由于议价采购往往是不公开的,这就给采购人员带来了中饱私囊的机会;

② 一旦双方签订的秘密协议违反市场自由竞争的原则,就容易形成市场的垄断;

③ 在独家议价的情况下,容易出现供应商哄抬价格的现象。

(3) 定点采购

定点采购通常是与连锁经营企业有长期合作关系的供应商。连锁经营企业在长期的采购活动中根据采购经验与供应商所供资源的质量确定定点供应商,期限基本是一年。

(4) 直接采购

直接采购是指在特定的采购环境下,不进行竞争而直接签订合同的采购方式。

(二) 按照连锁经营企业商品采购的组织形式来分

1. 集中采购

集中采购是指连锁经营企业设立专门的采购机构和专职采购人员统一负责企业所有商品的采购活动,其他部门、分店及人员均无采购职权。集中采购的优缺点如表 7-1 所示。

表 7-1 集中采购的优缺点

优 点	缺 点
提高谈判中的议价能力	容易产生迟延,难以及时满足客户需求
采购专业化程度更高	采购耗时
便于统一的采购管理统筹规划	

2. 分散采购

分散采购,也称分权采购,是指连锁经营企业各门店自行进行商品采购。这种采购形式常见于连锁经营企业形成初期,其优缺点列于表 7-2。

表 7-2　分散采购的优缺点

优　点	缺　点
精简总店机构和人员	采购价格不具备优势
分店有较大自主权	各店形象不一，且容易形成内部竞争
更适应消费者需求	总店不易控制

3. 混合制采购

混合制采购汲取了集中采购和分散采购的优点而形成。采用混合制采购的连锁经营企业通常将共性商品或者采购金额巨大、不易采购的商品集中于总部进行采购，其他商品由分店自行采购。

【案例分析】

宜家“经济的采购”策略

除中国大陆宜家的价格表现略为偏高外，在全球其他市场，宜家一直以优质低价的形象出现，这得益于宜家经济的采购策略。

宜家在为产品选择供货商时，从整体上考虑总体成本最低。即计算产品运抵各中央仓库的成本作为基准，再根据每个销售区域的潜在销售量来选择供货商，同时参考质量、生产能力等其他因素。由于宜家绝大部分的销售额来自欧洲和美国，所以一般只参考产品运抵欧洲和美国中央仓库的成本。

宜家在全球拥有近 2 000 家供货商（其中包括宜家自有的工厂），供应商将各种材料由世界各地运抵宜家全球的中央仓库，然后从中央仓库运往各个商场进行销售。这种全球大批量集体采购方式可以取得较低的价格，挤压竞争者的生存空间。

同宜家的大批量订购相比，拷贝者无法以相同的低价获得原材料，产品定位要低于宜家的价格，只有偷工减料或者是降低生产费用。然而降低生产费用的空间不会太大，因为宜家供货厂家由于定单的数量大，其单位生产费用、管理费用已经相当低了，且宜家在价格上所加的销售费用、管理费用也不会太高。如果没有足够的利润空间，拷贝就没有了原动力，偷工减料的产品也无法长期同宜家竞争。

宜家的亚太地区的中央仓库设在马来西亚，所有前往中国商场的产品必须先运往马来西亚。这种采购方式使宜家总体的成本降低。但是对于中国来说，成本较高。特别是对于家具这类体积较大的商品来说，运费在整个成本中会占到 30%，直接影响到其最终定价。

随着亚洲市场特别是中国市场所占的比重不断扩大，宜家正在把越来越多的产品或者是产品的部分量放在亚洲地区生产，这将大大降低运费对成本的影响。目前，宜家正在实施零售选择计划，即由中国商场选择几个品种，然后由中国的供货商进行生产，然后直接运往商店的计划。例如，尼克折叠椅原先由泰国生产，运往马来西亚后再转运中国。采购价相当于人民币 34 元一把；但运抵中国后成本已达到 66 元一把；再加上商场的运营成本，最后定价为 99 元一把。年销售额仅为每年 1 万多把。实施这项计划后，中国的采购价为人民币 30 元一把，运抵商店的成本降至 34 元一把，商场的零售价定为 59 元一把，比以前低了 40 元，年销售量猛增至 12 万把。

（资料来源：www.56888.net/news/2013326/7800107429.html）

思考题

1. 宜家的采购方式属于哪一种？它给宜家带来了什么好处？

2. 宜家的经济采购给我们哪些启示？

技能训练

1. 选择一家连锁经营企业，分析其采购类型。

2. 举例说明连锁经营企业的采购原则。

第二节　商品采购流程管理

采购管理的目的是为了满足企业生产经营的需要，一般情况下，有采购就会有采购管理。这里特别提醒大家注意的是采购与采购管理并不是一回事。采购属于企业业务的一个部分，是为企业正常生产经营提供资源的，采购员承担具体采购任务。而采购管理则属于企业管理的一个重要子系统，它既包括了对采购人员的管理，也包括对采购物品、采购资金、采购活动等的管理，通常由企业的中高层管理人员负责。

总之，采购管理是指企业通过计划、组织、领导和控制等职能对整个采购业务中所涉及的人、事、物的管理。由于采购活动的不同，采购管理的复杂程度也不同。通常连锁经营企业商品采购流程如图 7-1 所示。

图 7-1　连锁经营企业商品采购的流程

在企业实际运营中为了获得规模优势，连锁经营企业往往是统一集中采购的。具体采购模式主要有两种：营采合一和营采分离。

一、营采合一模式

在许多公司，商品的采购由各个部门（或柜组）独立完成，由该部门的主管审核后直接向供应商采购，供应商直接把货送到柜组，由柜组验收上货。流程如图 7-2 所示。

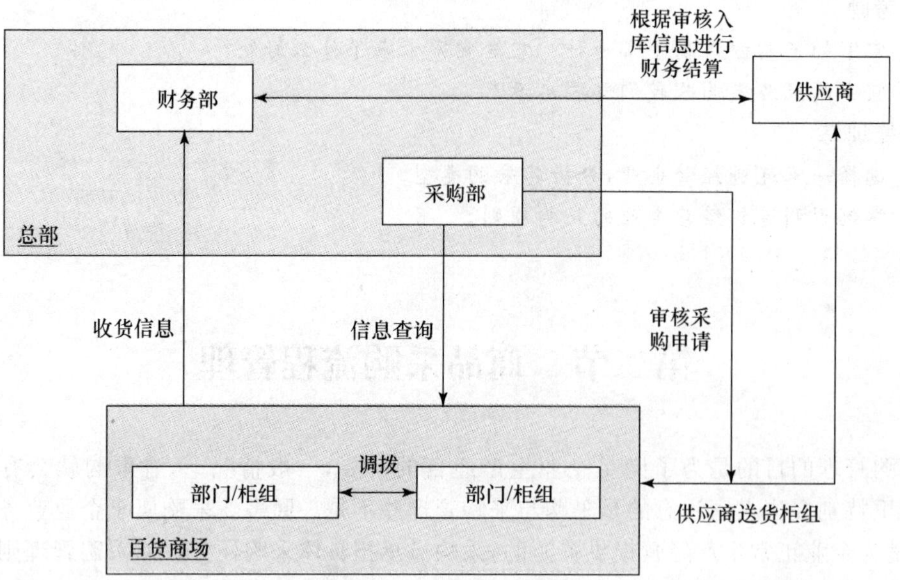

图 7-2　营采合一模式

采购业务系统处理流程详细描述如下。

① 各部门/柜组根据本身进销存的实际需要(根据系统中目前的库存量、上月销售量、在途库存(已经订购,在运送途中的)、销售预测和其他因素),制订各自的采购计划,系统自动计算本次需要采购的建议数量,采购人员根据需要,可以修改有关的数据。

② 采购员确认采购数量和有关价格后,系统将保存并自动提交有关的主管审批。

③ 主管得到审批信息后,根据情况,同意或不同意该采购订单。

④ 采购员将审核过的采购订单打印(或通过系统自动传真),并传真给供应商。

⑤ 供应商确认订单后、将订单确认信息传真回总公司,回各部门柜组订单确认信息上将有修改过的商品种类、价格、数量,同时有送货的时间。

⑥ 采购员得到订单确认信息后,将调整原来的采购订单,同时将送货时间等信息输入到该订单中,确认该采购订单。

⑦ 确认后的采购商品将作为在途商品处理,直到仓库验收入库转为真正的库存,或订单取消后被删除。

⑧ 供应商将货物送到门店后,根据送货单上的采购订单号,验货员调出采购订单,并生成验收入库单,核对有关货物,验收入库(验收入库时,采用手持盘点机,扫描商品的国际条码方式点货),同时上货到柜组。

⑨ 公司的有关部门主管和财务部可以随时查询到有关的到货情况。

二、营采分离模式

在时机成熟时,连锁经营企业往往会采用更规范管理和合理的流程,即营采分离,部门/柜组只管销售和库存,采购部统一采购的模式,各部门/柜组根据本身的库存和销售的实际情况,向公司采购部提出要货申请,采购(采购计划),由公司采购部集中采购的模式,采购业务流程及系统处理流程如图 7-3 所示。

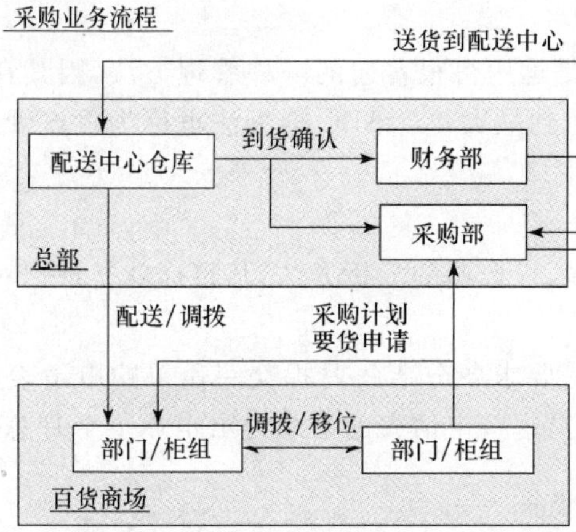

图 7-3　营采分离模式

采购业务系统处理流程详细描述如下。

① 各部门/柜组根据本身的需要，制订各自的采购计划(要货申请)，公司采购部汇总各部门/柜组的采购计划(系统自动统计)，同时根据系统中目前的库存量、上月销售量、在途库存(已经订购，在运送途中的)、销售预测和其他因素，系统自动计算本次需要采购的建议数量，采购员根据需要，可以修改有关的数据。

② 采购员确认采购数量和有关价格后，系统将保存并自动提交有关的主管审批。

③ 主管得到审批信息后，根据情况，同意或不同意该采购订单。

④ 采购员将审核过的采购订单打印(自动传真)，并传真给供应商。

⑤ 供应商确认订单后、将订单确认信息传真回总公司，订单确认信息上将有修改过的商品种类、价格、数量，同时有送货的时间。

⑥ 采购员得到订单确认信息后，将调整原来的采购订单，同时将送货时间等信息输入到该订单中，确认该采购订单，同时产生应付账款。

⑦ 确认后的采购商品将作为在途商品处理，直到仓库验收入库转为真正的库存，或订单取消后被删除。

⑧ 配送中心(仓库)可以查到所有的确认过的采购订单，同时根据到货的时间和货品的种类准备存放的库位，为货物入库准备。

⑨ 供应商将货物送到仓库后，根据送货单上的采购订单号，验货员调出采购订单，并生成验收入库单，核对有关货物，验收入库(验收入库时，采用手持盘点机，扫描商品的国际条码方式点货)。

⑩ 验货员点货完成后，将货送到预定的库位，同时确认该入库单。

⑪ 公司的各部门/柜组、采购部和财务部可以随时查询到有关的到货情况。

三、采购管理过程中需要注意的事项

(一) 制订采购计划前须对需求进行调查

采购需求调查是制订采购计划的第一步，是科学采购的前提和基础。连锁经营企业可以根据企业进销情况和库存控制系统等来确定采购物品和数量。

影响采购需求的因素主要有：消费者收入、消费者偏好、消费者预期、企业经营预期等。

通常连锁经营企业运用 ABC 分析法和统计分析法进行采购需求的分析。

1. ABC分析法

ABC分析法是管理学中最重要也是运用得很普遍的一种管理方法，因其在管理时是有选择地进行重点管理使资源管理效益达到最大化。ABC分析法也称为重点管理法，在采购管理中常用来选择重点管理的物资品种。

2. 统计分析法

统计分析法是采购需求中用得最多、最普遍的分析方法，其目标就是根据对原始资料的数据统计分析找出客户的需求规律。

现在的连锁经营企业采购一般都是要求各分店每月提交一份采购申请表，列出本店下个月的采购品种数量等，采购部门通过对这些申请表的汇总得出企业下个月总采购任务，再据此制订下个月的采购计划。

（二）采购计划的两个关键点

1. 确定科学的商品采购项目和数量

通过对有关市场信息进行分析研究，采购部门往往会得出本次需要采购的商品项目有哪些，并且确定采购的数量应该为多少。这不仅需要采购人员对销售行情有清楚的了解，更需要采购人员对政府政策、商品价格预期等都有很好的把握。

2. 选择最恰当的进货时间

进货时间直接影响生产。进货时间过早，容易导致材料物品积压，占用企业资金；进货时间过晚，则容易出现缺货断货的现象，对于生产型的连锁经营企业来讲，还会出现停工待料的问题。

（三）采购过程中的三个关键点

1. 选择恰当的供应商

在选择新的外部供应商时需从货源的可靠程度、商品质量和价格、交货时间、交易条件等多个方面综合考虑。相比较而言，选择新的外部供应商要比选择已有供应商更加慎重。为便于企业采购管理和货源供应，绝大多数的连锁经营企业都有建立自己的供货商资料档案，需要注意的是档案资料更新要及时，以方便采购对比。

2. 制定严谨的采购合同

采购合同一旦形成，就意味着双方各自应承担相应的权利义务，具有法律保障。因此，合同的严谨是必要的。一份严谨的采购合同应该包括的主要内容有：商品品名、规格品质、数量、包装、检验验收、价格（通常包括单价和总价）、装卸、运输、保险等。

3. 有效避免商业贿赂

目前，连锁经营企业在采购过程中面临的最大困扰就是商业贿赂。企业采购机构或者采购人员因为拥有一定的决策权，可以给供应商带来巨大的市场利润空间，致使部分供应商通过经济或其他方式对连锁经营企业采购机构或采购人员进行商业贿赂，以获得采购合同。如何解决这个问题呢？目前，较常用的就是集中采购的方式。但不得不说的是，即使采用了集中采购的方式，如果没有建立起一套行之有效的机制，也是很难解决这个问题的。

【案例分析】

采购管理方法之“整合采购方式，规范采购流程”

宣化钢铁在其加入河北钢铁集团后，为适应全集团精细化管理的要求，明确了降本增效的三个经营指标：第一，就是吨钢降采率；第二，要提高竞争性谈判采购的比例；第三，要树立公平、公正、公开的阳光采购理念，进行采购流程的精细化管理与创新。

“一直以来，集团对采购合规性的管理就比较重视。针对竞争性谈判的采购组织不同，采购金额不同，前后细分了14种左右的采购方式，比如‘招投标采购、比价采购、公司商谈采购、处内商谈采购、续招标采购、续比价、续公司商谈、续处内商谈、公司零库存、处内零库存、公司包线、处内包线、厂家直购、价格小组定价’等。但也正是因为这么多采购方式，造成了采购方式的流程管理难。”宣钢采储公司领导坦言。

2012年，在进行“阳光采购管理体系”建设的时候，宣钢提出的重点要解决的三大采购管理盲点之一，就有“采购方式，谈判定价流程”的管理。

“在对宣钢现行采购方式的调研中，我们发现宣钢十几种采购方式，在不同的采购单位之间是缺乏明确定义和统一执行标准的，比如每种采购方式的具体名称、采购流程、审核点，在不同的执行人之间，实际认识是不统一的，在具体操作过程中，大多是靠口头传达来执行。采购方式的定义不清晰，采购员执行不清，必然会造成采购方式流程管理难。”一采通的采购管理顾问介绍。

由宣钢和一采通共同组成的阳光采购管理系统项目实施团队，经过反复研究，并分别以文字化、图形化、管理结构化等方式进行交流与讨论，最终明确了按三个维度进行采购方式的整合和采购流程规范：

维度一，采购组织者维度。分别为公司组织、处内组织、采购人员。

维度二，采购方式维度。将原来的十几种采购方式整合为5种，分别是招标、比价、厂家直购、续标(跟标)、独家谈判。

维度三，结算方式维度。分为3种，分别是零库存、包线、价格委员会定价。其中，价格委员会是由财务部门牵头，审计部门会头，工会、福利厂、采购部共同成立的价格委员会。

针对每种采购方式，分别规范了电子采购作业流程、审批流程。比如，采购组织为公司，采购方式为电子招投标，那么在宣钢阳光采购平台 http://ygcg.xuangang.com.cn(即宣钢电子采购平台)中进行电子招投标的采购流程如下：

一、由采购员根据采购申请在宣钢电子采购平台中拟定采购项目；

二、由计划员核对标的价；

三、在选择供应商环节，可实现分别由采购科长、采储公司主管、企管处进行供应商的确认与审批；(注意：这里所选择的供应商，均为在宣钢电子采购平台中已经提前成功注册并且审批通过的供应商。)

四、由企管处开通供应商的投标权限；

五、供应商登陆宣钢电子采购平台，查看标书，并做标前澄清，然后进行投标报价；

六、于此同时，宣钢企管处选择评标委员和打分规则；

七、企管处组织开评标会议，在宣钢电子采购平台上进行进行统一的网上开标；

八、评委查看标书，采购员与供应商进行标后澄清；

九、评标委员进行评标，并由宣钢经营管理科拟制开评标报告；

十、由采购员进行授标，并分别经采储公司主管、企管处进行审批；

十一、最后由采购员结束本招投标项目，企管处通过宣钢电子采购平台发布中标公告；

十二、供应商在宣钢阳光采购平台上查看中标公告即可。

宣钢阳光采购平台从2012年7月16日正式上线运营以来，不到半年，即完成电子招投标项目110单，管控采购金额3900多万。目前，宣钢采储公司的机械科、材料科、电气科、油脂化工科都已经开始应用宣钢阳光采购平台实现电子采购流程管理。

（资料来源：http://info.10000link.com/newsdetail/aspx）

思考题

1. 宣化钢铁为什么制定统一规范的采购流程？
2. 这个案例给你带来哪些启示？

技能训练

请选择一家连锁集团企业，了解其采购流程，指出其中的关键点。

第三节 供应商管理

供应商是企业资源中最重要的组成部分，是供应链的关键环节。良好的供应商及良好的合作关系是连锁经营企业经营成长的基础，而连锁经营企业由于其庞大的体系对供应商的需求量也就更大。连锁经营企业往往拥有几十家乃至几百家的供应商，且由于不断适应市场竞争的需要，供应商的变化也比较频繁，这就需要对供应商进行统一的管理。

采购过程往往是牵一发而动全身的行为，采购谈判也就成为整个采购环节中非常重要的一环。如何对采购谈判进行恰当而又科学的管理就成为连锁经营企业在采购管理过程中的必修内容了。

一、供应商的分类

按照连锁经营企业供应商的供货渠道的不同，供应商大致可以分为：企业自有供货商、原有外部供应商、新的外部供应商。

（一）企业自有供应商

企业自有供应商是指连锁经营企业自己附设加工厂或者加工车间。这类供应商往往是连锁经营企业为满足市场需要，自己组织附属加工厂或者按样生产，所生产的产品自产自销，既保障了进货渠道的畅通性，又有利于形成企业自身的特色，尤其是对经营服装、纺织品类的连锁经营企业。这已经成为此类企业吸引客流、扩大市场份额的有力武器。

（二）原有外部供应商

原有外部供应商是那些与连锁经营企业有多年业务关系的稳定的商品供应商。这些供应商一旦与企业形成稳定的业务关系，往往会由最初的合作型伙伴关系转变为战略型伙伴关系，成为连锁经营企业稳定的、可持续的供应者。企业在采购时通常会优先考虑原有外部供应商，一方面是因为有以往良好的合作基础作保障，另一方面企业可以与供应商形成双赢的局面。

（三）新的外部供应商

新的外部供应商，通常是在连锁经营企业业务不断扩大，市场竞争激烈的时候出现的。这个时候，连锁经营企业为了巩固或者进一步加强自己的市场地位，往往需要引进新的产品或者新的供应商。

对于采购管理来讲，选择新的外部供应商是进行商品采购管理的重要业务决策。通常在选择新的外部供应商时需要重点分析供应商的货源可靠程度、货物的质量和价格、交货时间和交易条件等因素。

二、选择供应商

选择供应商是采购流程中最重要的一环，它涉及高质量物料和服务的确定与评价。对供应商的选择可以分为两个阶段：初选供应商阶段和确定供应商阶段。

（一）初选供应商

1. 确定供应商范围

确定供应商范围是指从社会供应群体中划定参与本物料项目供应的供应商。一般来说，每一个成熟的连锁经营企业都有自己的供应商群体，如果不能满足项目要求，则到社会行业供应商群体中去寻找。但对一个新的连锁经营企业来说，供应群体的确定较为困难，较为妥善解决的办法是招聘有丰富行业采购经验的认证人员。

2. 调查供应商状况

连锁经营企业可以要求社会供应者提供必要的材料，并对资料进行分析，同时还可以通过向相关供应群体发放调查问卷和实地考察等方式来充分了解供应者的状况。而任何想成为企业供应商的社会供应者也都应提供介绍资料，以便加强连锁经营企业的认知，从而使自己成为选中的意向供应商。而这种介绍资料包括采购企业从相关供应群体处回收的调查问卷。供应商问卷调查表如表 7-3 所示。

如果有可能，采购部门还应实地考察供应商。一方面，是防止供应链增加不必要的中间环节；另一方面，也是为了更好地了解供应商的实力，以便为企业采购做出最真实、最准确的判断，进行科学的采购决策。

表 7-3　供应商问卷调查表

供应商名称：　　　　　　　　　　　　　　　　　　　　年　　月　　日

项目	调查项目内容	了解程度状况
材料零件确认	1. 您对开发部门样品确认流程是否了解？	A 了解，B 不了解，C 请求当面沟通了解
	2. 您对本公司采购部门认定的材料交货依据的规格及样品是否了解？	A 了解，B 不了解，C 请求当面沟通了解
	3. 您对采购部门认可的样品是否有保留，以作后续品质管理之用？	A 有保留，B 未保留，C 请求当面沟通了解
品质验收管制	您对本公司品管部质量检验标准与方法是否了解？	A 了解，B 不了解，C 请求当面沟通了解
采购合同	贵公司目前产量足以就会本公司的需求吗？	A 可以，B 不可以，C 需设法弥补
请款流程	您对本公司的付款条件、手续是否了解？	A 了解，B 不了解，C 请求当面沟通了解
售后服务	您对品质有何疑问，会主动找哪一部门或主管？	A 品管，B 开发，C 采购，D 总经理
建议事项	您对本公司的建议：	

注：本表由供应商填写

3. 与供应商进行谈判

与供应商进行正面接触是必不可少的环节，经验丰富的认证人员通过此环节基本上可以弄清供应商群体的实力。

4. 发放认证说明书

经过以上三个环节，基本上确定了参与本次采购项目觅标的供应群体，然后向它们发放认证说明书，包括图纸、技术规范、检验指导书等。

5. 供应商提供改善报告

供应商接到认证说明书及相关资料后，根据自己的情况拟制《供应报告》。主要内容有供应价格、品质报告、可供数量、售后服务情况等。

6. 供应商参与竞标

一般重要的物料供应，要求进行竞标，中标者才可入选。

7. 选定3个以上初选供应商

通过以上过程，认证人员整理资料，集体决定初选供应商的名额。通常，企业初选的供应商名额是3个，再通过对3个准供应商进一步分析确认最终供应商。

（二）确定供应商

1. 查看采购环境

形成公司物料项目的采购环境后，对小规模的采购，采购环境可能记录在认证报告文档上；对于大规模的采购，采购环境则使用信息系统来管理。订单人员在完成订单准备之后，要查询采购环境信息系统，以寻找适应本次物料的供应商群体。一般来说，一项物料应有3个以上的供应商，特殊情况下也会出现一个供应商，即独家供应商。

2. 分析供应商供应情况

如果向一个容量已经饱和的供应商下单，那么订单会难以被正常执行，最后导致订单操作失败。经验丰富的订单人员，首先应计算采购环境中供应商的容量，哪些是饱和的，哪些有空余的容量。如果全部饱和，应立即通知相关认证人员，商讨紧急对策。

3. 供应商确认

从主观上对供应商的了解需要得到供应商的确认，供应商组织结构的调整、设备的变化、厂房的扩建等都影响供应商的订单容量。有时需要进行实地考察，尤其是对谎报订单容量的供应商。经过以上活动，订单人员权衡利弊（既要考虑原定的订单分配比例，又要考虑现实容量情况）后可初步确定意向供应商，目的是确定本次订单计划由哪一家供应商供应，这是订单操作实质性进展的一步。

4. 发放订单说明书

既然是意向，就应该向供应商发放相关技术资料。一般来说，采购环境中的供应商应具备通过认证的物料生产工艺文件，如果是这样，订单说明书就不包括额外的技术资料。供应商在接到技术资料并分析后，即向订单人员作出“接单”还是“不接单”的答复。

5. 确定物品供应商

通过以上过程，订单人员决定本次订单计划所投向的供应商，必要时可上报主管审批，供应商可以是一家，也可以是若干家。

三、评价供应商

对供应商进行评价的内容涉及许多方面，不同企业对此有各自的具体要求和期望。对于大型企业尤其是跨国集团来讲，供应商选择的成功与否关系企业整个系统的正常运作，因此他们对供应商进行评价时有更多、更严格的标准和更广泛的内容。而中小企业对供应商的要求则相对较为宽松。另外，就评价内容而言，有些方面是可以量化的，有些则只能由企业在长期的动作中观察来得到。许多企业根据自身规模和运作，根据实际情况形成了对供应商进行考评的指标体系。

通常，连锁经营企业对供应商的评价选择程序可以归纳为以下 7 个步骤。在实际评价时，企业必须确定各个步骤的开始时间。每一个步骤对企业来说都是动态的(企业可自行决定先后和开始时间)，是一次改善业务的过程。

(1) 分析市场竞争环境

要想建立基于信任、合作、开放性交流的供应链长期合作关系，必须首先分析市场竞争环境。这样做的目的在于找到针对哪些产品市场开发供应链合作关系才有效，企业必须知道现在的产品需求是什么、产品的类型和特征是什么，以此来确认客户的需求，确认是否建立供应链合作关系的必要。如果已建立供应链合作关系，则根据需求的变化确认是否有改变供应链合作关系的必要。

(2) 建立供应商选择目标

企业必须确定供应商评价程序如何实施，而且必须建立实质性的、实际的目标。供应商评价、选择不仅仅是一个简单的过程，它本身也是企业自身的一次业务流程重构过程。如果实施得好，就可以带来一系列的利益。

(3) 建立供应商评价标准

供应商评价体系是企业对供应商进行综合评价的依据和标准，是反映企业本身和环境所构成的复杂系统的不同属性的指标，是按隶属关系、层次结构有序组成的集合。不同行业、企业，不同产品需求和环境下的供应商评价应是不一样的，但不外乎都涉及以下几个可能影响供应链合作关系的方面：供应商的业绩、设备管理、人力资源开发、质量控制、成本控制、技术开发、客户满意度和交货协议。

(4) 建立评价小组

企业必须建立一个专门的小组来控制和实施供应商评价，这个小组的组员以来自采购、质量、生产、工程等与供应链合作关系密切的部门为主。这些组员必须有团队合作精神，而且还应具有一定的专业技能。另外，这个评价小组必须同时得到采购方企业和供应商企业最高领导层的支持。

(5) 供应商参与

一旦企业决定实施供应商评价，评价小组就必须与初步选定的供应商取得联系，来确认他们是否愿意与企业建立供应链合作关系，是否有获得更高业绩水平的愿望。因此，企业应尽可能早地让供应商参与到评价的设计过程中来。然而，企业的力量和资源毕竟是有限的，只能与少数关键的供应商保持紧密地合作，所以参与的供应商应该尽量少。

(6) 评价供应商

评价供应商的主要工作是调查、收集有关供应商生产运作等全方位的信息。在收集供应商信息的基础上，就可以利用一定的工具和技术方法如表 7-4 所示进行供应商的评价。

如果选择成功，则可开始实施供应链合作关系；如果没有合适的供应商可选，则返回步骤(2)重新开始评价选择。

表 7-4　供应商绩效考核分数表

采购货品：

评比项目	满　分	评估分			
		供应商 A	供应商 B	供应商 C	供应商 D
价格	15				
品质	60				
交期交量	10				
配合度	10				
其他	5				
总分	100				

(7) 实施供应链合作关系

在实施供应链合作关系的过程中，市场需求将不断变化。企业可根据实际情况的需要及时建立供应商评价标准，或重新开始供应商评价选择。在重新选择供应商的时候，应给予供应商足够的时间适应变化。

【案例分析】

高效采购创造物流奇迹

武汉中商集团股份有限公司(以下简称中商集团)是大型商业上市公司，早在 1998 年年初，中商集团就组建了中商集团供配货中心，对中商集团下属的 8 大卖场实行进销分离，集中采购、统一进货、统一核定售价、统一对供应商结算。供配货中心在运营一年后，以 500 万元流动资金实现了 3.9 亿元商品的购进，创造了 1∶78 的资本高速运做的奇迹，成为全国商业三大物流中心之一。

中商集团物流系统之所以能取得如此业绩，是与其商品采购制度和采购策略息息相关的。采购部门组织架构，供配货中心下设 5 个专业采购部，即穿着类采购部、生鲜食品采购部、一般食品采购部、电器商品采购部、日用百货文化商品采购部，由供配货中心总经理直接领导，副总经理协助管理。各采购部推行高级经理领导下的买手负责制，高级经理全面负责采购部的日常业务；买手分为买手和买手助理 2 个级别。高级经理和买手的工资收入与其经营业绩直接挂钩。高级经理对各级买手有业务指导权和行政上的领导权；各买手之间属平级关系，但上一级买手对下一级买手在业务上有指导权。

中商集团认为，对供应商的引进、评估及认可是采购工作关键的一步。经过实践，中商集团供配货中心总结出一套引进、评估及认可供应商的程序，主要有以下步骤。

(1) 接洽和登记

各采购部在供应商接待日，由买手或买手助理接待未进场的供应商，并与之洽谈。收取供应商相关证件，了解其经营意图，并把供应商分为厂商和代理经销商两大类，填写《供应商资料登记卡》。对供应商进行调查和分析首先是检查该供应商的资信状况、相关证件是否属实。供应商提交营业执照复印件、税务登记证复印件、供应商法定代表签字(并加盖公司印章)发给供应商谈判人员的授权书原件。如果供应商是代理商时，应提交供应商生产厂家之间签定的代理合同或其他证明的复印件；进口商品应提交进口许可证，进出口卫生免疫证，进出口单据和其他有关文件的复印件。此外，供应商还应出具商标注册证、条码证明、专利证明等其他相关证件，中商集团还要调查了解供应商的产品在同类商品中所处的地位；生产厂家的规模，代理商的权限，供应商的价格、质量，是否有充足的货源，此类商品的毛利率；同类商品在中商集团各大卖场的销售情况；供应商的产品在竞争商场销售的情况；供应商对中商集团的支持力度；供应商的商品引进后市场销售情况的分析预测等。为了保证引进工作的效率，上述调查、分析工作必须在一周内完成。

(2) 审核供应商

将获得认可的供应商确定为后备供应商，并将所填写的《供应商资料登记卡》《供应商引进申报表》及其供应商的相关证件，上交给采购部高级经理。高级经理审核同意后，填写《引进供应商登记表》，提交给"供应商审查委员会"审核批准。

(3) 确定引进供应商

"供应商审查委员会"由中商集团供配货中心总经理、物价部门、质检部门、财务部门、监督部门代表及买手和高级经理组成。"供应商审查委员会"对新引进的供应商的资质，引进商品的质量、价格、销售预测、相关费用、经营位置等进行审查后，最后确定该供应商所供商品是否引进。

(4) 商品采购流程

对中间商的引进、评估、认可结束之后，下一步工作就是商品采购。

(5) 抽样检验流程

在新商品到达各卖场进场时，还要由各卖场质检员进行抽样检验，抽查合格后方可上柜销售，从而保证了商品质量。

（资料来源：http://www.chinawuliu.com.cn/xsyj/200502/28/133216.shtml）

思考题

1. 案例中的企业选择供应商的流程是什么样的？
2. 应如何科学评价供应商？

技能训练

1. 为什么要对供应商进行管理？
2. 应从哪些方面入手对供应商进行管理？

第四节　商品采购绩效管理

采购是创造企业竞争优势的关键，因此采购绩效管理愈来愈受到高层领导重视，采购绩效管理的目的就是：一方面满足对内部的服务，一方面做好供货商管理，以提升采购组织与个人绩效。达到这一目的的方法就是进行商品采购绩效管理。

一、商品采购成本控制

(一) 采购成本构成

商品采购成本是指连锁经营企业在从事采购活动中所引起的一系列成本，包括采购商品的价格成本、持有成本、订购成本和缺货成本。具体如表 7-5 所示。

表 7-5　商品采购成本构成

构成项目	具体内容	内容分析
价格成本	单价	采购商品的单位价值，是商品价格的具体体现，单价直接决定采购成本的高低
	数量	采购需求量。采购需求的数量越大，就越有可能获得相对低廉的价格折扣
	运费	商品由供应商出库到连锁经营企业入库过程中所发生的一切运输费用。运费的高低主要取决于路途的远近和运输方式
	其他成本	包括采购过程中所发生的保险费、消费税、资源税等
持有成本	机会成本	存货所需投入的资金成本
	搬运成本	搬运过程中所需付出的成本，包括人工成本和设备成本
	仓储成本	保持仓库正常使用所需付出的成本，如防潮、防湿、防虫、防火等所付出的成本
	折旧成本	存货发生变异、损毁等所付出的成本
	其他成本	存货的保险费和其他不可预知费用
订购成本	请购成本	请购时所花费的人工成本以及因请购而产生的办公损耗、领导审查所发生的成本
	采购成本	估价、询价、比价、议价，通信联络所发生的信息费用或损耗等
	验收成本	验收手续时所花费的成本、验收人员的交通费用、仪器费用等
	入库成本	搬运入库、入位时所发生的成本
	其他成本	如入账、支付款项时所发生的成本
缺货成本	安全库存成本	即缓冲库存成本，主要是为了确保生产的持续性。安全库存越多，这部分成本就越大
	延期交货成本	一旦出现延期交货，可能给企业带来停工待料的损失（如失销）、额外的处理订单费用、额外的运费等
	其他成本	例如，由于缺货导致顾客的流失。这时的成本是很难估量的

（二）降低商品采购成本的方法

对于连锁经营企业的经营业绩来讲，控制采购成本是至关重要的。而要想降低采购成本，首先来了解一下影响采购成本的因素都有哪些。通常情况下，供应商成本的高低、所采购商品的规格与质量、采购数量、交货条件、付款条件、生产季节与采购时机、采购物品的供需关系、产品的形态、所购商品所处的生命周期等都是影响采购成本的因素。

降低商品采购成本可以从多个角度来着手。

1. 建立严格的采购制度

建立严格的采购制度是非常必要的。这不仅能规范连锁经营企业的采购活动，提高采购效率，还能从制度上预防采购人员的不良操作行为。采购制度应具体明确，采购流程规定应清晰完整。例如，何人有权提出采购申请，向谁提出申请，审批人的审批权限、审批时间等都应一一体现，尤其是相关部门之间的责、权、利关系。

2. 采用供应商准入制度

对所有供应商应设立准入门槛，同时对供应商进行建档管理。什么样的供应商是可以进入的，什么样的供应商是坚决不能进入的，界限应清晰明确、不能含糊。已确定的供应商应进行逐一编号，通过编号进行档案管理。档案应包括提供物品、付款条件、交货期限、品质评级、银行账号等。所有档案都要做到严格审核才能归档，归档后应由专人保管，及时更新。重要的供应商必须要多部门联合考核后才能进入。

3. 形成价格评价体系

连锁经营企业采购部门应适时建立起所有采购商品的价格档案，价格档案须根据市场状况及时更新。通过价格档案，采购人员可以对每一批采购价格与档案价格进行比较，分析产生价格差异的原因。对于企业重要的采购商品有必要建立价格评价体系，由采购部门、生产部门、质检部门、研发部门等多个部门组成价格评审专家小组，对归档的价格档案进行评价和更新。通常，这种评价和更新可以一年一次或两次。

4. 正解认识采购人员业绩评价体系

目前，采购行业普遍存在“吃回扣”的现象。各企业的应对措施也各不相同。但无论采用什么样的对策，要想真正杜绝这种现象几乎是不可能的。企业能做的，只能是尽可能降低或者减少“吃回扣”概率。因此，在业绩评价体系中要多用激励的方式，使其与供应商准入制度、价格评价体系等共同发挥作用，尽可能减少这一现象的出现。

5. 多手段降低商品成本

(1) 利用付款条款降低商品成本

一般来说，如果通过现金交易或货到付款方式进行采购交易往往享受到较大的价格折扣。

(2) 利用季节变化降低商品成本

有些商品属于季节性商品，其价格常常会随季节变化有明显波动。

(3) 选择好供应商

供应商的选择对于商品成本来讲也是非常重要的。市场信誉度好且货源稳定的供应商可以及时交货降低企业缺货成本和持有成本，从而降低商品成本。

二、商品采购绩效评估

采购绩效是指采购产出与投入之间的对比关系，是对采购效率进行全面整体的评价。采购绩效评估是指连锁经营企业通过建立科学合理的评估指标体系，全面反映和评估采购政策功能目标和经济有效性目标实现程序的过程，包括采购效益和采购业绩。

(一) 采购绩效评估的意义与原则

1. 采购绩效评估的意义

科学的采购绩效评估可以达到以下目的：确保实现企业采购目标；为提高采购绩效提供依据；为个人或部门奖惩提供参考，提高人员士气；协助甄选人员与训练以提高科学采购能力；促进部门间关系改进，提高企业整体运作效率。

2. 采购绩效评估的原则

采购绩效评估时应遵循持续性、整体性、开放性和评估尺度四个原则。

持续性是指对采购绩效的评估必须要持续进行，应定期检查目标达成的程度。

整体性是指评估应在企业整体目标的基础上开展。

开放性是指企业采购作业绩效不仅受采购部门或者采购者与供应商本身的影响，也会受到外在因素的影响。因此在进行评估时不但要衡量绩效，也应充分考虑外来因素产生的影响。

评估尺度是指企业在进行采购评估时既可以用过去的绩效作为评估尺度，也可以作为评估的基础。

（二）采购绩效评估的方式与方法

通常情况下，连锁经营企业对采购绩效评估可以分为定期评估和不定期评估两种方式。

1. 定期评估

定期评估一般是配合人事考核制度进行 KPI(Key Performance Indicator)考核，通过 KPI 考评方式尽量避免人为因素的作用，相对比较客观公正，因此，也常用来作为人员提升的依据。

2. 不定期评估

不定期评估，通常是在特殊项目时采用的。例如，公司进行新产品开发计划时的采购。这种评估方式下常伴随着适当的奖励或惩罚以激励员工的士气，鼓励其投入到项目中去。

常用的评估方法主要有：直接排序法、两两比较法和等级分配法。

（1）直接排序法

直接排序法是指采购主管按照每个采购人员的绩效表现从好到坏或者从坏到好的顺序给员工进行排序，可以是整体绩效的评估，也可以是特定工作绩效的评估。

（2）两两比较法

两两比较法是指在已确定的绩效标准的基础上把采购人员的工作绩效进行交叉比较从而判断谁的绩效是“更好”的，根据“更好”次数的多少给员工排序。

（3）等级分配法

等级分配法则是由采购评估小组或者采购主管事先拟定评估项目，按照评估项目对员工绩效做出大致的安排。

（三）采购绩效评估的指标与标准

1. 采购绩效评估指标

连锁经营企业采购活动的基本原则(5R 原则)为适时、适地、适价、适量、适质。因此，企业在对采购绩效进行评估时也应以此 5R 原则为中心展开，同时制定量化的数据指标作为衡量尺度。

（1）质量绩效

质量绩效也称品质绩效，主要包括供应商的质量水平以及供应商所提供的产品或服务的质量，可由生产记录或验收记录来判断。供应商的质量水平是指供应商质量体系，如通过 ISO9000 或 ISO9001 认证的供应商比例、质量免检的供应商比例、驰名商标供应商比例、世界 500 强供应商等。供应商所提供的产品或服务的质量则是指交货时，为公司所接受或拒收的采购项目数量或百分比，如批次质量合格率、来料抽检缺陷率、退货率等。

（2）数量绩效

当采购人员为争取数量折扣，以达到降低价格的目的时，却可能导致存货过多，甚至发生呆料、废料的情况。在进行数量绩效控制时主要指标有以下两种。

① 储存费用指标。

储存费用指标＝(现有存货利息－正常存货水准利息)＋

(现有保管费用－正常存货水准保管费用)

② 呆料、废料处理损失指标。处理呆料、废料的收入与其取得成本的差额。通常情况下存货积压利息及保管的费用越大，呆料、废料处理的损失越高，显示采购人员的数量绩效越差。不过此项数量绩效，有时受到连锁经营企业运营状况、物料管理绩效、生产技术条件的变更或投机采购的影响，所以并不一定完全归咎于采购人员。

（3）时间绩效

时间绩效是用以衡量采购人员处理订单的效率,以及对于供应商交货时间的控制。延迟交货,固然可能形成缺货现象,但是提早交货,也可能导致买方负担不必要的存货成本或提前付款的利息费用。

① 紧急采购费用指标。在特殊紧急的情况下,连锁经营企业在采购时可能会采用如空运等方式进行运输,导致运输成本的增加。这种情况下会产生运输成本增加额,即紧急采购费用:

紧急采购费用指标＝紧急运输方式(如空运)的费用－正常运输方式的费用

② 停工断料损失指标。停工期间作业人员薪酬损失。在实际生产经营中,除了上述指标所显示的直接费用或损失外,还会有给企业带来许多间接的损失,而且间接损失对企业的影响往往更大。例如,经常停工断料,造成顾客订单流失,严重者甚至导致大客户的流失;作业员离职,以及恢复正常作业的机器必需做出的各项调整(包括温度、压力等)。即便企业采用了紧急采购,仍然会面临采购价格偏高、品质欠佳的风险,同时也需要为赶进度而支付额外费用,这些费用与损失,通常都未加以估算在此项绩效指标内。

(4) 价格绩效

价格绩效是企业最重视及最常见的衡量标准。透过价格绩效,可以衡量采购人员议价能力及供需双方势力的消长情形。采购价差的指标,通常有下列几种。

① 实际价格与标准成本的差额。

② 实际价格与过去移动平均价格的差额。

③ 比较使用时的价格和采购时的价格差额。

④ 将当期采购价格与基期采购价格的比率,和当期物价指数与基期物价指数的比率相互比较。

(5) 采购效率(活动)指标

以上质量、数量、时间及价格绩效,是就采购人员的工作效果(Effectiveness)来衡量的,另外,也可就其效率(Efficiency)来衡量。下面各项指标可衡量在达成采购目标的过程中各项活动水准或效率:采购金额;采购金额占销货收入的百分比;订购单的件数;采购人员的数量;采购部门的费用;新供应商开发个数;采购计划完成率;错误采购次数;订单处理的时间。

由采购活动水准上升或下降,不难了解采购人员工作的压力与能力,这对于改善或调整采购部门的组织与人员,将有很大的参考价值。

2. 采购绩效评估标准

任何评估都是以一定的标准为指导的。在制定了采购绩效评估指标后,接下来就需要确定评估标准了。通常,有了绩效评估的指标之后,必须考虑依据何种标准,作为与目前实际绩效比较的基础。一般常见的标准如下。

(1) 历史绩效标准

历史绩效标准是指通过企业以往的绩效作为评估目前绩效的基础,这是建筑类企业常用的做法。通过与以往绩效的比较,企业可以判断出目前的采购效率和效果,如材料成本提高了还是降低了,采购时间与以往是否大致相符,哪些地方较以往有所进步,哪些还需要继续改进等。其不足之处在于,这种方法使用有一定局限性,即只有在公司采购部门,包括采购组织、采购职责、采购人员等都没有重大变化的情况下,才适用此标准。

(2) 标准绩效

对于无法获取到历史绩效的企业，或者没有类似历史绩效的企业，可以采用标准绩效作为采购绩效评估的依据。一般标准采购绩效的设定应遵循以下三个原则。

① 固定化原则。固定化原则是指采购绩效的标准一定确定，非企业自身或市场环境发生重大变故的情况下不得随意变动。

② 挑战性原则。挑战性原则是指制定的采购标准应具有一定难度。触手可及的目标难以激发采购部门和人员的斗志。

③ 可实现性原则。可实现性原则是指制定的采购标准应是通过努力可以达到的。这将有助于激发员工的工作热情和积极性，促使其潜力能够最大限度地得到发挥。

(3) 行业平均绩效

如果说历史绩效是纵向比较的，那么行业平均绩效就是横向比较的。企业通过行业平均绩效的比较，可以充分了解自身在行业中采购能力的优劣。采用此种方法需要注意一点，不同公司有不同的特性，再相似的公司也各有千秋，这就要求企业要对比较结果作深入对比剖析后再做评价。

(4) 目标绩效

目标绩效与标准绩效是相对的。标准绩效强调的是企业在现有情况和条件下应达到的绩效；而目标绩效强调的是在标准绩效的基础上，再经过特别艰辛的努力才能达到的未来可实现的目标，通常体现管理者对采购部门追求最佳绩效的期望值。这个标准的制定通常是以同行业最佳的绩效水平为标准。

三、提高采购绩效的途径

采购绩效评估的目的不仅仅是体现采购部门或采购人员的业绩从而进行奖惩，更重要的是要找出与绩效标准的差距，改善采购绩效。

(一) 提高采购绩效的策略

要想提高采购绩效应从测评机制和领导作用的发挥两个方面着手。

1. 统一完善的采购机制

由于考虑问题的侧重点不同，在许多连锁经营企业里总部和分部对采购虽然都很重视，但对其业绩评价却各有标准，难以对采购绩效的评价达到一致。要想提高采购绩效，首先必须在评价标准取向上保持一致，即建立统一完善的采购机制。可以通过平衡记分卡来实现，即无论是总部还是分部都使用同一个平衡记分卡来评价采购绩效，并以此作为给予个人和团队奖惩的关键依据。统一完善的采购机制将有助于对采购信息的理解进而推进采购绩效的不断提升。

2. 科学积极的领导作用

对于连锁经营企业来讲，科学积极的领导作用的发挥在提高采购绩效中显得尤为重要。这主要是因为连锁经营企业各分店(分公司)容易因本位主义产生采购分歧，这是目前连锁经营企业采购过程中最容易出现的问题。而科学积极的领导作用的发挥，首先就是确立全局性整体性的采购策略，从而避免因各分店(分公司)的本位主义增加企业的采购负担，提高采购绩效。

(二) 提高采购绩效的具体途径

1. 营造良好的工作氛围

良好的采购工作氛围是提高采购绩效的基础。如果采购组织内部或者采购部门与供应商之间存在激烈的矛盾，将会使人感觉如履薄冰，提高采购绩效将成为一句空话。因此，采购管理者应注意将营造和谐融洽的工作氛围作为采购工作的第一要务。只有在良好的工作氛围中，采购者、供应商才有可能共同致力于采购绩效的提升。

2. 转变采购业绩评价理念

营造良好的采购氛围只是提高采购绩效的第一步。要想真正改善采购绩效，还必须实现理念上的转变，实现资源整合，即从降低采购价格向降低采购成本目标转化，从采购部门负责向跨部门协作参与转化，从与供应商争利向与供应商双赢转化。

3. 强化内外部管理

要想提高采购绩效，必须强化内外部管理。内部管理主要是针对连锁经营企业内部的，外部管理主要是针对供应商的管理。

人力资源是企业最宝贵的资源。与其他部门相比，采购部门对人的依赖性更大。因此，要想提高采购绩效还必须从对人的管理上入手。例如，制定严格的采购管理手册、建立合格的采购团队、甄选合适的采购人员、对采购人员进行及时培训、设立有挑战性的绩效指标等。

在供应商的地位上，要有清楚的认识。现在企业与供应商之间已不再是简单的合作关系了，而是战略上的伙伴关系。如，通过供应商共同制订可行的成本降低计划、签订长期的采购协议、让供应商参与到产品设计中去，这无疑对于双方来讲都是自我提升的最好方式，同时，也将有助于采购绩效的提升。

4. 充分利用科学技术

随着科技日新月异的变化，企业的管理手段也日益丰富。新技术的出现进一步推动了管理的发展。电话、电子通信、企业内部网、互联网等作为新的采购作业方式已成为企业采购作业的主要方式。此外，专业信息技术的使用，如 MRP、MRP(II)、ERP、条形码、EDI，甚至 SAP 技术的应用也在很大程度上提高了采购绩效。

【案例分析】

念好绩效考核“紧箍咒”

“我明明知道采购员们收取好处费，可是我既没有办法查，也没法管。因为这一切都是在私下进行的，而且普遍存在。”很多企业管理者对因人为所造成的采购中的腐败行为很是但是痛恨束手无策。采购中的腐败行为不仅侵蚀着企业的利益，而且对整个企业文化会造成破坏性的影响。采购人员在谈判中无原则地让步、合同之外的私下的利益承诺，会对采购活动的绩效产生负面影响。

念好绩效考核“紧箍咒”，不但是调动员工积极性的主要手段，而且是防止业务活动中非职业行为的主要手段，在采购管理中也是如此。好的绩效考核可以达到这样的效果：采购人员主观上必须为公司的利益着想，客观上必须为公司的利益服务，没有为个人谋利的空间。如何对采购人员进行绩效考核？跨国公司有许多很成熟的经验可以借鉴，其中的精髓是量化业务目标和等级评价。

在年中和年初（或年底），跨国公司都会集中进行员工的绩效考核和职业规划设计。针对采购部门的人员，就是对采购管理的业绩回顾评价和未来的目标制定。在考核中，跨国公司交替运用两套指标体系，即业务指标体系和个人素质指标体系。业务指标体系主要包括：

采购成本是否降低？卖方市场的条件下是否维持了原有的成本水平？采购质量是否提高？质量事故造成的损失是否得到有效地控制？供应商的服务是否增值？采购是否有效地支持了其他部门，尤其是生产部门？采购管理水平和技能是否得到提高？当然，这些指标还可以进一步细化，如采购成本可以细化为：购买费用、运输成本、废弃成本、订货成本、期限成本、仓储成本等。把这些指标一一量化，并同上一个半年的相同指标进行对比所得到的综合评价，就是业务绩效。应该说，这些指标都是硬的，很难加以伪饰，所以这种评价有时显得很残酷，那些只会搞人际关系而没有业绩的采购人员这时就会原形毕露，评估的结果当然就不会如其所愿。

在评估完成之后，跨国公司会把员工划分成若干个等级，或给以晋升、奖励，或维持现状，或给以警告或辞退。可以说，这半年一次的绩效考核与员工的切身利益是紧密联系在一起的。对个人素质的评价相对就会灵活一些，因为它不仅包括现有的能力评价，还要包括进步的幅度和潜力。个人素质的评价主要包括：谈判技巧、沟通技巧、合作能力、创新能力、决策能力等。这些能力评价都是与业绩的评价联系在一起的，主要是针对业绩中表现不尽如人意的方面，如何进一步在个人能力上提高。为配合这些改进，某些跨国公司为员工安排了许多内部的或外部的培训课程。

在绩效评估结束之后，安排的是职业规划设计。职业规划设计包含下一个半年的主要业务指标和为完成这些指标所需要的行动计划。国内企业也进行绩效考核，但是，这些考核有些流于形式。其缺陷就是没有量化的指标和能力评价，考核时也不够严肃，同时缺乏培训安排。那些供应商们为什么要给采购员“好处费”？无非是想提高价格或在质量、效率方面打折扣，如果采购员参与这些腐败行为，也许具体情节不为人知，但必然体现在他的业务绩效上。如果对采购人员有绩效考核这个“紧箍咒”，采购腐败的机会成本就会大得多。所以，绩效考核是减少采购腐败主观因素的法宝。

（资料来源：http://www.chinawuliu.com.cn/xsyj/200506/20/134194.shtml）

思考题

1. 为什么说“纯净考核是减少采购腐败主观因素的法定”？
2. 案例中“采购绩效考核”的经验有哪些是值得国内企业学习的？

技能训练

为你感兴趣的任一家连锁超市制定一份采购绩效考核指标体系。

【本章复习题】

1. 什么是商品采购？连锁经营企业在采购时应注意哪些问题？
2. 如何帮助连锁经营企业选择供应商？
3. 怎样才能提高连锁经营企业的采购绩效？

第八章

连锁经营企业物流与配送管理

【本章介绍】

物流的概念在中国的零售业中存在的历史并不很长，但是它以开发第三利润源泉的巨大作用而赢得连锁经营企业的青睐。一个连锁经营企业要立于不败之地，需要有强有力的竞争工具，而物流正是连锁经营企业求生存、图发展的重要工具之一。

【学习目标】

知识目标：了解连锁经营企业物流的概念、特征、目标；了解连锁经营企业物流系统的功能要素；了解连锁经营企业配送的概念；了解连锁经营企业配送中心概念、类型。

技能目标：能够判断连锁经营企业的配送模式；能够分析连锁经营企业配送中心的作业流程；能够掌握配送中心选址的主要因素。

【学习内容】

1. 连锁经营企业物流和物流管理。
2. 连锁经营企业物流系统。
3. 配送和配送中心。

【案例引导】

海尔：现代物流创造的奇迹

海尔近两年来悄然进行着一场重大的管理革命，即在对企业进行全方位流程再造的基础之上，建立了具有国际水平的自动化、智能化的现代物流体系，使企业的运营效益发生了奇迹般的变化，资金周转达到一年15次，实现了零库存、零运营成本和与顾客的零距离，突破了构筑现代企业核心竞争力的瓶颈。

1. 重塑了企业的业务流程，真正实现了市场化程度最高的订单经济

海尔现代物流的起点是订单。企业把订单作为企业运行的驱动力，作为业务流程的源

头，完全按订单组织采购、生产、销售等全部经营活动。从接到订单时起，就开始了采购、配送和分拨物流的同步流程，现代物流过程也就同时开始。由于物流技术和计算机管理的支持，海尔物流通过3个JIT，即JIT采购、JIT配送、JIT分拨物流来实现同步流程。这样的运行速度为海尔赢得了源源不断的订单。目前，海尔集团平均每天接到销售订单200多个，每个月平均接到6 000多个销售订单，定制7 000多个规格品种，需要采购的物料品种达15万种。由于所有的采购基于订单，采购周期减到3天；所有的生产基于订单，生产过程降到一周之内；所有的配送基于订单，产品一下线，中心城市在8小时内、辐射区域在24小时内、全国在4天之内即能送达。海尔完成客户订单的全过程仅为10天时间，资金回笼一年15次，呆滞物资降低73.8%。海尔集团首席执行官张瑞敏认为，订单是企业建立现代物流的基础。如果没有订单，现代物流就无物可流，现代企业就不可能运作。没有订单的采购，意味着采购回来就是库存；没有订单的生产，就等于制造库存；没有订单的销售，就不外乎是处理库存。抓住了订单，就等于抓住了满足，即期消费需求、开发潜在消费需求、创造崭新消费需求。但如果没有现代物流保障流通的速度，有了订单也会失去。

2. 从根本上改变了物流企业的流通方式，基本实现了资本效率最大化的零库存

海尔改变了传统仓库的“蓄水池”功能，使之成为一条流动的“河”。海尔提高物流效率的最大目的就是实现零库存，现在海尔的仓库已经不是传统意义上的仓库，它只是企业的一个配送中心，成了为下道工序配送而暂时存放物资的地方。建立现代物流系统之前，海尔占用500多万平方米的仓库，费用开支很大。目前，海尔建立了两座中国规模最大、自动化水平最高的现代化、智能化立体仓库，仓库使用面积仅有254万平方米。其中，坐落在海尔开发区工业园中的仓库，面积1.92万平方米，设置了1.8万个货位，满足了企业全部原材料和制成品自己送的需求，其仓储功能相当于一个30万平方米的仓库。这个立体仓库与海尔的商流、信息流、资金流、工作流联网，进行同步数据传输，采用世界上最先进的激光导引无人运输车系统、机器人技术、巷道堆垛机、通信传感技术等，整个仓库空无一人。自动堆垛机把原材料和制成品举上7层楼高的货位，自动穿梭车则把货位上的货物搬下来，一一放在激光导的引无人驾驶运输车上，运输车井然有序地按照指令再把货送到机器人面前，机器人升起托盘，把货物装上外运的载重运输车上，运输车开向出库大门，仓库中物料的流动过程结束。整个仓库实现了对物料的统一编码，使用了条形码技术、自动扫描技术和标准化的包装，没有一道环节会使流动的过程梗塞。

海尔的流程再造使原来表现为固态的、静止的、僵硬的业务过程变成了动态的、活跃的和柔性的业务流程。未进行流程再造前的1999年，海尔实现销售收入268亿元，库存资金15亿元，销售资金占用率为5.6%。2000年实现销售收入406亿元，比上年超了138亿元；库存资金降为7亿元，销售资金占用率为1.72%。2001年海尔把库存资金降为3亿元，销售资金占用率将降到0.5%左右，基本实现零库存。海尔所谓的库存物品，实际上成了在物流中流动着的、被不断配送到下一个环节的“物”。

3. 从根本上打破了企业自循环的封闭体系，建立了市场快速响应体系

面对日趋激烈的市场竞争，现代企业要占领市场份额，就必须以最快的速度满足终端消费者多样化的个性需求。因此，海尔建立了一整套对市场的快速响应系统。

(1) 建立网上订单管理平台

全部采购订单均由网上发出，供货商在网上查询库存，根据订单和库存情况及时补货。

(2) 建立网上支付系统

目前，网上支付已达到总支付额的20%，支付准确率和及时率达100%，并节约近1 000万元的差旅费。

(3) 建立网上招标竞价平台

供应商与海尔一道共同面对终端消费者，以最快的速度、最好的质量、最低的价格供应原材料，提高了产品的竞争力。

(4) 建立信息交流平台

供应商、销售商共享网上信息，保证了商流、物流、资金流的顺畅。集成化的信息平台，形成了企业内部的信息“高速公路”，架起了海尔与全球用户资源网、全球供应链资源网和计算机网络的桥梁，将用户信息同步转化为企业内部信息，以信息替代库存，强化了整个系统执行订单的能力。

海尔物流成功地运用电子商务体系，大大缩短了海尔与终端消费者的距离，为海尔赢得了响应市场的速度，扩大了海尔产品的市场份额。

4. 扭转了企业以单体参与市场竞争的局面，使企业通过全球供应链参与国际竞争

从1984年12月到现在，海尔经历了三个发展战略阶段。第一阶段是品牌战略，第二阶段是多元化战略，第三阶段是国际化战略。在第三阶段，其战略创新的核心是从海尔的国际化到国际化的海尔，是建立全球供应链网络，支撑这个网络体系的是海尔的现代物流体系。

海尔在进行流程再造时，围绕建立强有力的全球供应链网络体系，采取了一系列重大举措。

(1) 优化供应商网络

海尔将供应商由原有的2 336家优化到978家，减少了1 358家。

(2) 扩大国际供应商的比重

目前，国际供应商的比例已达到67.5%，较流程再造前提高了20%。世界500强企业中已有44家成为海尔的供应商。

(3) 就近发展供应商

海尔与已经进入和准备进入青岛海尔开发区工业园的19家国际供应商建立了供应链关系。

(4) 请大型国际供应商以其高技术和新技术参与海尔产品的前端设计

目前，参与海尔产品设计开发的供应商比例已高达32.5%。供应商与海尔共同面对终端消费者，通过创造顾客价值使订单增值，形成了双赢的战略伙伴关系。

在抓上游供应商的同时，海尔还完善了面向消费者的配送体系，在全国建立了42个配送中心，每天按照订单向1 550个专卖店、9 000多个网点配送100多个品种、5万多台产品，形成了快速的产品分拨配送体系、备件配送体系和返回物流体系。与此同时，海尔与国家邮政总局、中远集团和黄天百等企业合作，在国内调配车辆可达16 000辆。21世纪的竞争将不是单个企业之间的竞争，而是供应链与供应链之间的竞争。谁所在的供应链总成本低、对市场响应速度快，谁就能赢得市场。一只手抓住用户的需求，一只手抓住可以满足用户需求的全球供应链，这就是海尔物流创造的核心竞争力。

(资料来源：www.doc88.com/P-39016687237)

思考题

1. 与传统企业相比，海尔在物流的理念上有哪些突破？

2. 海尔在物流整合上有一些什么措施？

3. 海尔成功地利用物流能力的提升，增强国内外市场的竞争力，你认为有哪些关键因素？

第一节 连锁经营企业物流与物流管理

现在愈来愈多的零售商采用连锁的方式经营管理门店，作为连锁经营的核心技术——物流也日渐引起人们的关注。在零售市场中，顾客需求愈加突出个性化，导致从商品采购到商品销售过程中不确定因素增加。为了增加利润，控制库存，商家们继价格竞争、品牌竞争之后，开展了以一体化为特征的物流竞争。如何适应新的竞争环境，运用新技术将企业的物流能力开发为核心能力之一，已经成为企业家和理论工作者关注的焦点。

一、物流概述

（一）物流概念的产生

物流的概念起源于美国。1915年阿奇・箫在《市场流通中的若干问题》一书中提到"物资经过时间和空间的转移，会产生附加价值。但是，现代社会的物流，特别是作为经营领域的物流，实际上开始于第二次世界大战。在第二次世界大战期间，美国根据军事需要，在对军火等物资进行战时供应中，首先采用了后勤管理（Logistics Management）这一名词，对军火的运输、补给、屯驻等进行全面管理，并将运筹学用于军需管理。此举对战争的胜利起到了保障作用。第二次世界大战后，后勤学逐步形成了单独的学科体系，并不断发展为后勤工程（Logistics Engineering）、后勤分配（Logistics Of Distribution）等后勤管理的诸领域，后勤管理的理念和方法，被引入到工业部门和商业部门，并赋予了新的含义。军事后勤为部队和战争服务，工业后勤为制造业的生产和经营服务，商业后勤为商业运作和顾客服务。总之，物流的核心观念是服务观念。

（二）物流的概念

物流的概念是随着人类社会经济发展不断演变和进步的。在经济发展的各个阶段，为适应不同的经济活动目的，物流概念和物流管理理念不断发展变化，物流概念的含义也不断地进化、调整和完善。即使在同一个历史时期、同一个经济发展阶段，物流的概念也因不同的学派、不同的学术团体、不同的机构和不同的国家、出自不同的角度和观点而有所差别。

中国物流起步较晚，20世纪80年代引入物流概念。2001年8月1日，中国国家标准GB/T 18354—2001《物流术语》开始实施。在《物流术语》中，对物流（Logistics）下的定义是："物品从供应地向接收地的实体流动过程，即根据实际需要，将运输、储存、装卸、搬运、包装、流通加工、配送、信息处理等基本功能实施有机结合。"

（三）连锁物流的概念

连锁物流是物流管理和连锁经营相结合的结果，是指以连锁总部的采购部门或配送中心为主体，从商品采购到商品销售给消费者的商品移动过程。

连锁物流与商流、信息流、现金流并列为四大连锁经营机能。

（四）现代物流与传统物流的区别

传统物流一般指产品出厂后的包装、运输、装卸、仓储，而现代物流提出了物流系统化或叫总体物流、综合物流管理的概念，并付诸实施。具体来说，就是使物流向两头延伸并加入新的内涵，使社会物流与企业物流有机结合在一起，从采购物流开始，经过生产物流，再进入销售物流，与此同时，还要经过包装、运输、仓储、装卸、加工、配送到达用户（消费者）手中，最后还有回收物流。可以说，现代物流包含了产品从“生”到“死”的整个物理性流通的全过程。

传统物流与现代物流的区别主要表现在以下几个方面：传统物流只提供简单的位移，现代物流则提供增值服务；传统物流是被动服务，现代物流是主动服务；传统物流实行人工控制，现代物流实行信息管理；传统物流无统一服务标准，现代物流实行标准化服务；传统物流侧重点到点或线到线服务，现代物流构建全球服务网络；传统物流是单一环节的管理，现代物流是整体系统优化。

二、连锁经营企业物流管理

（一）连锁经营企业物流管理概念

连锁经营企业物流管理是指连锁经营企业在经营管理中，根据商品实体的运动规律，运用管理的基本原理和方法，对物流过程进行计划、组织、协调、控制和指挥，使物流活动实现最佳协作，以降低物流成本，提高物流效率和经济效益的经济管理活动。

（二）连锁经营企业物流管理的特征

现代物流作为一种先进的组织方式和管理技术，被广泛认为是企业在降低物资消耗，提高劳动生产率以外重要的利润源泉。连锁经营企业逐步扩大的销售规模使连锁经营企业在供应链上的作用日益增大，并且对中国的流通现代化产生巨大的推动，主要表现在以下几方面。

① 商品种类繁多，配送和仓储要求多样化。

② 物流配送作业复杂，时间要求严格。商业连锁经营企业处于供应链末端，直接面对多样化的消费需求，商品理货、配货工作繁重；销售受市场、促销、节日等因素影响，容易出现波动，门店配送量变化大；同时，销售门店为在有限的空间陈列更多品种的商品，要求高频率配送，而大多数门店的交通环境恶劣，时间要求严格。

③ 连锁门店分散，配装、配车要求高。商业连锁经营企业经营商品大多属于轻抛货，对运输工具的容积利用率较高，载重利用率低，配送车辆以轻型厢式货车为主。

④ 经营商品超过85%以上有销售条码，但只有约50%的商品有外包装箱条码，减缓物流作业速度。

⑤ 超过90%的商品有严格的保质期，商品周转时间要求短。

⑥ 商品销售有明显的周期特征，淡旺季明显。对物流资源配置、物流计划安排均带来不利影响，物流管理难以做到平衡供给。

（三）连锁经营企业物流管理的目标

连锁经营企业物流管理的目标是在物流系统运行管理中体现为“7R”，即优良的质量（Right Quality）、合适的数量（Right Quantity）、适当的时间（Right Time）、恰当的场所（Right Place）、良好的印象（Right Impression）、适宜的价格（Right Price）和对口的商品（Right Commodity）。

（四）连锁经营企业物流管理的作用

1. 降低经营成本，提高市场竞争力

物流贯穿于连锁经营企业经营的全过程，重视物流管理可以有效控制物流作业费用、降低经营成本、增加企业利润、改善物流管理现状，对提高企业的市场竞争力具有不可忽视的作用。

2. 加速资金运转,降低流通费用

在连锁经营中,物流起到商品集散及带动商流、信息流、现金流运转的作用,它通过集中采购、集中储备和统一配送,有利于降低运营成本、实现连锁经营的规模效益。

3. 提供优质服务,满足多元化需求

企业的存在就是为了满足顾客某方面的需要,为顾客提供产品和服务,而物流服务是保证企业能有效提供优质服务的基础。面对日益激烈的竞争和消费者价值取向的多元化,企业管理者已发现加强物流管理、改进顾客服务是创造持久的竞争优势的有效手段。

【案例分析】

物流网络化与网络化时代的物流

一、物流系统化和网络化的背景

随着顾客消费水平的不断提高,企业之间的竞争日益加剧,加之社会经济环境的巨大变化,使得整个市场需求的不确定性大大增加。

当代物流面临社会经济、产业、技术等方面的环境变化,多品种、少批量化已成为经济社会物流的典型特征。环境变化对物流产生的影响,有以下5点。

(1) 僵硬将被弹性取代

与物流量的增长相比,更为突出的是“商品零星化,高频率的配送作业,服务竞争的激烈化”。

(2) 物流与商流处理一体化

以往的物流处于生产与销售之后的从属地位,而现在已变成与商流同时处理,甚至事前处理的商流、物流一体化。通过接收订单、向供应商订货、库存保管、配送的一系列“看板”方式,实现今日订货、明日交货的“理想物流”。快速反应已成为现代物流的重要特征,空间将被时间取代。

(3) 物流产业化

由于人们已认识到物流是“第三利润源”,物流产业化已成为物流发展的必然。物流也像商品一样得到开发,出现了物流的多样化、多方位化、多业态化,如快件运输公司、物流增值网等。

(4) 第三方物流(综合物流业)的登场

在社会经济从规模经济向复合化发展的时代,物流企业的功能复合化、综合化是必然的。承担储存保管、流通加工、运输配送、代理等一揽子作业的物流企业和物流网络已经崭露头角。

(5) 供方市场向需方市场的竞争变化

在市场经济中,物流也由供方市场向需方市场转变,竞争非常激烈。集团间的竞争已成为服务网络的竞争;同时,由于其他行业渗透(如无店铺销售等),使不同行业间的竞争也激烈起来。更令人振奋的是,物流网络与因特网相结合的网络化物流,已逐渐显露出其网络产业的效应。

总之,21世纪的物流,已不仅是体现企业战略的“商务物流”,而是面向整个社会的“供应链物流”，进而在全球化市场的激烈竞争中形成多元化网络所必须的“全球物流”。

二、物流系统化、网络化的新趋向

1. 流通业的连锁经营对物流配送提出了网络化的要求

连锁经营作为一场流通业的革命已席卷全球。连锁超市以连锁制为轴心，以广泛的门店网络为市场依托，以中央采购制及配送中心来开发销售利润和物流利润，以直接的市场信息向加工制造业渗透，发展自己的品牌商品来获取生产利润，是商流、物流、信息流“三流”高度集成的流通业态。

为了满足消费者购买的变化，要求物流运营必须通过多品种、小批量、多频率的配送大大降低库存。采用POS、EOS和配送网络体系来支撑JIT的需求。

上海华联超市公司拥有商场(门店)500多家。由于每个连锁店每次要货品种多、批量小、几千种商品需拆零，配送中心的多功能化和配送的网络化显得格外重要。商场可通过电话拨号上网，向配送中心点菜，实现订货电子化。上海华联超市公司根据“区域成片开发”的战略，实施了“建立区域配送中心，构筑以上海为龙头，采用扇形辐射面，步步为营向前推进的配送网络体系”的策略和措施。批发业为了满足零售业“多品种，小批量，高频率，迅速，准确”的配送要求，大型化、集约化、信息化的配送中心和配送体系的再构筑已成为迫切需要，这也为物流业的发展提供了绝好的机遇。

2. 制造业越来越重视构筑供应链

制造业把物流看作企业综合系统的一环，与市场营销战略研究同步，构筑适应消费者要求的销售物流。具体来讲，将制造业与流通业的订货网络联网，并利用第三方物流，配置多功能、高教化的物流网络据点，与零售业直接连接，形成从接受订货到将货送到客户手中的物流作业高效化流程。

3. 物流业界系统化的最显著趋向是物流网络化

当前，物流业面临的问题是物流时间的延长、物流过程的复杂、物流成本的增加、库存管理和风险的不确定性。要缓解这些矛盾，唯一的途径是实现物流网络化。

(资料来源：www.info.jctrans.com/xueyuan/wlyt/qtzs/200553064837.shtml)

思考题

1. 从这个案例，我们怎样理解物流与商流处理的一体化？

2. 这个案例反映了“综合物流”在现代物流中起着越来越重要的作用，我们应该怎样来理解？

技能训练

请根据所学知识，分析物美超市和日本7-ELEVEN分别采用的是什么配送模式？

第二节　连锁经营企业的物流系统

物流不是运输与仓储等活动的简单叠加，它是一个由相互依赖、相互作用的若干部分结合而成的一个有机整体，在企业和组织中发挥着越来越重要的作用。物流系统化是实现现代物流管理目标的重要手段，它的目的就是将物流活动从一个无序的状态调整为一个有序的状态，进而实现物流的合理化和效率化，提高物流服务水平、降低物流成本。

一、物流系统概述

（一）系统

系统是由两个或两个以上可以相互区别并相互联系的要素为了达到一定目的而形成的整体。系统对于物流来说是一个十分重要的概念，物流与运输、仓储的本质区别就在于物流贯穿着系统的方法，以实现物流的合理化和效率化。

（二）物流系统

物流系统是指在一定的时间和空间里，由所需位移的物资、包装设备、装卸搬运机械、运输工具、仓储设施、人员和通信联系等若干相互制约的要素所构成的具有特定功能的有机整体。

二、物流系统特点

① 物流系统是一个“人-机”系统。应充分重视人的主体作用，加强职工的服务意识。另外，也应因地制宜，重视利用现代物流技术，处理为“人-机”关系。

② 物流系统是一个整合系统。这个系统总体要比个别的部分或功能的简单相加更大。

③ 物流系统的复杂性。物资的品种多，数量大；人员的构成复杂，分布广，数量大；占用资金大。

④ 物流系统的每一个环节相互影响，其可能的失败往往归因于最薄弱的环节。

⑤ 物流系统的整体最优并不要求每个子系统和各个环节都最优。

效益背反现象是物流系统中最常见的现象，不仅物流各部门和各功能之间存在效益背反，物流服务与物流成本之间也存在效益背反。

效益背反指的是物流的若干功能要素之间存在着损益的矛盾，即某一个功能要素的优化和利益发生的同时，必然会存在另一个或另几个功能要素的利益损失，反之亦然。

效益背反是一种此涨彼消，此盈彼亏的现象，虽然在许多领域中这种现象都是存在着的，但在物流领域中，这个问题似乎尤其严重。效益背反说有许多有力的实证予以支持，例如，包装问题，在产品销售市场和销售价格皆不变的前提下，假定其他成本因素也不变，那么包装方面每少花1分钱，这1分钱就必然转到收益上来，包装越省，利润则越高。但是，一旦商品进入流通之后，如果简省的包装降低了产品的防护效果，造成了大量损失，就会造成储存、装卸、运输功能要素的工作劣化和效益大减。显然，包装活动的效益是以其他的损失为代价的，中国流通领域每年因包装不善出现的上百亿的商品损失，就是这种效益背反的实证。

三、物流系统目标

物流系统的根本目的是实现物资的空间效益和时间效益，在保证社会再生产进行的前提条件下，实现各种物流环节的合理衔接，并取得最佳的经济效益。具体可以概括为以下“5S”。

1. 服务(Service)目标

物流系统是“桥梁、纽带”作用的流通系统的一部分，它具体地连接着生产与再生产、生产与消费，因此要求有很强的服务性。物流系统采取送货、配送等形式，就是其服务性的体现。在技术方面，近年来出现的准时供货方式、柔性供货方式等，也是其服务性的表现。

2. 快速及时(Speed)目标

及时性不但是服务性的延伸，也是流通对物流提出的要求。快速、及时既是一个传统目标，更是一个现代目标。随着社会大生产发展，这一要求更加强烈了。在物流领域采取的诸如直达物流、联合一贯运输、高速公路、时间表系统等管理和技术，就是这一目标的体现。

3. 节约(Saving)目标

节约是经济领域的重要规律，在物流领域中除流通时间的节约外，由于流通过程消耗大而又基本上不增加或提高商品使用价值，所以领先节约来降低投入，是提高相对产出的重要手段。

4. 规模化(Scale)目标

以物流规模作为物流系统的目标，以此来追求"规模效益"。生产领域的规模生产是早已为社会所承认的。由于物流系统比生产系统的稳定性差，因而难于形成标准的规模化格式。在物流领域以分散或集中等不同方式建立物流系统，研究物流集约化的程度，就是规模优化这一目标的体现。

5. 库存调节(Stock)目标

库存调节目标是服务性的延伸，也是宏观调控的要求，当然，也涉及到物流系统本身的效益。在物流领域中正确确定库存方式、库存数量、库存结构、库存分布就是这一目标的体现。

四、物流系统的构成要素

与一般的管理系统一样，物流系统是由人、财、物、设备、信息和任务目标等要素组成的有机整体。由于物流系统的特点，物流系统的要素可具体分为一般要素、功能要素、支撑要素、物质基础要素等。

(一) 物流系统的一般要素

物流系统的一般要素由以下三个方面构成。

(1) 劳动者要素

劳动者要素是物流系统的核心要素、第一要素。提高劳动者的素质，是建立一个合理化的物流系统并使其有效运转的根本。

(2) 资金要素

交换是以货币为媒介的。实现交换的物流过程，实际也是资金运动过程。同时，物流服务本身也需要以货币为媒介，物流系统建设是资本投入的一大领域。离开资金这一要素，物流不可能实现。

(3) 物的要素

物的要素包括物流系统的劳动对象及各种实物。没有物的要素，物流系统便成了无本之木。物流中，物的要素还包括劳动工具、劳动手段，如各种物流设施、工具，各种消耗材料(燃料、保护材料)等。

(二) 物流系统的物质基础要素

物流系统的建立和运行，需要有大量的技术装备手段，这些手段的有机联系对物流系统的运行有决定意义。这些要素对实现物流和某一方面的功能也是必不可少的，主要有以下几方面。

(1) 物流设施

物流设施是组织物流系统运行的基础物质条件，包括物流站、物流场、物流中心、仓库、物流线路(如公路、铁路、港口)等。

(2) 物流装备

物流装备是保证物流系统开动的条件，包括仓库货架、进出库设备、加工设备、运输设备、装卸机械等。

(3) 物流工具

物流工具是物流系统运行的物质条件，包括包装工具、维护保养工具、办公设备等。

(4) 信息技术及网络

信息技术及网络是掌握和传递物流信息的手段，根据所需信息水平不同，包括通信设备及线路、传真设备、计算机及网络设备等。

(5) 组织及管理

组织及管理是物流网络的“软件”，起着连接、调运、运筹、协调、指挥其他各要素以保障物流系统目的实现的作用。

(三) 物流系统的支撑要素

物流系统的建立需要有许多支撑手段，尤其是处于复杂的社会经济系统中，要确定物流系统的地位，要协调与其他系统的关系，这些要素必不可少，主要包括以下几方面。

(1) 体质、制度

物流系统的体质、制度决定物流系统的结构、组织、领导、管理方式，国家对其控制、指挥和管理方式是物流系统的重要保障。有了这个支撑条件，才能确立物流系统在国民经济中的地位。

(2) 法律、规章

物流系统的运行，都不可避免地涉及企业或人的权益问题，法律、规章一方面限制和规范物流系统的活动，使之与更大系统协调；另一方面是给与保障，合同的执行、权益的划分、命令等手段也常常是支持物流系统正常运转的重要支撑要素。

(3) 标准化系统

标准化系统是保证物流环节协调运行，保证物流系统与其他系统在技术上实现连接的重要支撑条件。

(四) 物流系统的功能要素

物流系统的功能要素指的是物流系统所具有的基本能力，这些基本能力有效地组合、连接在一起，便成了物流的总功能，便能合理、有效地实现物流系统的总目标。

物流系统的功能要素一般认为有运输、仓储、包装、装卸、搬运、流通加工、配送、信息服务等，如果从物流活动的实际工作环节来考察，物流主要由上述7项具体工作构成。

(1) 运输功能

运输是物流的核心业务之一，也是物流系统的一个重要功能。选择何种运输手段对于物流效率具有十分重要的意义。在决定运输手段时，必须权衡运输系统要求的运输服务和运输成本，可以从运输工具的服务特性作为判断的基准。

(2) 仓储功能

在物流系统中，仓储和运输是同样重要的构成因素。仓储功能包括了对进入物流系统的货物进行堆存、管理、保管、保养、维护等一系列活动。仓储的作用主要表现在两个方面：一是完好地保证货物的使用价值和价值；二是为将货物配送给用户，在物流中心进行必要的加工活动而进行的保存。随着经济的发展，物流由少品种、大批量物流进入到多品种、小批量或多批次、小批量物流时代，仓储功能从重视保管效率逐渐变为重视如何才能顺利地进行发货和配送作业。流通仓库作为物流仓储功能的服务据点，在流通作业中发挥着重要的作用，它将不再以储存保管为其主要目的。流通仓库包括捡选、配货、检验、分类等作业并具有多品种、小批量，多批次、小批量等收货配送功能以及附加标签，重新包装等流通加工功能。

物流系统现代化仓储功能的设置，以生产支持仓库的形式，为有关企业提供稳定的零部件和材料供给，将企业独自承担的安全储备逐步转为社会承担的公共储备，减少企业经营的风险，降低物流成本，促使企业逐步形成零库存的生产物资管理模式。

(3) 包装功能

为使物流过程中的货物完好地运送到用户手中，并满足用户和服务对象的要求，需要对大多数商品进行不同方式、不同程度的包装。包装分工业包装和商品包装两种。工业包装的作用是按单位分开产品，便于运输，并保护在途货物。商品包装的目的是便于最后的销售。因此，包装的功能体现再保护商品、单位化、便利化和商品广告等几个方面，前三项属于物流功能，最后一项属于营销功能。

(4) 装卸搬运功能

装卸搬运是随运输和保管而产生的必要物流活动，是对运输、保管、包装、流通加工等物流活动进行衔接的中间环节，以及在保管等活动中为进行检验、维护、保养所进行的装卸活动，如货物的装上卸下、移送、拣选、分类等。装卸作业的代表形式是集装箱化和托盘化，使用的装卸机械设备有吊车、叉车、传送带和各种台车等。在物流活动的全过程中，装卸搬运活动是频繁发生的。因而是产品损坏的重要原因之一。对装卸搬运的管理，主要是针对装卸搬运方式、装卸搬运机械设备的选择和合理配置与使用以及装卸搬运合理化等，尽可能减少装卸搬运次数，以节约物流费用，获得较好的经济效益。

(5) 流通加工功能

流通加工功能是在物品从生产领域向消费领域流动的过程中，为了促进产品销售、维护产品质量和实现物流效率化，对物品进行加工处理，使物品发生物理或化学性变化的功能。这种在流通过程中对商品进一步的辅助性加工，可以弥补企业、物资部门、商业部门生产过程中加工程度的不足，更有效地满足用户的需求，更好地衔接生产和需求环节，使流通过程更加合理化，是物流活动中的一项重要增值服务，也是现代物流发展的一个重要趋势。

流通加工的内容有装袋、定量化小包装、拴牌子、贴标签、配货、挑选、混装、刷标记等。流通加工功能其主要作用表现在：进行初级加工，方便用户；提高原材料利用率；提高加工效率及设备利用率；充分发挥各种运输手段的最高效率；改变品质，提高收益。

(6) 配送功能

配送功能的设置，可采取物流中心集中库存、共同配货的形式，使用户或服务对象实现零库存，依靠物流中心的准时配送，而无需保持自己的库存或只需保持少量的保险储备，减少物流成本的投入。配送是现代物流的一个最重要的特征。

(7) 信息服务功能

现代物流是需要依靠信息技术来保证物流体系正常运作的。物流系统的信息服务功能包括进行与上述各项功能有关的计划、预测、动态(运量、收、发、存数)的情报及有关的费用情报、生产情报、市场情报活动。财物流情报活动的管理，要求建立情报系统和情报渠道，正确选定情报科目和情报的收集、汇总、统计、使用方式，以保证其可靠性和及时性。

物流系统的信息服务功能必须建立在计算机网络技术和国际通用的 EDI 信息技术基础之上，才能高效地实现物流活动一系列环节的准确对接，真正创造场所效用及时间效用。可以说,信息服务是物流活动的中枢神经,该功能在物流系统中处于不可或缺的重要地位。

【案例分析】

青岛啤酒的物流系统目标

青岛啤酒企业集团与1998年第一季度,提出了以“新鲜度管理”为系统目标的物流管理系统思路,开始建立新的物流管理系统。当时该啤酒的年产量不过30多万吨,但是库存就高达1/10,维持在3万吨左右。

这么高的库存,引发了几个问题:占压了相当大的流动资金,资金运作的效率低;需要有相当数量的仓库来储存这么多的库存。当时的仓库面积有7万多平方米;库存数量大,库存分散。就经常出现局部仓库爆满,具备仓库空闲的问题,同时没有办法完全实现先进先出,使一部分啤酒储存期过长,新鲜度下降,甚至变质。

该啤酒集团并没有把压缩库存作为物流系统的直接目标,而是把“新鲜度管理”作为物流系统的直接目标。这个目标的提出,不但能够解决库存降低、流动资金降低、损耗降低的目的,更重要的是面向消费者的实际需要,在实现消费者满意的新鲜度目标的同时,达到解决库存问题的目的。

新鲜度管理的物流系统目标提出:“让青岛人民喝上当周酒,让全国人民喝上当月酒”。实施方法是:以提高供应链运行效率为目标的物流管理改革,建立集团与各销售点物流、信息流和资金流全部有计算机网络管理的快速信息通道和智能化配送系统。

他们首先成立了仓储调度中心,重新规划全国的分销系统和仓储活动,实现统一管理和控制。由提供单一的仓储服务,到进行市场区域分布,流通时间等全面的调整、平衡和控制,成立独立的法人资格的物流有限公司,以保证按规定的要求,以最短时间、最少环节和最经济的运行方式将产品送至目的地。这样一来,就实现了全国的订货,产品从生产厂直接运往港、站;省内的订货,从生产厂直接运到客户仓库。同时,对仓储的存量规定做了大幅度压缩,规定了存量的上限和下限,上限为12 000吨,低于下限发出要货指令,高于上限不在安排生产,这样使仓库成为生产调度的“平衡器”。

(资料来源:www.ccniit.com/topics/06_05_18course/corses_1_teaches_5.htm)

思考题

1. 该啤酒的物流目标有何特点?同一般的物流目标有何联系?是否矛盾?
2. 该啤酒的物流目标对整个物流系统运行有何影响?

技能训练

请举例说明物流系统中存在的“效益背反”现象。

第三节　连锁经营企业配送与配送中心

物流配送是实行连锁经营不可缺少的重要组成部分,是物流活动中一种特殊的综合活动形式,它包括了所有的物流功能,是物流的一个缩影或在某小范围中全部物流活动的体现。不发展物流配送，就谈不上真正的连锁经营。物流配送的水平，在一定程序上体现和决定着整个连锁经营企业的经营水平。通过高效的配送活动，可以降低连锁经营企业的总物流成本，提高物流效率和物流服务水平。配送中心是连锁经营企业实现配送功能的具体场所，配送中心的效率直接影响到配送的效果，进而对整个连锁经营企业的经营管理产生促进或阻碍的后果。

一、配送

1. 配送的定义

配送在英语中的原词是 delivery，是交货送货的意思，它是一种现代物流方式和新型的流通体制。在日本工业标准 JIS 中，将配送定义为“将货物从物流结点送交收货人”，也强调了送货的含义。如果从字面来理解的话，配送是物流活动中“配”与“送”两项活动的有机结合，配是指货物的分拣和配货等活动；送是指各种送货方式和行为。我国的国家标准《物流术语》将配送定义为：“在经济合理区域范围内，根据客户要求，对物品进行拣选、加工、包装、分割、组配等作业，并按时送达指定地点的物流活动。”

2. 连锁经营企业的物流配送

连锁经营企业的物流配送与一般企业的物流配送有所不同，它是指根据企业经营的需要，从供应者处采购商品，在物流据点（仓库或配送中心）中经过必要的储存、保管，并按各门店的订货要求进行分拣、配货后，将配好的商品在规定的时间内送达门店的一项物流活动。连锁经营企业的配送过程包括 7 个环节（如图 8-1 所示），四大部分。

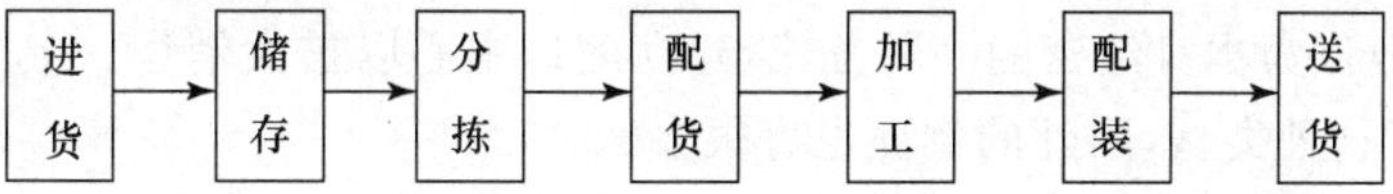

图 8-1　配送的 7 个环节

① 由连锁公司所属的配送中心根据各连锁店经营销售的需要进行采购，组织进货。

② 对购进的商品进行储存、保管、备齐商品，保证供应。

③ 根据各连锁店订货的要求进行分拣，配货和流通加工，并将配好的商品放置于一个特定的地点。

④ 商品配装后在按规定的时间将商品送交各个连锁店。由于配送的最终实现是向需求顾客（连锁店、工厂、其他企业等）送货，所以在很长的一段时间中，人们将配送作为运输的一种形式或组成部分。但配送作为物流的一项功能活动，与运输是有着明显的本质区别的。这种区别主要表现在以下三个方面。

① 配送中的送货仅指从物流据点至各需求客户之间的货物输送，在整个货物运输过程中处于“支线输送”或“终端输送”的地位。比如，工厂通过配送中心向顾客交货时，工厂和配送中心之间的货物输送成为运输，而配送中心到需求客户之间的货物输送成为配送，因为在送货之前先要进行配货。

② 由于配送运输的距离短、批量小、品种多，因而所采用的主要是短途运输工具——汽车。与一般的货物运输相比，采用的运输方式和运输工具比较单一。

③ 配送不是单纯的运输或送货，而是运输与其他活动共同构成的组合体，配送集储存、保管、流通加工、包装、装卸搬运于一体，比单纯的运输要复杂得多。

二、配送中心定义

配送中心是接受生产厂家等供货商多品种大量的货物,按照多家需求者的订货要求,迅速、准确、低成本、高效率地将商品配送到需求场所的物流节点设施。

三、配送中心分类

为了深化及细化认识配送中心,就要对配送中心作出适当的划分。从理论上和配送中心的作用上来划分,可以把配送中心分成许多种类。

(一) 按配送中心承担的流通职能分类

1. 供应配送中心

供应配送中心是专门为某个或某些用户(例如联营商店、联合公司)组织供应的配送中心。例如,为大型连锁超级市场组织供应的配送中心;代替零件加工厂送货的零件配送中心,使零件加工厂对装配厂的供应合理化;中国上海地区6家造船厂的配送钢板中心,也属于供应型配送中心。

2. 销售配送中心

销售配送中心是以销售经营为目的,以配送为手段的配送中心。建立销售配送中心大体有三种类型。

① 生产企业为本身产品直接销售给消费者的配送中心,在国外,这种类型的配送中心很多。

② 流通企业作为本身经营的一种方式,建立配送中心以扩大销售。中国目前拟建的配送中心大多属于这种类型,国外的例证也有很多。

③ 流通企业和生产企业联合的协作性配送中心。

比较起来看,国外和中国的发展趋向,都向以销售配送中心为主的方向发展。

(二) 按配送领域的广泛程度分类

1. 城市配送中心

城市配送中心是以城市范围为配送范围的配送中心。由于城市范围一般处于汽车运输的经济里程内,这种配送中心可直接配送到最终用户,且采用汽车进行配送,所以这种配送中心往往和零售经营相结合。由于运距短、反应能力强,因而从事多品种、少批量、多用户的配送较有优势。例如,“北京食品配送中心”就属于这种类型。

2. 区域配送中心

区域配送中心是以较强的辐射能力和库存准备,向省(州)际、全国乃至国际范围的用户配送的配送中心,这种配送中心配送规模较大。一般而言,用户规模也较大,配送批量也较大;而且,往往是既配送给下一级的城市配送中心,也配送给营业所、商店、批发商和企业用户。虽然也从事零星的配送,但不是主体形式。这种类型的配送中心在国外十分普遍,例如,美国马特公司的配送中心、蒙克斯帕配送中心等就属于这种类型。

(三) 按配送中心的内部特性分类

1. 储存型配送中心

储存型配送中心是有很强储存功能的配送中心。一般来讲,在买方市场,企业成品销售需要有较大库存支持,其配送中心可能有较强的储存功能;在卖方市场,企业原材料、零部件供应需要有较大库存支持，这种供应配送中心也有较强的储存功能。大范围配送的配送中心，需要有较大的库存，也可能是储存型配送中心。中国目前已建的配送中心，都采用集中库存形式，库存量较大，多为储存型。瑞士 GIBA-GEIGY 公司的配送中心拥有世界上规模居于前列的储存库，可储存 4 万个托盘；美国赫马克配送中心拥有一个有 16.3 万个货位的储存区，可见其存储能力之大。

2. 流通型配送中心

流通型配送中心基本上没有长期储存功能，是仅以暂存或随进随出方式进行配货、送货的配送中心。这种配送中心的典型方式是大量货物整进并按一定批量零出，采用大型分货机，进货时直接进入分货机传送带，分送到各用户货位或直接分送到配送汽车上，货物在配送中心仅做少许停滞。例如，日本阪神配送中心，中心内只有暂存货物，大量储存则依靠一个大型补给仓库。

3. 加工型配送中心

加工型配送中心以加工产品为主，因此在其配送作业流程中，储存作业和加工作业居主导地位。

由于流通加工多为单品种、大批量产品的加工作业，并且是按照用户的要求安排的，因此，对于加工型的配送中心，虽然进货量比较大，但是分类、分拣工作量并不太大。此外，因为加工的产品品种较少(指在某一个加工中心内加工的产品品种)，一般都不单独设立拣选、配货等环节。通常，加工好的产品(特别是生产资料产品)可直接运到按用户户头划定的货位区内，并且要进行包装、配货。

(四) 按照配送中心的专业化情况分类

1. 专业配送中心

专业配送中心大体上有两个含义：一是配送对象、配送技术属于某一专业范畴，在某一专业范畴有一定的综合性，综合这一专业的多种物资进行配送，例如，多数制造业的销售配送中心，中国目前在石家庄、上海等地建的配送中心大多采用这一形式；二是，以配送为专业化职能，基本不从事经营的服务型配送中心，如美国马特公司“蒙克斯帕配送中心”。

2. 柔性配送中心

在某种程度上讲，柔性配送中心是与专业配送中心相辅相成的配送中心，这种配送中心不向固定化、专业化方向发展，而向能随时变化、对用户要求有很强的适应性、不固定供需关系、不断发展配送用户并向改变配送用户的方向发展。

3. 特殊的配送中心

特殊的配送中心是指某类配送中心进行配送作业时所经过的程序是特殊的，包括不设储存库(或储存工序)的配送工艺流程和分货型配送中心。

(1) 不设储存库的配送中心

不设储存库的配送中心，在流通实践中主要从事配货和送货活动(或者说专职于配货和送货)，其本身不设储存库和存货场地，而是利用设立在其他地方的“公共仓库”来补充货物的配送中心，称为不设储存库的配送中心。一般来说，配送生鲜食品的配送中心通常属于此类。

(2) 分货型配送中心

分货型配送中心是以中转货物为主要职能的配送中心。在一般情况下，这类配送中心在配送货物之前都先要按照要求把单品种、大批量的货物(比如不需要加工的煤炭、水泥等物资)分堆,然后再将分好的货物分别配送到用户指定的接货点。

四、配送模式

1. 自建物流配送中心

在国际上,有代表性的以大零售商为主导建立物流配送中心的企业是沃尔玛。目前,沃尔玛公司独立投资建立的配送中心有200多家,专为本公司连锁店按时按需提供商品,确保各店稳定经营。家乐福、麦德龙、西尔斯、吉西膨尼等国际大零售商,都建立有本企业体系的现代化物流配送中心。

中国部分大型连锁经营企业有自己的物流配送中心,其中主要原因是国内目前有相当数量的连锁经营企业都是在传统的副食品公司、蔬菜公司、粮店以及其他配套网点的基础上建立起来的。这些传统企业,都有很丰富的场地、设施设备、人员等建立配送中心的基础,这种配送形式有较大的比例。在这些物流配送中心中,大多数信息化和机械化程度较低,主要依赖于手工操作,配送效率和对店铺的反应速度较低。但也有一些大型企业的物流配送中心具有较高的水平,例如,上海华联超市的配送中心。该配送中心的建筑面积2万平方米,库存能力90万箱,日吞吐能力19万箱,可同时停靠80辆货运卡车,服务半径250公里,是目前国内连锁经营企业较先进的配送中心之一。

2. 供应商自理物流

供应商自理物流由供应商直接进行商品配送,这种配送方式主要适用于店铺规模大、采购规模大的超市。如国内的一些大卖场和综合超市公司,它们由总部确定统一的供应商,店铺向供应商要货。

这种由供应商直接配送的优点在于:大大降低连锁经营企业成本和运作的复杂性,因此一般来说,中小型连锁经营企业主要依赖供应商提供商品配送。但这样的配送运作成本高,且配送对店铺的响应速度受到供应商物流水平的限制,同时也依赖于店铺和供应商信息交流的效率高低。

3. 第三方物流

近年,由于国际流通业竞争越来越激烈,一些国际大零售商逐步尝试立足主业经营,走专业化发展的道路,逐步将本企业的物流配送业务委托给社会上专业化的物流配送企业为自己服务,这种发展趋势越来越明显。

例如,日本7-ELEVEN便利店业态企业和伊藤洋华堂、美国众多的单体超市等。尤其在日本,单体分散经营的零售店约占店铺总数的90%以上,出于竞争需要,这些零售店者主要依靠第三方物流进行商品配送。中国目前制造商使用第三方物流的较多,其产品通过第三方物流公司送到零售商的配送中心或区域性中心。

零售行业采用第三方物流的并不多,但也有一些连锁超市在尝试使用第三方物流,例如,北京物美集团公司。物美在北京的便利店和便利超市300多家,2001年开始物美委托和黄天百对其店铺进行物流配送。和黄天百是一家专业第三方物流公司,在欧洲占有较大的市场份额。物美与和黄天百合作,让其为所属的200多家便利店进行配送。

五、配送中心的运作

(一) 配送中心的作业流程

不同类型的配送中心,其作业流程的长短不一,内容各异;但作为一个整体,其作业流程又是统一的、一致的。

1. 配送中心的一般作业流程

一般作业流程指的是作为一个整体来看待，配送中心在进行货物配送作业时所展现出的工艺流程。从一定意义上说，一般作业流程也就是配送中心的总体运营所显示的工艺流程。

配送中心的一般作业流程是以中、小件杂货配送为代表的配送中心流程，由于货种多，为保证配送，需要有一定储存量，属于有储存功能的配送中心。理货、分类、配货、配装的功能要求较强，但一般来讲，很少有流通加工的功能。配送中心的一般作业流程如图 8-2 所示。

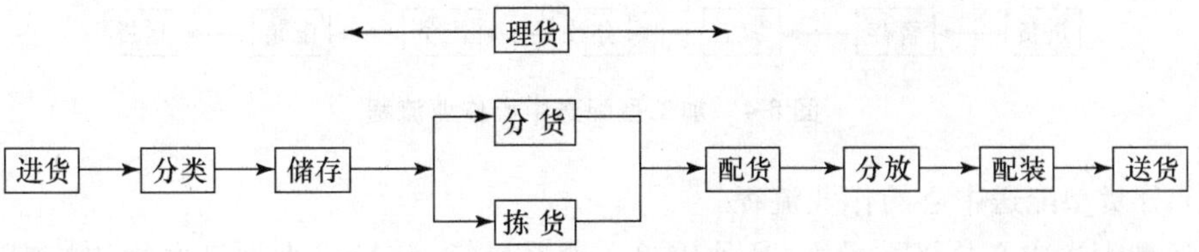

图 8-2 配送中心的一般作业流程

固体化工产品、小型机电产品、水暖卫生材料、百货及没有保质期要求的食品配送中心等也采取一般作业流程。

一般作业流程也可以说是配送中心的典型流程，其主要特点是有较大的储存场所，分货、拣选、配货场所及装备也较大。

2. 配送中心的特殊作业流程

特殊作业流程是指某一类配送中心（即个别配送中心）进行配送作业时所经过的程序（或过程）。其中包括不设储存库（或储存工序）的配送工艺流程、带有加工工序的配送工艺流程和分货型配送工艺流程。

（1）不带储存库的配送中心作业流程

有的配送中心专以配送为职能，而将储存场所尤其是大量储存场所转移到配送中心之外的其他地点。专门设置补货型的储存中心，在配送中心中只有为一时配送备货的暂存，而无大量储存，暂存设在配货场地中，在配送中心不单独设储存库。配送中心的特殊作业流程如图 8-3 所示。

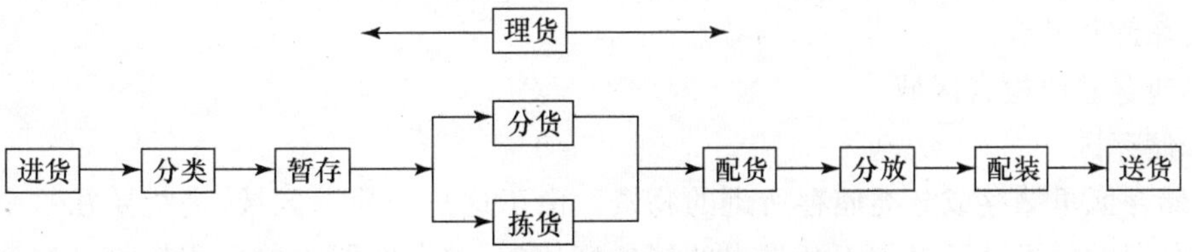

图 8-3 不带储存库的配送中心作业流程

不带储存库的配送中心和第一种类型配送中心的流程大致相同，主要工序及主要场所都用于理货、配货，区别只在于大量的储存在配送中心外部而不在其中。

不带储存库的类型的配送中心，由于没有集中储存的仓库，占地面积比较小，也可以省去仓库、现代货架的巨额投资。至于补货仓库，可以采取外包的形式，采取协作的方法解决，也可以自建补货中心。实际上，在若干配送中心基础上，又共同建设一个更大规模、集中储存型补货中心。此外，还可以采用虚拟库存的办法来解决。

(2) 加工型配送中心的作业流程

加工型配送配送中心也不是一个模式,随着加工方式的不同,配送中心的作业流程也有区别。

加工型配送中心作业流程的特点,以平板玻璃为例,进货是大批量、单(少)品种的产品,因而分类的工作不重或基本上无需分类存放。储存后进行加工,和生产企业按标准、系列加工不同,加工一般是按用户要求。因此,加工后产品便直接按用户分放、配货。所以这种类型配送中心有时不单设分货、配货或拣选环节。配送中心中加工部分及加工后分放部分占较多位置。加工型配送中心作业流程如图 8-4 所示。

图 8-4 加工型配送中心作业流程

(3) 分货型配送中心的作业流程

分货型配送中心是将批量大、品种较单一产品进货,转换成小批量发货式的配送中心。不经配煤、成型煤加工的煤炭配送和不经加工的水泥、油料配送的配送中心大多属于这种类型。分货型配送中心的作业流程如图 8-5 所示。

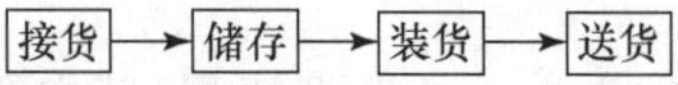

图 8-5 分货型配送中心的作业流程

分货型配送中心流程十分简单,基本不存在分类、拣选、分货、配货、配装等工序,但是由于是大量进货,储存能力较强,储存工序及装货工序是主要工序。

(二) 配送中心的结构

配送中心虽然是在一般中转仓库基础上演化和发展起来的,但其内部结构、布局和一般仓库有较大的不同。一般配送中心的内部工作区域结构配置如下。

1. 接货区

在接货区里完成接货及入库前的工作,如接货、卸货、清点、检验、分类入库准备等。接货区的主要设施有:

① 进货铁路和公路;

② 靠卸货站台;

③ 暂存验收检查区域。

2. 储存区

在储存区里储存或分类储存所进的物资。由于这是个静态区域,进货要在这个区域中有一定时间的放置。所以和不断进出的接货区比较,储存区所占的面积较大。在许多配送中心,这个区域往往占总面积一半左右。对某些特殊配送中心(如水泥、煤炭配送中心),这一部分在中心总面积中占一半以上。

3. 理货、备货区

在理货、备货区里进行分货、拣货、配货作业,为其送货做准备。这个区域的面积随不同的配货中心而有较大的变化。例如,对多用户的多品种、少批量、多批次配送(如中、小件杂货)的配送中心,需要进行复杂的分货、拣货、配货等工作,所以这部分占配送中心很大一部分面积。当然,也有一些配送中心这部分面积并不大。

4. 分放、配装区

在分放、配装区里，按用户需要，将配好的货暂放、暂存等待外运，或根据每个用户货堆状况决定配车方式、配装方式，然后直接装车或运到发货站台装车。这一个区域对货物进行暂存，暂存时间短、周转快，所以所占面积相对较小。

5. 外运发货区

在外运发货区将准备好的货装入外运车辆发出。外运发货区结构和接货区类似，有站台、外运线路等设施。有时候，外运发货区和分放配装区是一体的，分好的货物可以直接通过传送装置进入装货场地。

6. 加工区

有许多类型的配送中心还设置配送加工区域，在这个区域进行分装、包装、切裁、下料、混配等各种类型的流通加工。加工区在配送中心所占面积较大，但设施装置随加工种类的不同而有所区别。

7. 管理指挥区(办公区)

管理指挥区(办公区)可以集中设置于配送中心某一位置，有时也可以分散设置于其他区域中。管理指挥区(办公区)主要的包括是营业事务处理场所、内部指挥管理场所、信息场所等。

六、配送中心的选址

如何合理地选择物流配送中心的地址，建立一套高效率的配送系统，降低为客户送货的成本，提高货物到达速度，从而保障服务的质量，这是连锁经营企业发展面临的重要问题。

配送中心选址问题考虑的是在某一指定的配送区域内，在各需求点已给定的条件下，选择配送中心的数量和最佳位置，使配送中心的运作成本及运输成本降到最低。

如果单纯从路线最短、成本最低、速度最快等角度来选址，未必就是最好的选择。连锁经营企业物流配送活动是接近用户和服务性很强的活动，用户的选择必将引起配送服务的竞争。因此，为了提高用户满意程度，增强连锁经营企业竞争力，配送中心的选址要充分体现服务竞争。

在配送中心选址决策上，应该从全局物流优化的角度，特别是从供应链管理的全局来考虑。对上游供应链来说，是供应商的选择与确定，需要考虑运输费用、技术合作优势、供货的可靠性和协作管理成本等；对下游供应链来说，是分销商和代理商的确定，需要考虑地区文化、消费观念、环境因素等非物质因素等。

结合连锁经营企业物流配送和配送中心的特点，在评价物流配送中心选址是否合理时，表 8-1 中的因素是要首先和必须考虑的。

表 8-1　评价物流配送中心考虑的因素

配送中心选址影响因素	具体详情
布局选址	选址交通枢纽中心地带，使物流配送中心网络与运输枢纽网络相适应
经济效益	选址较低的地价区位，数量充足、素质较高的劳动力等
功能和服务水平	考虑物流配送中心服务对象的分布和顾客对服务水平的要求等，包括可靠性、准时性和顾客满意度等
环境因素	减轻物流对城市交通的压力，减少物流对城市环境的不利影响，促进城市可持续发展

【案例分析】

苏果超市的配送中心

苏果超市有限公司是一家集批发、配送、物流、加工、零售于一体的大型连锁经营企业，它以物流技术为其核心竞争力，着眼于整个公司的运作效率和效益，建立了技术密集型的大型物流配送中心，其物流软硬件方面的条件在全国连锁业中遥遥领先。

苏果超市目前已拥有两个配送中心。一是坐落于南京雨花区南大门的苏果超市城南配送中心，其前身是原大型食品批发企业——江苏省果品食杂总公司的销售、储运部门，于1998年按照苏果超市的发展规划组建，现在承担对叶菜类和水果类的加工与配送活动。二是在原有6万平方米的基础上，苏果投资约2亿元建设的马群物流中心，占地面积17万平方米，单体仓库建筑面积达4.5万平方米，堪称华东地区第一，包括商品加工与配送中心和3座分别有3 000平方米的信息综合楼，以及占地4.7万平方米的配送分拣储藏库，8 000平方米的生鲜配送中心。新物流中心有单品2万多种，年配送额60亿元，年配送量达4 300多万箱，有效配送半径达300千米。生鲜配送中心可承担净菜、卤菜、豆制品、冷冻食品等加工及质量检测、分拣配送等，最大年生产能力5亿元。

目前，马群物流中心为1 000多家苏果门店提供常温商品配送服务，每天通过苏果局域网接收门店订单，根据门店的需求实行每天配送，一般订单24小时内履行，物流服务半径超过250千米。配送中心的统一配送比例为60%，其中加盟店中约有30%由物流中心统一配送，50%由苏果推荐的供应商进行配送。此外，还面向社会客户提供批发、第三方物流等服务，不过规模较小。苏果超市配送中心的一般流程如图8-6所示。

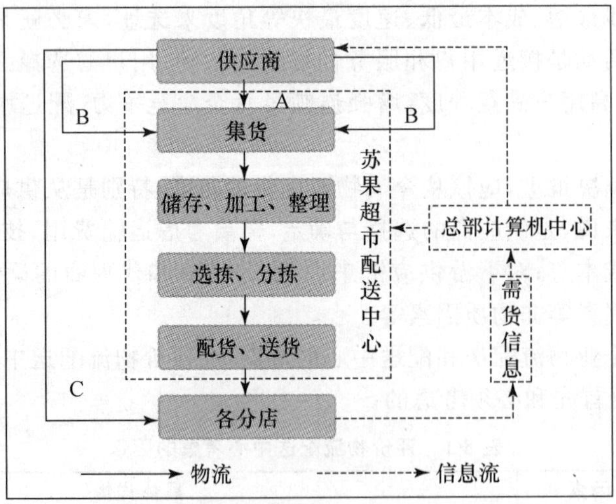

图 8-6　苏果超市配送中心的一般流程

在图8-6中，A表示苏果配送中心是按各连锁分店提出的需货信息，从供应商处组织货源，然后依次经过集货、储存、加工、整理、选拣、分拣、配货和送货，最后到达相应的连锁分店。

B表示对相当部分销售比较均衡的、反映企业经营特点的、销售频率比较高的商品，由配送中心直接从供应商处整批组织货源、集中保管，然后按各连锁分店的需货信息中的各项要求，经过储存、加工、整理、选拣、分拣、配货和送货，最后送达各连锁分店，以保证各分店销售业务的正常开展。

C表示对一些本地生产的商品，或者供应商可以直接送达各连锁分店的商品，可以不经过苏果的配送系统，利用社会上的配送资源，直接由供应商为连锁分店提供物流服务。对于那些实施VMI模式的商品，就由供应商负责配送到各个连锁分店，在一定程度上减轻了物流配送中心的压力，同时也起到了节省流动资金、降低经营费用的作用。

在苏果超市物流配送中心运营体系中也存在一些问题，主要是由于物流配送中心是自建自营的，需要企业具有强大的经济实力和销售规模，才能保证配送规模效益带来的成本节约大于配送中心建设和运营造成的成本增加。从苏果超市物流配送中心目前的经营情况来看，短期内难以实现成本回收，利润中心的目标难以实现。尽管苏果超市物流配送中心技术先进、软硬件环境好，但整体的经营管理能力还比较低，缺乏相应的管理型人才，出现了设备闲置、空间资源浪费的现象。主要表现在如下几方面。

1. 建设成本和投资风险较大

从厂房和基础设施建设、软硬件设备购人、人员培训、信息系统建设，到物流配送中心的经营管理费用，苏果超市花费了巨大的资金和精力（苏果马群物流配送中心总投资约2亿元），带来了较大的投资风险。管理如此大规模的物流配送中心，如果苏果缺乏具有经验和专业知识的人才，则将会带来较大的管理风险，一旦某个方面出现问题，都会影响苏果超市物流配送中心的运营乃至影响整个南京地区各超市的供货和销售问题。为此，苏果超市花费了大量精力进行运营管理，争取全面慎重地经营苏果超市物流配送中心，以防出现漏洞，从而导致投入大、成本难以短期回收的局面。

2. 配送规模缺乏柔性，配送客户单一

苏果物流配送中心的服务对象仅仅是苏果在南京的各超市，虽然配送中心的物流服务半径超过250千米，但门店数量仅仅取决于辐射范围内苏果自身所拥有的门店数。从而出现了配送规模缺乏柔性，客户单一，难以提高配送效率、创造规模效益。根据国外的经验，物流配送中心属于连锁超市中技术含量最高的部门，建立前期投入较大，运行成本较高，只有当配送的门店数和配送规模超过盈亏平衡点时，才能盈利。物流成本降不下来，苏果在零售价格上的优势就难以充分发挥，长此以往就会进入压缩物流配送中心投资规模——物流成本进一步增加的恶性循环。

3. 专业人员缺乏，员工素质不高

物流配送方面的人才匮乏，导致管理不完善，使物流资源没有实现最大化应用，一些先进的检测设备闲置，占用了空间，浪费了资源。如果希望更好地满足苏果超市的需要，就要不断地投入资金，购买先进的软硬件设施，培养高素质的运营管理人员，引进先进的信息系统。连锁超市的物流配送中心是与现代化经营管理相联系的一个概念，中国物流配送中心起步比较晚，参与研究的专业人员不多，在制订物流方案、实施管理、开拓物流市场以及经营管理等方面都缺少专业人才。而且，从行业的整体情况看，就业人员素质普遍较低，对物流业的理解仍然停留在运输、仓储概念上，还没有上升到物流服务的理念，这是中国超市物流配送中心建设中普遍存在的一个问题。

4. 缺乏完善的供应链支持，货源风险仍然存在

一个理想的物流配送中心运营管理体系应该建立在供应链管理模式上，应在信息共享

基础上，实现以相互信任为支撑的供应链成员之间的互惠合作。苏果超市供应链体系中的信息流往往不稳定，物流支持也不是很固定，并且由于组织间合作的临时性，信任与支撑也无从谈起。因此，物流配送中心的运营，并未缓解商品质量、商品数量等货源风险。

5. 缺乏完善的信息平台支持，运营效率较低

目前，有相当一部分商品是依靠经验和历史进货信息组织进货的，有可能使有些顾客喜欢的品牌，因为没有及时补货而出现货架上的空缺；而有些顾客不欢迎的品牌却长期占据着宝贵的货架位置，货架空间被浪费；再加上商品陈列凌乱不整，久而久之，就会使消费者购物的欲望和效率降低。零售商因货架管理不善导致部分顾客流失，销售额下降，进而利润下降。由于缺乏有效的信息，因此整个分销和配送过程效率较低。

（资料来源：周斌、袁静、王言锋．苏果超市的物流配送[J]．经营与管理，2004(3)）

思考题

1. 苏果超市物流配送中心运营的案例说明了什么问题？

2. 苏果超市物流配送中心存在哪些问题？应该如何改进？

技能训练

选择一家连锁经营企业的配送中心，运用所学知识分析其存在的优缺点，并提出改进意见。

【本章复习题】

1. 连锁经营企业物流配送的主要模式有哪些？
2. 连锁经营企业物流管理的含义是什么？
3. 连锁经营企业物流系统包括哪些功能要素？
4. 配送和运输有何区别？
5. 配送中心的一般作业流程是怎样的？
6. 按配送的时间和数量，可将配送分为哪几类？各有何特点？
7. 什么是共同配送，有何优点？
8. 配送中心对连锁经营企业有何作用？

第八章

连锁经营企业人力资源管理

【本章介绍】

人力资源是企业最重要的资源，企业的核心竞争是人才的竞争，拥有优秀的人才，以及人力资源管理是决定企业在激烈的市场竞争中成功与否的关键。目前，连锁行业专业性人才缺乏，连锁经营企业要想在激烈的市场竞争中占有优势，也必须依靠人力资源管理。连锁经营企业人力资源管理主要包括连锁经营企业人力资源规划、招聘、培训与开发、薪酬设计和绩效考核等方面的内容。

【学习目标】

知识目标：掌握连锁经营企业人力资源规划的基本内容，招聘的途径、流程，培训作用、形式，薪酬设计，绩效考核等相关知识。

技能目标：能够设计连锁经营企业人力资源规划方案，能够开展连锁经营企业人力资源招聘相关工作，能够进行连锁经营企业人力资源培训，能够设计本连锁经营企业的薪酬方案，能够有效进行连锁经营企业绩效考核。

【学习内容】

1. 连锁经营企业人力资源规划。
2. 连锁经营企业人力资源招聘。
3. 连锁经营企业人力资源培训。
4. 连锁经营企业薪酬设计。
5. 连锁经营企业绩效考核。

【案例引导】

华尔连锁店的成功秘诀

美国第四大零售店华尔连锁商店的销售额已经从 4 500 万美元增加到 16 亿美元，连锁店店面从18家扩展到了30家。公司创办人华顿是华尔连锁商店庞大网络取得成功的幕后决策人物。他成功秘诀只有一句话:"我们关怀我的员工。"

华顿从1962年起,每年都要注视每个连锁店。在他的带动下,公司的经理们把大多数时间都花在11个州的华尔连锁店里,经理办公室实际上空无一人,办公室总部简直像个无人仓库。华顿常说:"最重要的是走进店里听同事们说话。让大家都参与工作相当重要,我们最棒的主意都出自员工。"华顿把公司的员工一律称为"同事"。

有一次,华顿连续几周失眠,于是他起床到一家通宵营业的面包店买了4打甜圈饼。清晨两点半,他带着甜圈饼到批货中心给值班工人当宵夜。

在批货中心,他站在货运甲板上和工人聊天,了解到工人的工作条件差不便洗澡,于是他决定安装两个淋浴棚子。工人们体会到老板对他们至深的关怀。

还有一次,华顿乘飞机到得克萨斯州的蒙特皮雷森镇,到了之后,他告诉飞机驾驶员到100英里之外的路上等他。然后华尔挥手拦住一辆华尔连锁店的卡车,准备乘卡车到与飞机驾驶员约定好的地方,华尔一路同卡车司机聊到目的地。

华尔连锁店的每名员工都感到颇有成就,每星期六上午必召开例行管理会议,每月工作成绩突出的人员会获得一枚徽章,每周总会有几个店面荣登"荣誉榜"。

(资料来源:李志敏.孙子兵法智慧故事.北京:京华出版社,2011)

思考题

1. 华尔连锁店的成功秘诀是什么?
2. 连锁经营企业力人资源管理会涉及哪些问题?

第一节 连锁经营企业人力资源规划

连锁经营企业战略规划、组织设计、门店选址、技术设备引进、商品开发与销售策略、供应与采购、物流与配送、信息管理及各种制度的拟定,均需要人来完成,因此连锁经营企业良好的运营关键在于人力资源的合理配置与运用。如何规划适合本身连锁经营企业特色的人力资源体系,人岗匹配、人尽其才、发挥所长,是连锁经营企业人力资源规划的关键。

一、人力资源规划的理解

连锁经营企业人力资源规划,是指连锁经营企业在内外环境分析的基础上,对人力资源的供给和需求状况进行科学地预测、分析,制定相应的政策和措施,以确保企业在需要的时间和需要的岗位上获得各种所需的人才,使企业和个体能得到长远利益的计划。

连锁经营企业人力资源管理工作的计划即人力资源规划,它是连锁经营企业人力资源各项管理活动的起点,是人力资源开发与管理过程中的初始环节,是实现公司战略规划的关键性环节。

二、人力资源规划的内容

连锁经营企业人力资源规划与通常企业一样,一般包括人力资源整体目标规划、企业发展规划、人力资源管理制度规划、人力资源开发规划、人力资源供给与需求规划、人力资源培训与开发规划、员工薪酬福利规划、绩效考核规划、定编定岗定员规划与劳动定额规划、员工职业生涯规划等许多内容。由于人力资源规划要与企业的经营策略、营运计划、企业规模和企业需求相适应，因此，连锁经营企业人力资源规划要围绕连锁经营企业的经营目标进行制定。

连锁经营企业人力资源规划通常按时间长短来划分，即长期规划、中期规划和短期规划。

① 长期规划。是指为了配合企业长期性策略发展，有关计划期内人力资源开发与管理的总目标、总政策、实施步骤及总预算等而进行的长远性规划，其规划期一般为 3～5 年。

② 中期规划是。是指为配合企业的中期发展计划，预测未来三年内人力供需状况而做出的人力资源开发与管理规划，其规划期限一般为 1～3 年。

③ 短期规划是。是指为维持连锁经营企业现有运营，解决短期性的人力资源需求以及配置问题而进行的规划，通常以连锁经营企业人力资源的招聘、任用、薪酬、考核、升迁等为主要内容。

连锁经营企业人力资源规划在长期规划、中期规划以及短期规划有着不同的指导思想和任务，需要根据连锁经营企业的具体工作任务和具体时间要求来制定人力资源的规划工作。

三、职位规划

在连锁经营企业经营中各层级部门中需要设置哪些职位，每个职位有哪些职责，必须事先明确，衡量编制需求，设置必要并合适职位。另外，职位规划也是人员招聘、培训与开发的参考和依据。职位设置需要做好如下工作。

（一）工作分析

连锁经营企业工作分析是指对连锁经营企业组织在营运过程中所发生的工作进行研究分析的活动，以确定各个环节工作的差异性或相似性，为职位的设定提供资料。

工作分析是协助了解职位设置必要性的最佳方法，一般应在职位设置前就先进行工作分析，设置后仍需定期检查以下各项看是否有必要修正。

① 设置该职位的目的是什么？对其他职位有什么帮助与影响？

② 该职位需要什么知识或技能？有哪些学历或技能要求？

③ 该职位要做什么工作？

④ 该职位负担的责任与影响是什么？在组织中的位置是什么？

⑤ 该职位需要多少人？如何衡量？

下面以某连锁酒店分店经理为例，了解工作分析的具体内容。

一、岗位名称：店经理。

二、直接上级：分店投资商，总部连锁营运总监。

三、直接下属：前厅经理、厨师长、财务会计、客户部经理、后勤经理。

四、本职工作：全面负责分店的经营、管理和组织。保证酒楼服务质量不断提高，对完成投资商、总部整体工作目标负责。

五、工作职责

1. 负责制订酒楼年度工作、经营计划并组织实施。

2. 督导酒楼各岗位的日常运作，确保为客人提供优质服务。

3. 与财务配合，进行有效的成本控制工作。

4. 经常深入现场各岗位听取汇报、检查工作，从整体上保证所属部门工作协调，以保证对客人的总体服务质量。

5. 负责审定菜单、菜谱、餐饮价格，监督检查采购和财务月终盘点，宏观控制经营费用和销售、进货情况。

6. 负责与所在地主管部门的工作沟通、协调。

7. 主持酒楼工作例会，完成上传、下达工作。

8. 督导所属部门人员培训工作，评定直接下属的工作绩效，做好下属人员的人事任免工作。

9. 完成投资商或公司总部交办的其他工作。

六、岗位职权

1. 根据酒楼员工的工资和奖金政策，对下属具有奖惩权。

2. 根据酒楼的人事政策，对下属具有录用、选配、任命和除名的决策权。

3. 根据总部工作要求及工作的具体情况，对酒楼具体经营管理工作具有决策权。

4. 对部门上报的申购、领用、加班、休假等有签署权。

5. 根据酒楼要求及市场行情，对物品采购质量、价格的监督权。

6. 根据酒楼规定的折扣权限，有相应的折扣权。

（二）建立工作说明书

通过工作分析，建立各职位设置目的、功能、任职基本条件、人员编制、后续的人员招募、人员调动与晋升、人员训练、薪酬给付、绩效考核等，需要按照工作说明书实施，因此每一个职位都必须有相对应的工作说明书，以利于职位管理制度的推行。

工作说明书内容一般包括职位名称、工作经验、专长技能、健康状况、工作职责、从属关系、学历要求、横向联系等内容。

（三）建立职系、职类与职级

1. 职系

职系是以对公司内部现有的工作分析，将职务相类似的工作职位归类到同一职系，这不利于未来工作轮调与晋升路径的规划参考，因此必须依据公司现有的组织与职位做分类。

2. 职类

职类的区分以工作所涵盖职务性质的专业与一般性为分类标准，专业性职类的职位在考虑薪酬给付时，会依其市场水准来调整，并对不同职类的职位调动进行限制。

3. 职级

一般职位的职级多采用管理职能与参谋职能两种方式区分，主要以其工作行为特性及人员管辖来区分，而在不同职级间的职称会因不同组织形态而不同，甚至在同一职级间亦可能再予以细分，因此必须依据本身组织架构的特性做职级与职称的分类。

例如，职员—店长助理—店长—区主任（区组长）—科长—部门经理—总经理，此系统较常用于小型店面的连锁店组织中，如便利商店、快餐店等。

职员—组长—店长（店经理）—区经理—部门经理—总经理，此系统则较常用于大型店面的连锁店组织中，如超市、量贩店、餐厅等。

四、人力资源需求计划的制订

根据制订好的职位规划方案，企业还需要制订人力资源需求计划，确保所需的人员能够顺利到位。

（一）人力编制

人力编制主要包括可量化人力编制与非量化人力编制两种方式。

1. 可量化人力编制

可量化人力编制是指可用营业额、顾客数、平均客单价、店数等量化数据，以数学方程式方式表示的人力编制衡量方法。常用的标准包括以下几种。

（1）以店数作为衡量标准

适用于开店人员、设备维修人员、商品盘点人员、物流配送人员等，可以店数作为生产力指数衡量标准。

（2）以每人目标营业额或每人目标服务顾客数为衡量标准

适用于门市卖场等与营业额、顾客数有关联的人员编制，每人目标营业额或每人目标服务顾客，需事先以工作分析法或经验法制定出可衡量指标。

（3）以各项作业工时为衡量标准

适用于门市商场，将卖场所有各项工作所需要花费的时间，以作业研究方式计算出来，再以回归分析方法得出此方程式。此方法以较单纯的目标营业额衡量更接近实际需求，并考虑卖场运作的基本工时需求，并且是采用工时概念而非人数概念，对于正式人力及兼职人力的运用上较具弹性。

（4）以可用薪酬费用额度为衡量标准

以成本费用面及预算控制作考虑，在可用的薪酬额度内进行人力编制，但是在卖场运作中，即使营业额没达到标准，也必须有最基本的人员编制，其薪酬费用仍无法避免。

2. 非量化人力编制

非量化人员编制适用于无法直接以营业额、店数等数量化标准衡量的人力编制，如后勤人员、企划幕僚人员等，只能以其职位说明书的工作内容进行工时分析，或是参考相关同业的标准分析。这种编制方法具有较主观的判断，且易受组织功能需求、作业流程及资讯化程度等因素影响，也是最不易管控的人力编制，因此明确的职位工作说明书是有必要的。

一般在进行工作分析时，多将所负责的各项工作内容条列出，再针对不同的工作内容进行作业时间（小时/每次）与作业频率（次数/月）的研究，可以得出完成该项工作的作业时间。

（二）需求预测

人力需求预测的目的，在于协助人力计划进行的正确性，透过需求预测掌握未来人力供需的状况，避免人力供给过剩或不及，并对人力数量外的素质面作分析。因此，须先作公司人力现况盘点，配合公司的营运计划，进行人力需求预测，作为人力招募参考及人力调度的依据。

1. 人力现况盘点

人力现况主要有以下几个方面。

① 企业内现有各阶层人数。

② 各部门内职位类别、编制人数、缺额等。

③ 各部门内人力素质、年龄分析、年资分析、知识程度等。

④ 各部门内人员离职率、新进率、流动率等。

⑤ 各部门现有生产力指数。例如，每人服务店数、每人负担营业额、每店负担后勤费用、每工时创造营业额等。

2. 人力需求预测

人力需求预测须掌握下列几项要素。

① 应有人数。以可量化人力编制及非量化人力编制标准，订出应有编制人数。

② 留任人数。现有人数扣除人力损耗（如离职、异动等）。人力损耗可以历年的离职

率、异动率估计出来。

③ 需求人数。应有人数减去留任人数可得出需求人数作为人力招募参考，并应考虑新进人员会有的流失率，以掌握实际应招募人数。

【案例分析】

总是缺人的公司

张某是一家民营电子企业的人力资源经理，持续不断地招聘已让他感到厌倦，但是企业似乎一直缺人。企业的环境和待遇都不错，也没有扩张，他始终不明白为什么企业一直处在缺人和招人的怪圈中。

某咨询公司专业人士问他及在该公司工作的员工："你们企业预测过人力资源需求吗?""没有，从来没有。"这个经理显然觉得这个问题很可笑，因为他们现在的需求都没满足过，何需考虑未来。然而问题就出于此，在这家企业工作或曾工作过的人反映了四个主要问题：

第一，招聘目的不明确，许多人在进入企业后的相当一段时间内不知道自己应该做什么；

第二，没有计划的招聘损害了企业形象，员工认为自己没有受到应有的重视；

第三，不断吸纳新员工，给老员工造成巨大压力；

第四，频繁流入必然导致频繁流出，在职员工没有安全感和忠诚感，暗自寻找跳槽机会。

此时，这位人力资源经理开始认同，深悔自己浪费了太多的时间在没有计划的招聘桌上。或许他缺的不仅仅是一份人力资源需求预测，但这是改进的第一步。

对人力资源进行规划，必须掌握未来情况，而未来具有很大的不确定性，因此，人力资源经理只能通过预测对未来做出一个尽可能贴近的描述。在人力资源规划中，最关键是人力资源需求预测和人力资源供给预测，它们是制订各种战略、计划、方案的基础，在人力资源规划中占据核心地位。

（资料来源：国际商务职业资格考评委员会. 连锁经营管理师培训教程. 北京：中国经济出版社，2007.）

思考题

如果你是人力资源经理，如何解决总缺人的问题?

技能训练

实地观察、访问一家你所熟悉的中型连锁经营企业人力资源管理情况，并为其预测明年的人才需求。

第二节　连锁经营企业人力资源招聘

一、制定用人政策

连锁经营企业用人政策包括以下几点内容。

（一）任职的基本条件

任职的基本条件包括：性别、年龄、学历、教育背景、工作经历、所学专业、语言能力、计算机操作能力、爱好、特长、身体素质等，根据职位的不同要求也不同。这里需要强调，用人时不要出现性别、民族歧视等法律不允许的条件要求。

（二）用人来源

用人来源包括全职或兼职、内部提拔或外部招聘、在校生或应届生等。

（三）劳动法规定要求

企业应明确用人时履行国家的社会保险（五险包括：养老保险、医疗保险、失业保险、生育保险、工伤保险；一金包括：住房公积金），最低基本工资，岗位要求必须具备的职业资格证书、职称和特殊岗位的体检证明等要求。

（四）能力要求

能力要求包括工作经验能力、协作能力、组织能力、沟通能力、亲和力、性格特征、文化差异、敬业精神等。

（五）其他要求

其他要求包括工作地点、工作时间、上岗要求、特定职位非歧视性身体条件要求等。

二、招聘途径

连锁经营企业与一般企业招聘方式基本相同，其招聘途径大体分为内部招聘和外部招聘。

1. 内部招聘

内部招聘方法是指在组织内公布空缺职位、发布招聘启事、在职位所需技能和现有员工中进行搜索，从内部寻找聘用者并从内部招聘员工。

内部招聘主要有推荐法、布告法和档案法。

① 推荐法。主要是指内部员工推荐、部门领导推荐；

② 布告法。主要是指在内部张贴招聘公告，吸引有意愿和适合的人来应聘；

③ 档案法。是指通过人力资源部查看员工档案，寻找适合相应岗位的人员。

2. 外部招聘

外部招聘主要有社会招聘会、校园招聘、网络招聘、猎头招聘和员工推荐等形式。

外部招聘的优劣势如表 9-1 所示。

表 9-1　外部招聘优劣势

招聘方式	优　势	劣　势
社会招聘会	社会效应大	针对性较差
校园招聘	针对性较强，量比较大	但员工缺乏工作经验
网络招聘	成本较低，反应速度较快	应聘者质量很难控制
猎头招聘	专业人才聚集	成本较高，招聘速度较慢
员工推荐	可靠性和稳定性有保证	内部管控存在一定风险

3. 内外部招聘方式的优劣势

企业外部招聘虽然可以有效解决企业人员短缺的问题，但是员工企业文化融合度、员工稳定性和忠诚度，以及员工是否可以立刻胜任本岗位却成了本项招聘的短板。因此，企业在面临紧急性人员短缺时应尽量采用内部招聘的方式，而在长期人才储备和非紧急性人才短缺时可以采用外部招聘的形式。

4. 内外结合的招聘

研究表明,企业在招募人员时最好采取内外部招聘相结合的办法。具体是偏向于内部还是外部,取决于企业战略、职位类别和企业在劳动市场上的相对地位等因素的影响。对于招募企业的中高层管理人员而言,内部与外部招聘都是行之有效的方法,在实践过程中并不存在标准答案。就连锁经营企业一般来说,对于需要保持相对稳定的企业中层管理人员,可能更多地需要从组织内部获得提升,而高层管理人员在需要引入新的风格、新的竞争时,可以从外部引进合适的人员。

5. 连锁经营企业招聘媒介

连锁经营企业招聘媒介主要有以下几种。

① 媒体广告。如报纸、杂志、电视、车箱广告、公司统一发票广告、购物袋广告、网络广告、灯箱广告等。

② 店头广告。如店内招牌、门市橱窗、(直邮)传单。

③ 招募传单。采用夹报或卖场柜组置放招募传单方式,适合特定地区人员招聘。

三、招聘流程

为了提高连锁经营企业的招聘效率,连锁经营企业一般采用以下招聘流程。

① 需求。需求分析。

② 招募。包括招募准备,招聘信息发布,应聘登记。

③ 甄选。指人员甄选、面试。

④ 录用。

⑤ 试用。

连锁经营企业具体招聘流程各环节如图 9-1 所示。

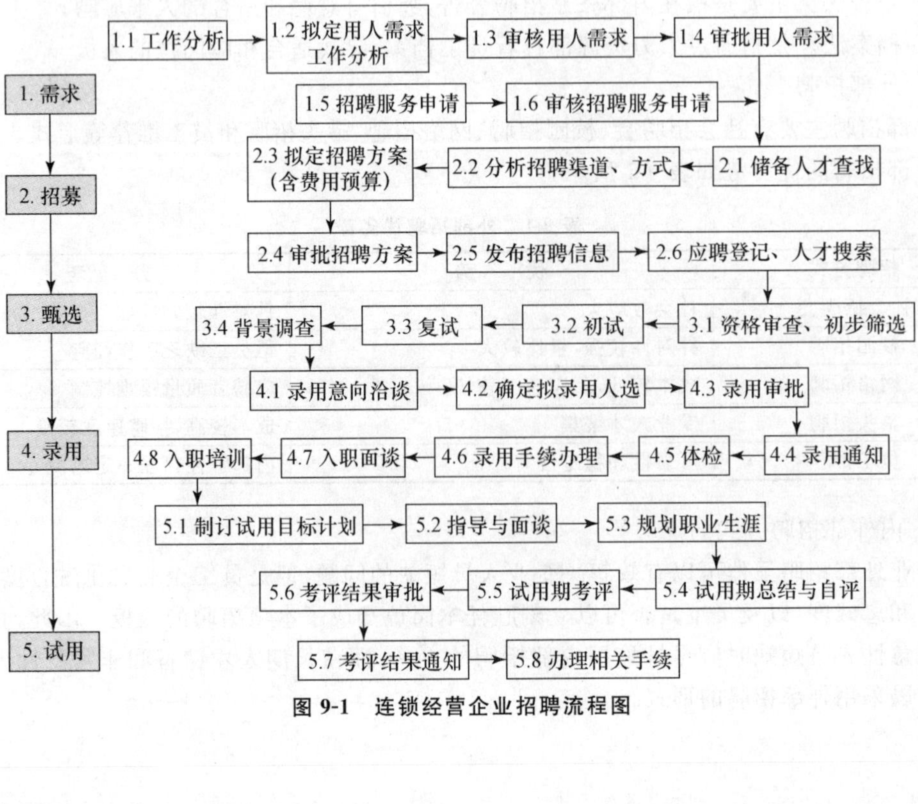

图 9-1 连锁经营企业招聘流程图

四、招聘用语规范

（一）企业简介用语规范

企业简介要简洁，发展历程、主要经营业务范围、业绩说明、人员组成现状、发展愿景和此次招聘的人员职位要求等信息用语要规范，可策划吸引人的用语，但要客观、实事求是。

（二）通知面试用语规范

对在网上或者通过其他途径应聘了解应聘者，可用如下规范。

您好，是××先生（女士）吗？我们通过××（渠道）得到了您的简历，通过对您的简历分析，我们认为您与我们正在招聘的××职位的要求相符，我们计划于××月××日组织面试，希望您能参加。

如果对方答应：感谢您对我们工作的支持。

如果对方拒绝：我们期待着下次能与您合作。

（三）正式面试用语规范

1. 欢迎词

您好，非常感谢您的光临。

您好，感谢您在百忙中抽出时间参加面试。

2. 结束用语

(1) 综合性用语

非常感谢您宝贵的时间，如果有意向，我们将会在××时间内通知您，请您走好，谢谢。

(2) 对比较满意的应聘者

非常感谢您宝贵的时间，我们今天谈的比较愉快，彼此也有了一定的了解，我们认为您基本符合我们岗位的要求，我们将在××时间内作出决定并电话通知您，请您回家后认真考虑下，请您走好，谢谢。

(3) 婉言拒绝不合格的应聘者

非常感谢您宝贵的时间，由于某些原因，我们认为我们目前招聘的岗位不太适合您，您的简历将进入我们的人才库，希望以后有机会和您合作。

（四）录用通知用语规范

××先生（××（女士）），您好，我是×××人力资源部××，我们经过慎重选择，决定聘任您担任××岗位工作，试用期待遇为××，不知您意向如何？

如果对方答应：请您带上您的身份证、学历职称等证件与××月××日来人力资源部报到。

如果对方拒绝：谢谢您对我们公司的关注，希望将来能有机会与您合作。

（五）甄选方式与标准规范

常用的甄选测评方法包括：面试、笔试、情景模拟、测评软件等。

(1) 面试、笔试题库分综合素质题库、专业素质题库

综合素质题库，由人力资源部门建立并不断丰富；专业素质题库由业务部门分专业建立并不断丰富。

(2) 甄选标准

从员工职业化素质与能力方面对员工进行考察，其中，职业化素质主要包括 认同理念、敬业负责、诚信正派、廉洁自律、坚持标准、严格管理，豁达乐观、心态健康、实事求是、虚心好

学等素质;能力主要包括语言与文字表达、团队合作、计划执行、沟通协调、专业应用等能力。

【案例分析】

沃尔玛招聘的启发

沃尔玛商场要招聘一名收银员,几经筛选,最后只剩三位女士有幸参加复试。复试由老板亲自主持。第一位女士刚走进老板办公室,老板便丢了一张百元钞票给她,并命令她到楼下买包香烟。这位女士心想,自己还未被正式录用,老板就颐指气使地命令她做事,因而感到相当不满,更认为老板故意伤害她的自尊心。因此,老板丢出来的钱,她连看都不看,便怒气冲冲地掉头离开。她一边走,一边还气呼呼地咒骂:"哼,他凭什么支使我,这份工作不要也罢!"

第二位女士一进来,也遇到相同的情况,只见她笑眯眯地接了钱,但是她也没有用它去买烟,因为钞票是假的。由于她失业许久,急需一份工作,只好无奈地掏出自己的一百元真钞,为老板买了一包烟,还把找回来的钱,全交给了老板。不过,如此尽职卖力的第二位面试者,却没有被老板录用。

第三位女士一接到钱时,就发现钱是假的,她微笑着把假钞还给老板,并请老板重新换一张。老板开心地接过假钞,并立即与她签订合约,放心地将收银工作交给她。老板录用了第三位面试的女士。

三位面试者有三种截然不同的应对方式。第一个面试者的心态,是多数老板最害怕的类型,毕竟,只会用情绪来处理事情的人,任谁也不敢将工作托付给他。第二位面试者的处理方式,则是最不专业的表现,虽然委曲求全的人比较有敬业精神,但万一真的遇到重大问题,老板需要的不是员工委屈与退缩,而是冷静与理性的处理能力。第三位面试者成功了,因为在这件小事上,她充分表现出敬业态度和专业能力。从"接过钱"与"发现假钱"的两个小动作中,我们便能看见她的"配合度"与"专业能力",而这才是大老板期待的最佳人选。

(资源来源:http://www. chinahrd. net/recruitment-selection/recruitment-strategy/2012/0907/173535. html)

思考题

1. 收银员岗位应具备的工作职责是什么?

2. 如果你是连锁超市的招聘主管,该如何面试一个收银员应聘者?

技能训练

模拟一次连锁经营企业人才招聘活动。

第三节　连锁经营企业人力资源培训

连锁经营企业要想健康持久的发展,不但要在招聘时注意按要求选拔人才,而且还要加强员工培训。

一、培训作用

培训能提高员工的技术能力、提高员工的操作熟练度,相应也就提高了工作效率;培训是实现人才储备的重要手段；培训能促进企业店面、各部门的协调合作，培养团队精神和整体作业意识。培训是直接达到店面操作标准的途径；是员工了解工作职责和如何胜任工作的途径；员工接受培训的多少和质量将会影响员工的工作表现以及企业的人才流失率，因此，正确有效的培训会给企业带来利润。

有效的培训能够为所有参加培训的员工提供一个学习与发展机会；同时，促进员工互相学习的氛围，提高工作绩效；使员工有提升个人能力的需求，争取好的发展机会；发掘并培养新的人力资源，帮助企业完善整个人力资源管理系统。

二、培训形式

员工培训基本上可分为岗前培训、在职培训、脱产培训和自我教育四种。

（一）岗前的培训

岗前培训是新员工在企业中发展自己职业生涯的起点。岗前培训意味着新员工必须适应新组织的要求和目标，学习新的工作准则和有效的工作行为。企业在这一阶段的工作要帮助新员工建立与同事和工作团队的关系，建立符合实际的期望和积极的态度。

1. 岗前培训作用

① 让新员工不仅了解本职工作，而且了解企业的价值观和发展目标等相关信息。

② 让新员工掌握做好本职工作所需要的方法和程序，让他们工作起来更有成效，少犯错误。

③ 使新员工增加对工作和企业良好的感觉，因为他们胜任自己的工作，还因为企业关心他们，能够帮助他们获得成功。

④ 打消新员工对新的工作环境不切实际的期望。

⑤ 增进企业管理人员对新员工的了解，让新员工更好地执行工作任务和服从安排。

2. 如何做好岗前培训

（1）明确培训目的

新员工刚到企业，迫切需要了解企业现状、未来发展方向、自己的晋升机会、自己职责是什么、应该怎么样开展工作等。因此，岗前培训的根本目的是让新员工了解企业、融入企业，并确保新员工合格上岗。

（2）制订详细的培训计划

培训计划应包括培训目的、培训科目、讲师、培训教材、培训地点、培训纪律、培训考试、培训效果评估及各自分工。中高层管理者及关键岗位应每一个岗位都有详细的培训计划。

（3）分工明确，责任到人

培训主管负责制订培训计划；组织协调，对培训过程进行监控（如审核培训教材、检查培训纪律、管理学员、组织考试、进行效果评估等）；建立培训档案等。内部培训师负责用审核通过的教材授课；课前准备考试题目，并阅卷评分等。部门主管要了解企业相关的人事政策，对准下属提出的问题进行解答，与人力资源部的口径保持一致。

（4）合理设置培训内容

岗位培训内容应包括公司简介、企业文化、礼仪、员工手册、相关制度与流程、心态、情商、岗位技能等。针对不同的岗位应合理设置培训课程，必要时还可聘请外部讲师对新员工进行培训。

（5）进行效果评估

培训实施过程中,培训主管要了解学员学习情况(能不能听懂、有没有不清楚的地方等);检查培训纪律;管理好培训档案;每堂课结束后,要让学员对内部培训师进行评价;组织学员考试,检查培训效果,确保学员合格上岗,不合格的要进行补训等。培训结束后,培训主管要组织相关人员进行总结,找到改进的方向,制定改进措施,以便下次培训时改进。

(6) 培训档案归档

培训档案包括培训教材、签到表、培训记录、考试试卷、总结报告等,培训档案是员工在本企业成长最好的见证。

(二) 在职培训

在职培训也称职工教育,是对企业内部具有劳动关系的劳动者所进行的提高教育。中国在职培训基本上采用在岗业余培训和离岗专门培训两种方式进行:在岗业余培训一般采用岗位培训、各种短期培训班、系列讲座、各类培训中心以及电大、业大、夜大、函大和高等教育自学考试等形式;离岗专门培训的具体形式,通常有各类职业中学和职工大学,或委托大专院校、科研机构进行代培等形式。

在职培训往往由上司寻找出每个人需要加以培训的部分,有计划地进行指导。从时间上来说,在职培训可理解为边工作边接受培训,不脱离工作岗位.按照每个人的能力进行实践性教育并直到学会为止。在职培训主要包括两个方面的培训内容:一是转岗培训;二是提升技能培训,即随着时代的进步、环境的变迁需随时给员工灌输新知识、新技术、新观念。具体采用的培训办法根据培训需要的不同而各有侧重。

连锁经营企业多数以店面形式出现,如果员工通过多种多样的活动接触到新的信息,那么他们的学习效果就会更好。在学习新技巧的过程中,运用的感官越多(视觉、听觉、嗅觉、味觉和触觉),掌握得也就越快。这就是为什么在培训过程中把讲解、声像资料、演练、亲手实践相结合起来的原因。因此,店面培训可以采用座谈式、课堂培训、模拟训练等多种方式。

1. 座谈式

员工在训练负责人的主持下,坐在一起提议、讨论、解决的一种方式。此种方式可以就某一具体问题或某一制度进行提议、讨论,然后达到解决的目的。

座谈式让每一位员工都能参与其中,并能发挥自己的独到见解。作为负责训练的人员,也可以集思广益。但此种方式并不是散乱无序,训练负责人一定要事先列好提纲和议题。

座谈式是店面训练中最常见和行之有效的方式,不但可以教会员工许多知识和技能,达到培训的目的;还能提供给店面员工交流的机会,并达到促进员工友好合作、内部协调团结等效果。

座谈式要定时间、定议题(或定项目)。新技术、新标准,老方法、老问题都一样可以在其中得到解决。这里需要强调的是,培训的结果是要解决问题,不能不了了之,所以作为负责训练的人员一定要经过充分的准备,不能到时候让学员带着问题离开。

2. 课堂培训

课堂培训方式范围很广,理论、实际操作、岗位技术、专业知识都可以在课堂讲解、分析。对于店面来说,各岗位的工作流程的标准、店面的营运标准、消防安全知识等都可以通过课堂培训方式进行培训。

3. 模拟训练

模拟训练主要用于工作流程复杂和工作要求严格的训练,比如,销售导购的培训。

模拟训练的仿真程度要高,其步骤、内容、设置都要与真实情况相同;否则,接受了模拟训练也不敢实际操作。模拟训练的指导老师一定要是实际操作的技术专家,这样他在模拟训练中才可能将实际操作中出现的问题一一与模拟训练对应起来，并加以提示和解决。

模拟训练需要模拟的设备和道具。作为训练人员要在训练之前准备好，并要让模拟道具尽量真实可信。

（三）脱产培训

企业的员工暂时离开现职脱产到有关学术机构或学校以及其他企业参加为期较长的培训。脱产培训的主要对象是管理人员，他们是企业生存发展的中坚力量，必须不断充电。进行脱产培训的一个重要途径是把受训人员送到高等院校内深入学习一段时间。因为对于管理层来说，重要的是理论上的进一步深入学习，而不是实际的操作培训，因此，企业应当与大专院校建立稳定密切的长期联系。除院校培训外，另一个途径是送员工到外单位接受培训，开展企业之间的合作与交流，通常这种方法适合于合作单位之间。

（四）自我教育

自我教育是指企业鼓励员工利用日常的空余时间学习。鼓励员工自主学习，不要施加个人的压力，让他们自我提升业务素质。员工自我教育搞得好，一方面可以提高员工的全面素质，有利于员工自身的成长发展，另一方面可以加强员工的团队精神。自我教育的方式有很多种，可以通过学习资料、与人交流、参加培训班、周末挂职锻炼等方式。

三、培训考核

培训考核是培训任务中必须进行的步骤。只有通过适当的培训考核，才能充分了解员工接受培训的效果；否则，员工培训就是走过场。

从培训考核的侧面也能了解员工接受新技术、新思想的适应能力，以及动脑动手的能力。通过对这方面的分析，可以对部门员工因材施教，发现店面人才，可以将其培训成店面主要骨干。对连锁经营企业来讲，一般考核方法有以下几种方式。

（一）笔试考核

培训内容如果是有关理论知识方面的，都可以进行笔试考核。笔试考核试题要注重实效性，重点要突出。

（二）实际操作考核

为了更全面地考核员工的培训情况，仅是笔试考核是不够的。员工的实际操作能力，只有通过实际操作演示并考核，才能了解清楚。

实际操作考核可以从员工的施工程序、动作熟练、标准程度上进行。作为监考的培训负责人一定要在员工演示现场，对每一个动作都要严格把关。在实际操作演示中每一个步骤可按比例给予评分，并事先列好一个评分标准。

（三）口头问答考核

口头问答考核的特点在于灵活、现场解答、全体学员都知道问题答案。此种考核，全体学员可以成为考评老师。

（四）客户反馈考核

培训之后，可以隔一段时间进行客户回访。在此期间员工经过培训后有何改变或业务素质上的提升，都可以让客户进行公正的评价，可以找到多位典型的、长期合作的客户进行沟通，最后做总体评价。

（五）培训考核评分

不管什么考核方式，评分是一件严肃的事情。作为培训负责人，都要对考核结果进行评分。培训负责人一定要本着公正、严谨的态度进行考核。

在将各种考核试题和考核方式安排好以后，培训负责人就要确定一个合理的评分标准。要保持考核结果的透明性，让学员知道自己的成绩和名次，清楚地知道自己的水平。

【案例分析】

某公司新员工培训方案

一、培训目的

(1) 让新员工了解公司概况，规章制度、组织结构，使其更快适应工作环境。

(2) 让新员工熟悉岗位职责，工作流程，与工作相关业务知识以及服务行业应具备的基本素质。

二、培训对象

公司所有新进员工。

三、培训时间

新员工入职培训期1个月，包括2～3天的集中脱岗培训及后期的在岗培训。

四、培训方式

(1) 脱岗培训。采用集中授课的形式。

(2) 在岗培训。采用日常工作指导及一对一的辅导形式。

五、培训教师

行政人事部负责人、店面经理、助理店长、在某方面具备专长和特殊技能的老员工。

六、培训教材

公司简介、公司管理制度、部门管理制度、职位说明书、案例。

七、培训内容

(1) 公司概况(历史、背景、经营理念、愿景、价值观)。

(2) 组织结构。

(3) 公司福利待遇方面(保险、休假、请假等)。

(4) 薪酬制度(发薪日、发薪方式)。

(5) 绩效管理制度。

(6) 职位说明书和具体工作规范、工作技巧。

(7) 内部员工的熟悉程度(本部门上级、下级、同事及合作部门的同事等)。

(8) 仪态、仪表服务的要求。

八、培训考核

(1) 书面考核。行政人事部统一印制，考试受训者在脱岗培训中使用。

(2) 应用考核。通过观察测试等方法考查受训者在实际工作中对培训知识或技巧的应用。由部门直接上级、同事、行政人事部共同鉴定。

九、培训效果评估

行政人事部门与新员工所在部门通过与受训者、教师、助理店长直接交流，跟踪了解培训后受训者的工作情况，逐步减少培训内容的偏差，改进培训方式，以使培训更加富有成效，达到预期培训目标。

(资料来源：http://www.5ykj.com/Article/cygwssfa/89901.htm)

思考题

1. 请问该公司的培训方案体例是否齐全?

2. 如何细划该公司的培训方案?

技能训练

请结合一家你所熟悉的连锁经营企业,谈谈该企业员工培训与开发形式,并提出你的见解。

第四节　连锁经营企业薪酬设计

一、薪酬设计概述

薪酬是指员工因被雇佣而获得的各种形式的经济收入、有形服务和福利。薪酬的实质是一种公平的交易或交换关系,是员工在向单位让渡其劳动或劳务使用权后获得的报偿。

薪酬设计是建立现代薪酬管理制度的前提和重要组成部分。是企业人力资源管理中最核心的内容之一,关系到企业的经营管理以及长远的发展。

薪酬设计是对个人劳动价值的具体体现,合理的薪酬设计能充分调动人的工作热情,激发其才能的发挥,使其获得满足感、荣誉感,进而更好地促进企业的发展壮大。

二、薪酬设计的原则

连锁经营企业设计薪酬时必须遵循一定的原则,这些原则包括战略导向、经济性、体现员工价值、激励作用、相对公平、外部竞争性等。

1. 战略导向原则

战略导向原则强调企业设计薪酬时必须从企业战略的角度进行分析,制定的薪酬政策和制度必须体现企业发展战略的要求,从战略的角度进行分析哪些因素重要,哪些因素不重要,并通过一定的价值标准,给予这些因素一定的权重,同时确定它们的价值分配即薪酬标准。

2. 成本导向原则

成本导向原则强调企业设计薪酬时必须充分考虑企业自身发展的特点和成本控制能力。它包括两个方面的含义,短期来看,企业的销售收入扣除各项非人工(人力资源)费用和成本后,要能够支付起企业所有员工的薪酬;从长期来看,企业在支付所有员工的薪酬及补偿所用非人工费用和成本后,要有盈余,这样才能支撑企业追加和扩大投资,获得企业的可持续发展。

3. 价值导向原则

连锁经营企业在设计薪酬时,必须要能充分体现员工的价值,使员工的发展与企业的发展充分协调起来,保持员工创造与员工待遇(价值创造与价值分配)之间短期和长期的平衡。

4. 激励导向原则

激励导向原则就是强调企业在设计薪酬时必须充分考虑薪酬的激励作用,即薪酬的激励效果。这里涉及到企业薪酬(人力资源投入)与激励效果(产出)之间的比例关系,企业在设计薪酬策略时要充分考虑各种因素,使薪酬的支付获得最大的激励效果。

5. 公平导向原则

公平导向原则是强调企业在设计薪酬时要“相对公平”。一是横向公平,即企业所有员工之间的薪酬标准、尺度应该是一致的;二是纵向公平,即企业设计薪酬时必须考虑到历史的延续性,一个员工过去的投入产出比和现在乃至将来都应该基本上是一致的,而且还应该是有所增长的;三是外部公平,即企业的薪酬设计与同行业的同类人才相比具有一致性。

6. 竞争导向原则

竞争导向原则强调企业在设计薪酬时必须考虑到同行业薪酬市场的薪酬水平和竞争对手的薪酬水平,保证企业的薪酬水平在市场上具有一定的竞争力,能充分地吸引和留住企业发展所需的战略、关键性人才。

三、薪酬设计的步骤

薪酬设计的要点,在于“对内具有公平性,对外具有竞争力”。连锁经营企业要设计出合理科学的薪酬体系和薪酬制度,一般要经历以下几个步骤。

1. 职位分析

职位分析是确定薪酬的基础。结合企业经营目标,企业管理层要在业务分析和人员分析的基础上,明确部门职能和职位关系,人力资源部门和各部门主管合作编写职位说明书。

2. 职位评价

职位评价(职位评估)重在解决薪酬的对内公平性问题。它有两个目的:一是比较企业内部各个职位的相对重要性,得出职位等级序列;二是为进行薪酬调查建立统一的职位评估标准,消除不同公司间由于职位名称不同或即使职位名称相同但实际工作要求和工作内容不同所导致的职位难度差异,使不同职位之间具有可比性,为确保工资的公平性奠定基础。职位评价是职位分析的自然结果,同时又以职位说明书为依据。

职位评价的方法有许多种,比较复杂和科学的,是计分比较法。它首先要确定与薪酬分配有关的评价要素,并给这些要素定义不同的权重和分数。在国际上,比较流行的如Hay模式和CRG模式,都是采用对职位价值进行量化评估的办法,从三大要素、若干个子因素方面对职位进行全面评估。不同的咨询公司对评价要素有不同的定义和相应分值。

科学的职位评价体系是通过综合评价各方面因素得出工资级别的,而不是简单地与职务挂钩,这有助于解决管理者与技术人员的等级差异问题。比如,高级研发工程师并不一定比技术研发部经理的等级低,前者注重于技术难度与创新能力,后者注重于管理难度与综合能力,二者各有所长。

大型企业的职位等级有的多达17级以上,中小企业多采用11～15级。国际上有一种趋势是减级增距(Broad Banding),即企业内的职位等级正逐渐减少,而工资级差变得更大。

3. 薪酬调查

薪酬调查重在解决薪酬的对外竞争力问题。企业在确定工资水平时,需要参考劳动力市场的工资水平。连锁经营企业以委托比较专业的咨询公司进行这方面的调查。外企在选择薪酬调查咨询公司时,往往集中在美国商会、William Mercer(美世顾问)、Watson Wyatt(华信惠悦)、Hewitt(翰威特)、德勤事务所等几家身上。一些民营的薪酬调查机构正在兴起,但调查数据的取样和职位定义都还不够完善。

薪酬调查的对象，最好是选择与自己有竞争关系的连锁经营企业或同行业的类似公司，重点考虑员工的流失去向和招聘来源。薪酬调查的数据，要有上年度的薪酬增长状况、不同薪酬结构对比、不同职位和不同级别的职位薪酬数据、奖金和福利状况、长期激励措施以及未来薪酬走势分析等。

只有采用相同的标准进行职位评估，并各自提供真实的薪酬数据，才能保证薪酬调查的准确性。在报纸和网站上，经常能看到××职位薪酬大解密之类的文章，其数据多含有随机取样的成分，准确性很值得怀疑。即使是国家劳动部门的统计数据，也不能取代薪酬调查用作定薪的依据。

4. 薪酬定位

在分析同行业的薪酬数据后，需要做的是根据企业状况选用不同的薪酬水平。

影响公司薪酬水平的因素有多种。从公司外部看，国家的宏观经济、通货膨胀、行业特点和行业竞争、人才供应状况甚至外币汇率的变化，都对薪酬定位和工资增长水平有不同程度的影响。从公司内部看，盈利能力和支付能力、人员的素质要求是决定薪酬水平的关键因素。企业发展阶段、人才稀缺度、招聘难度、公司的市场品牌和综合实力，也是重要影响因素。

5. 薪酬结构设计

真正全面的薪酬结构包括基本工资、岗位工资、绩效工资、工龄工资、福利工资、职位津贴、年终奖、股票和期权等。对于企业而言，无论采用哪种薪酬结构，但是最基本的是不能少的，那就是“基本工资＋岗位工资＋绩效工资”这种形式。

(1) 基本工资

在薪酬结构中，基本工资体现的是职位的相对价值，与岗位业绩和公司效益无关，基本工资的多少能直接影响到员工的稳定性，以及对人才的吸引力；但是，对于员工的激励效果并不佳，因此，基本工资更多的是起到吸引和保留的作用。

(2) 岗位工资

对于连锁经营企业来说，员工之间的能力是不相同的，同一个工作岗位上，有的员工做的就相当出色，有的员工就很一般，如果岗位是分层级时，通过岗位工资来拉开差距，进而引领员工之间的竞争氛围，这不仅会促进员工的进步，也会使企业的效益得到提升。

(3) 绩效工资

绩效工资是指为了起到最好的薪酬激励作用，体现在岗位的工作业绩对应的收益，即薪酬必须与员工为企业所创造的经济价值相联系。需要注意的是，不是只有销售人员才有绩效，企业里的每个岗位都可以有绩效，包括产品销售、技术类岗位。企业实行绩效工资的目的就是让员工明白，只要努力工作，就能得到更高的工资。绩效工资可以是短期性的，如销售奖金、项目浮动奖金、年度奖励；也可以是长期性的，如股份期权等。此部分薪酬的确定与公司的绩效评估制度密切相关。

综合来说，不同的连锁经营企业有不同的薪酬方案，细致程度也不完全相同，但大体上，确定岗位工资，需要对岗位做评估；确定技能工资，需要对人员资历做评估；确定绩效工资，需要对工作表现做评估；确定公司的整体薪酬水平，需要对公司盈利能力、支付能力做评估。每一种评估都需要一套程序和办法。

6. 薪酬体系的实施和修正

在确定薪酬调整比例时，要对总体薪酬水平做出准确的预算，人力资源部门需要建好工资台账，并设计一套比较好的测算方法。

在制定和实施薪酬体系过程中，及时的沟通、必要的宣传或培训是保证薪酬改革成功的因素之一。从本质意义上讲，劳动报酬是对人力资源成本与员工需求之间进行权衡的结果。为保证薪酬制度的适用性，规范化的企业都对薪酬的定期调整做了规定。

【案例分析】

某专卖店员工薪酬设计基本思路

某专卖店员工薪酬设计思路如下。

一、薪酬分类设计

1. 对本地员工的薪酬设计

一般本地员工比较在意薪酬之外的福利，如各种保险/公积金等，本地员工由于受家庭影响比较直接，在福利上比较注重；但是，由于在本地工作，住房和吃饭两大消费主项表现不明显，因此，薪酬上的关注较福利轻，在薪酬的设计上要重福利轻工资。

2. 对外地员工的薪酬设计

外地员工一般比较注重直接的收入，也就是比较关注每月拿到手里的现金，由于外地员工需要自己解决住房和吃饭两个大项消费，对现金的需求表现会很强烈，对保险和公积金等的需求不是很明显。主要是因为：一、在专卖店工作的员工一般年龄较小，对于几十年后的保险还没有意识；二、处于这个阶段基本没有购买住房的计划和实力，因此，对于公积金更没有意识。对于这样的员工，在其薪酬设计上工资一般要比有保险和公积金的同行高出一部分，一般为15%左右，这样更有利于吸引外地人才。

二、工资结构设计

专卖店员工的工资结构设计分为两部分：固定工资和浮动工资。固定工资一般是指基本工资，分为两部分，即基本工资和绩效工资。浮动工资主要是提成或奖金。基本工资就是每月固定要给到员工的工资，只要员工按照正常出勤上班，这部分工资就要一分不少给到员工。绩效工资的设计是为了考核员工日常工作而设计的，如固定工资为1 000元，我们可以把这1 000元中的800元分为基本工资，另外200元设计为绩效工资，绩效工资的用途主要是监督员工日常对于店面纪律的执行情况。日常操作中可设计成分数制，满分100分，1个分2元钱，如销售指标完成占50分，日常仪容仪表占20分，出勤占30分。在职日常操作中，根据完成情况进行打分，每月末根据份数情况给予相应绩效工资。

三、奖金设计

本月销售目标是10万元。完成6万元，奖励1 000元；完成8万元，奖励1 500元；完成10万元，奖励2 000元，超过10万元，再奖励500元等。

四、提成设计

专卖店员工的提成设计分为整店提成和个人提成。整店提成是指全店人员计提店面销售的一定比例，然后平均分配给店员。例如，一店有5名员工，提成是全店销售的2%，然后平均分配给5名员工。个人提成是指店面每月制定销售目标，然后分配到每个员工，员工根据自己的完成销售额计算提成。例如，全店销售指标10万元，平均分给5名店员，每人2万元销售指标，每名员工计提自己销售额的3%。在实际操作当中可以设计得再详细一些，例如,10 万元销售目标,5 名店员,每人 2 万元的指标;个人完成 60%计提 2%,完成 80%计提 3%,完成 100%计提 4%,超过 100%的部分计提 5%;完成率达不到 60%的,没有提成。

(资料来源:http://zhidao.baidu.com/link?url=2e179TIMsY-zXtgxPcDczFO7qr2sL2oeRUlgZfCgvdP4F1NkmbA4hb_HYZWjwxquK5SwShZPUIyeUs6SFZnuea)

思考题

该专卖店的薪酬设计思路有什么优缺点?

技能训练

结合连锁经营企业实际情况,设计薪酬体系应遵循哪些要领?

第五节 连锁经营企业绩效考核

一、员工绩效考核流程

(一) 设定考核目标

1. 设定考核目标时机

当绩效年度开始、工作职务改变、绩效目标改变时,均需进行目标设定或修订。

2. 设定考核内容

达成该职位设置目的、应完成的主要工作项目,此部分应与其职位说明书的功能相符合,项目设定应由主管与员工共同设定,并将其书面化。

(二) 制定衡量标准

目标设定应该具体、可衡量、可达成,且书面化,如完成时间、完成件数、营业额目标、净利额目标等。

(三) 绩效考核

1. 考核时间

考核时间一般考核分为年中考核及年终考核,即一年两次,也可视需要调整考核次数。

2. 考核项目

考核项目一般分为绩效考核及平时表现考核两部分。

(1) 绩效考核

绩效考核是指根据组织目标与职位功能来决定个人目标,并进而评量在此期间内的作业成果。

(2) 平时表现考核

平时表现考核是指根据人格特质、工作态度、管理风格及其他非直接与绩效相关的因素,来考核个人在此期间内的表现,作为绩效考核的辅助。

4. 绩效面谈

绩效面谈的主要目的在于正确地评估业绩,事前可让员工先进行自我评估,主管应准备充分,提供与绩效相关的资料,作为面谈的辅助工具,事后对面谈的结果要双方确认。

5. 考核分等

一般常见的考核分等可分为分数分等及排序分等两种方式。

(1) 分数分等

以分数级等作为标准,如一等为95～100分,二等为90～94分,三等为80～89分;或者优为5分,良为4分,中为3分,合格为2分,差为1分等方式。分数分等为传统的考绩分等方式,虽然较易于管理,但易流于形式而丧失绩效管理的意义。

(2) 排序分等

排序分等是以单位内人员考核分数作为排序,又称为序比法。

分数本身只有相对意义,没有绝对意义,再将排序分数进行常态分配、比例分配等,然后依照可用预算进行调薪。排序分等方式的调薪级距可固定也可不固定,较具弹性,且主管因没有绝对分数的关系,而在分数上较无困扰。

(四) 其他衡量人员效率的指标

连锁经营企业各店的经营好坏,除了营业目标及利润目标外,在人员生产力方面还有其他的方式可以衡量,一般常用的衡量指标如下。

1. 人事费用率

$$人事费用率=\frac{人事费用}{营业额}$$

用人成本是最常被用做生产力衡量的指标,不同的行业有不同的人事费用,连锁店中考虑各单店的人事费用率时,还需考虑其各店应负担总部后勤的费用率,故门市店与后勤总部的人事费用率,应予以分开计算并有不同的衡量标准。

2. 聘雇成本

$$聘雇成本=\frac{雇用费用}{雇用人数}$$

聘雇成本也是用人成本之一,招募费用包含广告刊登费用、面试选拔费用等。当平均每人的聘雇成本过高时,应该检查是否在稳定人力的因素上进行修改,这会比不断地招聘更加有效。

3. 服务店数比

$$服务店数比=\frac{门市店数}{总雇用人数}$$

服务店数比经常被用做衡量后勤生产力的指标,不同时期间的比较及同业间的比较是衡量的方法,服务店数比会随着组织变化、流程简化、资讯化程度的不同而改变。当服务店数比不断下降时,表示后勤生产力在下降,也是人员膨胀的前兆,不过在店数未达经济规模前,后勤人力的增加大于店数增加是不可避免的。

4. 工时费用比

$$工时费用比=\frac{人事费用}{总工时数}$$

工时费用比用于衡量每一个工时费用成本,一般用于各店之间的用人成本比较,经常与工时营业额比共同使用。

5. 工时营业额比

$$工时营业额比=\frac{营业额}{总工时数}$$

工时营业额比用于衡量每一个工时所创造的营业额效益,一般用于衡量各店之间工时效益,经常与工时费用比共同使用。

6.加班工时比

$$加班工时比=\frac{加班工时}{总工时数}$$

加班费用经常是单店管理中不易控制的部分，尤其是当正职人员力不足而兼职人力也未补齐时，经常会采用加班方式弥补欠缺工时。当加班工时比偏高时，需检视其整体人事费用是否正常、正职与兼职人员结构比是否合理、是否有正职人员借故加班情形等，故部分职位如店长等采取责任制方式可避免加班泛滥。

7.流动率

$$流动率=\frac{由一定期间内离职人数+新进人数}{一定时期内在职人数}$$

流动率包括离职率与新进率，合理的流动率有助于人员的新陈代谢，但是过高的流动率则是管理问题的警讯，尤其是当各店的流动率超过内部的标准值时，必须对该店进行了解。当离职率一直大于新进率时，表示人力供需有失调的现象。

二、员工绩效考核方法

员工绩效考核有多种考核方式，下面主要介绍一些适合连锁经营企业的常用的人力资源绩效考核方法。

（一）图尺度考核法

图尺度考核法是最简单和运用最普遍的绩效考核技术之一，一般采用填写图尺度表打分的形式进行。

（二）交替排序法

交替排序法是一种较为常用的排序考核法，其原理是在群体中挑选出最好的或者最差的绩效表现者，较之于对其绩效进行绝对考核要简单易行得多。因此，交替排序的操作方法就是分别挑选、排列“最好的”与“最差的”，然后挑选出“第二好的”与“第二差的”，这样依此进行，直到将所有的被考核人员排列完全为止，从而以优劣排序作为绩效考核的结果。

（三）配对比较法

配对比较法是指对每一个考核要素都要进行人员间的两两比较和排序，使得在每一个考核要素下，每一个人都和其他所有人进行了比较，所有被考核者在每一个要素下都获得了充分的排序。

（四）强制分布法

强制分布法是指在考核进行之前就设定好绩效水平的分布比例，然后将员工的考核结果安排到分布结构里。

（五）关键事件法

关键事件法是一种通过员工的关键行为和行为结果来对其绩效水平进行绩效考核的方法。一般由主管人员将其下属员工在工作中表现出来的非常优秀的行为事件或者非常糟糕的行为事件记录下来，然后在考核时间点上（每季度或者每半年）与该员工进行一次面谈，根据记录共同讨论来对其绩效水平做出考核。

（六）行为锚定等级考核法

行为锚定等级考核法是基于对被考核者的工作行为进行观察、考核，从而评定绩效水平的方法。

（七）目标管理法

目标管理法是现代更多采用的方法，管理者通常很强调利润、销售额和成本这些能带来成果的结果指标。在目标管理法下，每个员工都确定有若干具体的指标，这些指标是其工作成功开展的关键目标，它们的完成情况可以作为评价员工的依据。

（八）叙述法

叙述法是指在进行考核时，以文字叙述的方式说明事实，包括以往工作取得了哪些明显的成果，工作上存在的不足和缺陷是什么等。

（九）360 度考核法

360 度考核法是指将原本由上到下，由上司评定下属绩效的旧方法，转变为全方位 360 度交叉形式的绩效考核。在考核时，通过同事评价、上级评价、下级评价、客户评价以及个人评价来评定绩效水平。交叉考核，不仅是绩效评定的依据，更能从中发现问题并进行改革提升，找出问题原因所在，并着手拟定改善工作计划。

（十）平衡计分卡法

平衡计分卡法是一种全新企业综合测评体系，代表了国际上最前沿的管理思想。围绕企业的战略目标，利用平衡计分卡法可以从财务、顾客、内部过程、学习与创新这 4 个方面对企业进行全面的测评。在使用时对每一个方面建立相应的目标以及衡量该目标是否实现的指标。

三、员工绩效考核作用

员工的绩效考核一般会有 4 个方面的作用。

(1) 绩效考核的目的是为了检测员工的工作是否达成了企业的目标

绩效考核本质上来讲是一种过程的管理，而不是结果管理。绩效考核最终的目的是促进目标的达成。

(2) 绩效考核的目的是为发现工作过程中的问题

绩效考核实际就是一个 PDCA(Plan Do Check Action)的过程，需要不断地进行问题挖掘和问题修正，进而帮助企业提高生产效率。

(3) 分配利益

企业都会设立奖励来激励员工，那么这个时候如何分配利益就成了关键的问题。如果分配不公，会导致很多的问题出现。这个时候通过绩效考核的方式来分配就可以很好地解决这一问题。

(4) 绩效考核可以促进发展，可以促进企业和员工的共同成长

面对学习型企业的年代员工必须找到差距，然后提升自己，才能达到双赢。

【案例分析】

某购物中心绩效考核

某购物中心过去考核员工是把他们的销售业绩、卫生环境、柜组陈列、账册管理等方面的情况汇总在一起考评，根据综合考评的结果来发放奖金。这样就可能出现销售业绩单项突出的个别因素，最后综合评价分数不一定高，奖金不一定拿得多，严重影响了员工的积极

性。2013 年 9 月份起，该中心推出了一套新的改革措施。具体来说，就是首先把总奖金的 40%提出来，作为销售奖金，按销售业绩排序分档，第一名拿一档，第二名拿二档……，最后一名，如果是有客观原因（如生病、事假等）而排在最后一名，则可以按序拿最后一名的奖金，如果没有客观原因而排在最后一名，则不能按序拿最后一名的奖金，而是直落到底，拿收底奖金 50 元。其次，再把总奖金的 20%提出来，作为销售服务奖，按服务态度分档排序。再次，是拿出总奖金的 5%作为领班奖，奖励领班分配的一些临时性的、不能进入业绩考核的工作。最后，剩下的总奖金的 35%才按过去的办法进行销售、卫生、陈列、账册综合考评。不难看出，新方案与过去最大的不同是突出了员工的销售业绩，并把每个人的业绩摆在明处。

新措施实施后，确实极大地调动了员工销售的积极性，主动迎客，热情服务。2013 年 9、10 月份销售额连续增长 20%。但同时也引出了负效应：一些员工争抢销售，在一定程度上影响了团结；如来了顾客，两人同时争着上去迎接介绍情况；顾客要掏钱了，这个说是我先迎上去的，那个说他是听了我的介绍才买的。也有一些员工平时劳动态度好，只因为不善于与顾客沟通表达而销售业绩不突出，被排在了末档上，感到很委屈；排在后面的员工觉得没面子，心理压力较大。

（资料来源：http://www.chinahrd.net/performance-management/drive-implement/2004/1229/135488.html）

思考题

1. 你是怎样评价该购物中心的这项绩效考评改革措施的负面效应的？
2. 为了消除这些负面影响，你认为还有哪些工作需进一步落实？

技能训练

假如你开一家连锁超市，为其设计一份绩效考核方案。

【本章复习题】

1. 连锁经营企业如何进行人力资源规划？
2. 连锁经营企业人员招聘的程序如何？
3. 连锁经营企业员工在职培训主要有哪几种方法？
4. 连锁经营企业如何设计薪酬结构？
5. 连锁经营企业如何进行绩效考核？

第十章

连锁经营企业信息化管理

【本章介绍】

信息技术给连锁经营企业带来了新的管理变革和业务流程优化(Business Process Re-engineering,BPR),进而改变着我国连锁经营企业的面貌和内涵,使发展大规模连锁化的零售组织成为现实。连锁经营离不开现代信息技术,管理信息系统的建立与使用已成为连锁经营企业发展的基础。本章主要介绍连锁经营企业信息化管理概述以及连锁经营企业管理信息系统的构成。

【学习目标】

知识目标: 了解连锁经营企业常用的信息技术,熟悉连锁经营企业信息系统的构成,掌握连锁总店、分店以及配送中心的信息系统模块及主要功能。

技能目标: 能够熟练掌握分店管理信息系统,对连锁经营企业进行信息化管理。

【学习内容】

1. 连锁经营企业信息化管理概述。
2. 连锁经营企业总部管理信息系统。
3. 连锁经营企业分店管理信息系统。
4. 配送中心管理信息系统。

【案例引导】

同仁堂连锁管理系统

北京同仁堂连锁药店是海内外著名老字号——中国北京同仁堂(集团)有限责任公司旗下的二级独立法人药品零售经营企业,成立于2001年3月12日。连锁药店成立顺应了国家有关培育5～10个面向国内外市场、多元化经营、年销售额达50亿元以上的特大型医药流通企业集团政策,也是中国北京同仁堂(集团)有限责任公司“以现代中药为核心,发展生命健康产业，成为国际驰名的现代中医药集团”发展战略的重要组成部分。

北京同仁堂连锁药店拥有门店46家，建有快捷、高效的现代化配送中心。现有库房面积4 000平方米，其中，阴凉库650平方米，冷库20平方米。经营近万种商品，经营范围包括中成药、中药饮片、化学原料药、化学药制剂、抗生素、生化药品、生物制品。2002年全年销售额达1.87亿元。

随着北京同仁堂连锁药店规模的扩大、门店的增多，连锁结构越来越复杂，同时也产生了许许多多亟待解决的管理问题。例如，如何全面实施GSP管理；如何强化采购管理；如何提高配送中心的运营效率；如何实现连锁总部与门店的信息，及时、准确地互通互动等……解决这些管理难题，依靠传统的管理手段，已是困难重重，而管理信息化就是北京同仁堂连锁药店解决管理难题，实现管理创新的一条捷径。

2001年3月，北京同仁堂连锁药店与北京佳软信息技术有限公司（以下简称佳软）合作，开发出了北京同仁堂连锁管理信息系统。目前，该系统已在总部、配送中心和40多个门店成功投入使用，其中GSP管理功能的设置已得到了相关药品监督管理部门的认可。

（一）系统方案

北京同仁堂连锁管理信息系统以E6平台信息技术为支撑，将药品传统的商流、物流、信息流和采购、运输、仓储代理、配送、结算等环节按照科学的方法及手段紧密联系起来，形成完整的供应链管理。

北京同仁堂连锁管理信息系统基于因特网，全面融入GSP管理思想，实现多品种、多渠道的物流配送，可于其他信息系统实现集成，对配送、渠道、线路、站（中心）等进行统一规划、合理布局，能实现对药品流通的实时、动态跟踪和站（中心）、线的动态查询统计。系统适应超大型连锁及物流管理。

北京同仁堂连锁管理信息系统的开发包括4个子系统：企业总部管理系统、二级配送中心（管理中心系统）、门店管理系统、批发销售管理系统。几个系统互为独立而又紧密关联，形成统一的药品物流管理系统，具体包括采购管理、配送管理、系统管理、结算管理、价格管理、销售管理、零售管理、门店管理、GSP管理、会员管理、万能查询、报表中心、经营分析、远程通信等功能模块。

北京同仁堂连锁管理信息系统通过辅助完成GSP的达标、强化首营审批的执行、细化合同管理、统一价格管理而使管理流程得到了规范；通过实现货位管理、优化存量控制、推进效期管理、规范饮片管理，使运营成本迅速降低；通过实现统一销售控制、对客户和供应商设立信用评定制度，帮助企业规避经营风险；通过增进信息沟通、强化门店控制、提供决策支持而大大提高管理效率。

（二）系统特点

佳软的差异化软件技术主要表现为E6平台技术的先进性。E6平台是佳软利用Visual Studio.Net构建的管理软件开发的管理软件实现平台。平台完全基于因特网技术设计，采用分布式数据设计，实现业务与程序的彻底分离。基于本平台的管理软件开发，客户的需求可以快速得到实现，系统实施中的客户化工作更加简便，系统维护和提升更为容易。

E6平台的构造假设基于两点：第一，信息系统应该是被逐级、分段建立或重构的；第二，建立信息系统是一种资源性投入，是一种基于管理和实践的知识积累，构建信息系统应该形成相应的资源，而不再是企业昂贵的“消耗品”。

基于E6平台构架管理系统，最大的特点是实现了标准化、模块化、灵活化和知识化。该系统通过编码服务器自定义编码功能，可实现业务中心原子化细分的独立运作，并且可通过灵活定义的通信方式，实现各个业务环节的数据连接和交互。基于本平台的管理软件开发，基本无传统的程序代码，采用的是文本式的业务流程描述语言，开发人员、实施人员、咨询人员均可快速实现包括修订业务流程和重新定义、多样的数据组织方式、定义单据及数据格式，实现穿透式查询、灵活定义同一系统分部数据之间的数据交换、数据加密和压缩等的软件设计工作，尤其是在修改业务流程的时候，不影响后台数据库，大大增加系统的稳定性。系统可以满足客户不断变化的需求，将复杂的系统逐步分解，通过快速的实现能力解决软件项目很难顺利收尾和客户信息系统分步建设难题，从而实现了"管理软件研发"向"管理软件生产"的重大突破。

（三）实施成果与效益

通过系统的实施，北京同仁堂连锁药店效益有了迅速提高，产生了以下几方面的作用。

(1) 规范管理流程。表现在：辅助完成 GSP 的达标；强化首营审批的执行；细化了合同管理；统一价格管理。

(2) 迅速降低了运营成本。第一，引进货位管理；第二，优化了存量控制；第三，推进效期管理。

(3) 有助于规避经营风险。体现在统一销售控制和降低财务风险两方面。

(4) 大大提高管理效率。增进总部内部、总部与门店之间的信息沟通；强化了门店控制；提供了决策支持。

(5) 经济效益突出。主要表现在如下方面：

实施单品比价采购，2002 年使整体采购成本下降了 2%，约合 300 万元。

强化效期管理，优化库存结构，2002 年新增 2 000 余个品种，淘汰 900 余个品种，办理退货 611 万，降低了不良资产的形成。

商品进销存计算机管理，可节省 1～2 人/店，按每人每年 2 万元计算，门店减少 50 名人员设置，每年可节省 100 万元。

总部和配送中心引入 APN 技术，采用 ADSL 的通信方式，利用话费包月，每年可节省通信费用约 20 万元。

（资料来源：http://www.chinawuliu.com.cn/information/200407/16/150330.shtml）

思考题

1. 北京同仁堂连锁药店为什么要实行连锁信息管理系统？
2. 北京同仁堂连锁信息管理系统都包括哪些方面，给同仁堂创造了哪些效益？
3. 通过北京同仁堂连锁信息管理系统，你有哪些思考？

第一节　连锁经营企业信息化管理概述

中国连锁经营企业的信息化因受信息技术的制约，发展速度一直较为缓慢，直至进入 21 世纪，以光纤通信、局域网、广域网、互联网为载体的现代通信技术、网络技术、数据管理技术得到了极大的发展，使信息技术广泛渗入到了连锁经营企业。信息技术给连锁经营企业带来了新的管理变革和业务流程优化，进而改变着国内连锁经营企业的面貌和内涵，使发展大规模连锁化的零售组织成为现实。

一、连锁经营企业信息管理

在现代社会，信息是一个被广泛使用的概念。所谓信息是指主体对客体的认识和揭示，它包括数据、字符、文字、图形等。对于企业管理，信息已被作为管理的目标，管理者已充分认识到管理的艺术在于驾驭信息，信息的及时掌握可以产生重要经济和社会价值。

连锁经营企业标准化的实施离不开信息技术，信息技术促进连锁经营企业管理的变革。及时收集、处理、掌握和运用经营相关信息对连锁经营企业起着生死攸关的作用。

（一）连锁经营的信息

连锁经营信息是企业进行经营决策、市场开发的基础。现代连锁经营企业十分重视对信息的广泛收集和不断累积，以示有效、准确地利用商业信息，实现企业经营管理目标。

1. 企业内部信息

企业内部信息源是企业最直接、最重要的也是最及时和可靠的信息源。这些信息通常来源于企业内部各机构和各经营现场，是企业比较容易获取和把握的信息。这类信息主要包括企业自身实力、财务统计、经营管理等方面的信息。

2. 企业外部信息

与内部信息源相比，企业外部信息源比较广泛。企业外部信息源主要有：与企业管理、经营、决策等工作有关的机构；各种文献资料；广告和新闻媒体；各类数据库系统；广泛的社会关系等。这类信息主要包括市场信息、环境信息、竞争对手信息、预测信息、反馈信息等。

（二）连锁经营信息的收集与处理

连锁经营信息的收集可以通过以下途径实现：企业本身拥有的计算机信息系统；公开的大众传媒；行政和业务关系；各种有组织的信息网络；广泛的社会人际关系。

现代连锁经营企业与传统企业的一个明显区别就是集中与分散相统一。信息的获取固然重要，但若不能使这些信息在网络中活跃而畅通，连锁经营企业的业务也就无法实现高效运作，其群体优势也无法突出，规模效益也就无法实现。因此，要想充分利用这些信息，连锁经营企业就必须引入先进的信息管理理论，借助完善的计算机管理信息系统实现科学化、规范化经营。

二、连锁经营企业信息化的内容

根据 2010 年底的统计数据，中国 80％以上的中大型连锁经营企业已建立了系统开发的前台 POS 系统和后台的 ERP 管理系统。40％的企业已采用了商业自动化技术、现代通信技术和网络信息化技术相结合的数字化管理系统集成的阶段。这说明国内连锁经营企业管理者对于信息化策略还是有所注重的。

但从技术应用的程度上看，中国连锁经营企业的信息化程度较低，在销售、管理、财务、客户关系管理及数据挖掘等系统的应用上落后于国外企业。有资料显示，国内零售企业在信息技术上的投资所占零售总额的比例还不到 0.2％，而国际零售巨头都在 2％以上；而且企业缺乏对市场、资金流、物流的总体控制能力。上述情况说明中国的连锁信息化策略还很不完善，还有待加大投入。

连锁经营企业信息化管理系统建设必须要满足其在基本管理信息、决策支持信息以及增值服务信息方面的需求。

(一) 基本管理信息

基本管理信息是指在系统实施的过程中必须将任何一个连锁经营企业正常运转所必须的基本信息在信息化管理系统中的有效集成和使用。连锁经营企业的基本信息一般由总部、配送中心以及门店组成,它们各自承担着不同的角色和任务。要实现连锁经营企业的经营目标,必须各个部分的业务进行高效率的协调配合,保证整个企业系统在业务流程上的有效顺畅地运转。企业的业务活动流转的通畅必须依靠信息流,包括企业在完成各项正常的业务活动过程中所产生的各种信息以及相关部门的信息需求。

(二) 决策支持信息

决策支持信息是支持企业决策支持系统的根本,决策支持信息则来源于基本管理信息以及外部信息的筛选、整理和分析,将企业通过系统所获取的内外部信息进行二次加工,为企业提供战略决策支持。基本管理信息主要是企业内部作业层和管理层的信息,外部信息主要包括外部宏观经济环境、行业信息、相关行业的政策法规等。连锁经营企业管理的战略决策是一个非常复杂的过程,涉及到各种复杂的对象和多变的环境,决策大部分主要是半结构化或者非结构决策,其数量和质量直接影响管理者的战略决策。

(三) 增值服务信息

增值服务信息,包括连锁经营企业所掌握的制造业、批发业、零售业的有关商业信息,并对这些信息进行二次加工分析,为企业提供战略决策上的支持,同时还利用计算机网络为上述商业用户提供有偿的信息检索、咨询服务方面的信息。增值服务可以在帮助进行决策的同时,帮助企业进行经营业务范围的拓展,额外提高企业的收入,降低企业运营的成本,为企业的信息资源提供更加充分的开发使用。

从以上三个层次可以看出,连锁经营企业信息系统的建设实际上就是要解决以下 4 个平台建设的问题。

① 信息交互平台建设。即为顾客、供应商和本企业提供信息交互共享的服务。

② 业务处理平台。即为连锁经营企业作业人员提供一个业务处理的技术平台。

③ 控制平台。管理者通过这个平台对连锁经营企业生产运营等各个环节进行控制。

④ 决策支持平台。决策者通过这个平台所提供的各种信息资源进行科学合理的经营管理决策。

三、连锁经营企业信息管理技术

随着连锁经营企业的不断扩大和发展,业务领域、经营内容和服务质量也会不断提高,所需要的经营信息、服务信息也更为完整、全面和灵活。

(一) 连锁经营企业信息管理系统的设计原则

1. 先进性与成熟性

信息技术尤其是软件发展迅速,新概念、新体系、新技术迭相推出,这造成了新的、先进的和成熟的技术之间的矛盾。而大规模、全局性的应用系统,其功能和性能要求具有综合性。因此,在设计理念、技术体系、产品选用等方面要求先进性和成熟性的统一,以满足系统在很长的生命周期内有持续的可维护和可扩展。

2. 实用性与兼容性

在开发中要充分考虑系统的实用性,开发出的系统必须自然、易操作,满足行业的习惯。在业务上,遵照业务规范;在技术上,遵守技术规范。同时,要考虑到系统涉及的地域广、人员多，系统设计时必须考虑系统的易维护和管理性，应能保证系统在运行过程中出现故障时能够快速、准确地定位和排除，同时使系统具备远程维护的能力。软件界面应简单、美观、容易理解，易于掌握。

此外，连锁经营企业在设计时不仅要考虑满足企业目前管理的需求，而且还要考虑到技术升级后现有系统应能自动适应新的版本，不会造成升级后无法使用的情况。

3. 开放性与安全性

开放性是现今计算机技术发展过程中形成的一种建立大系统、扩大系统交流范围的技术原则。系统的开放性就是指系统结构的开放性、连接的开发性、协议的标准性以及应用的开放性，开放性的考虑要贯穿于系统的整个规划、设计全过程。

系统还必须保证数据信息的安全性和保密性。保证系统在运营过程中管理的各种资料的信息安全，保证系统业务管理体系的安全。

(二) 常见的信息管理系统

目前，连锁经营企业的管理信息系统多是以通信联网系统为中心，采用客户机/服务器结构，并采用 POS、EOS、EDI 等技术手段连接零售业、批发业和制造业。常见的信息管理系统主要有：POS、EDI、EOS、MIS、VAN。

1. POS

通常提到的 POS 其实有两种：一种是指银行应用的 POS 机或 POS 系统(Electronic Fund Transfer Point of Sales System，销售点电子转账服务作业系统)；另一种就是本章要介绍的连锁经营企业信息管理中的 POS 系统。

POS(Point of Sales)，即销售时点信息系统，主要负责销售数据的采集。POS 是一种多功能终端，采用条形码技术使设备与收款机联合进行销售数据的实时输入，采用信用卡技术使刷卡设备与收款机联合进行商品销售的实时结算，可以实现及时跟踪处理销售与结算支付业务，并对这些数据进行详细、准确而迅速的分析，为采购和经营管理提供数字依据。

2. EDI

EDI(Electronic Data Interchange，电子数据交换)是指用一种国际公认的标准格式将相关信息形成结构化的事务处理的报文数据格式，通过通信网络使商业贸易伙伴之间进行数据交换与处理，并完成以贸易为中心的全部业务过程。EDI 通常包括买卖双方数据交换、企业内部数据交换等。

3. EOS

EOS(Electronic Ordering System，电子订货系统)是指用户、流通中心、生产企业之间利用通信网络和终端设备以在线联结的方式进行订货作业和订货信息交换的系统。EOS 实施的关键是信息的标准化。

4. MIS

MIS(Management Information System，管理信息系统)的作用是将 POS 收集来的信息进行分析、存储、加工，从而对连锁经营企业运营中的进货、储存、销售、合同、财务、人力资源信息进行管理，辅导企业各级管理人员实现对商流、物流、资金流的有效控制和管理。特别需要提醒的一点是，目前，MIS 并没有统一的标准，企业是根据其商业环境及自身状况来决定合适的 MIS 结构、控制规模等。

5. VAN

VAN(Value Added Network，增值网络)是指将制造业、批发业、零售业等之间的信息，通过计算机服务网络来相互交换的信息系统。其最大特点是通过计算机服务网络，使不同企业、不同的网络系统可以相互连接，从而使不同形式的数据交换成为可能，为数据使用者提供交换数据的服务。

【案例分析】

企业社交软件可助力连锁经营走出“自闭症”

“我们现在是潮汕本土最具影响力的手机连锁品牌，有40多家门店。”星宇电讯连锁有限公司(以下简称星宇)的首席运营官姚志鹏说，“我们遇到的困难大多数企业都遇到过。”

跟大多数连锁经营企业类似，随着员工和门店数量的激增，星宇出现企业管理的五大难题：市场信息传达失真、总部管控力度不足、管理成本持续增加、工作效率难以提升、企业文化活力不足。而与其他企业不同的是，星宇开始探索一种低成本、见效快的解决方案——私密的企业社交网络。

1. 私密的企业社交

在使用企业社交网络之前，星宇也有内部沟通QQ群，“这种讨论方式不聚焦，容易变成闲聊。”姚志鹏说，QQ群的讨论记录很难整理成知识共享，文档分享不太方便，没有表扬、赞赏等社交元素，也无法塑造企业文化氛围。

2011年底，公司管理层专门针对企业社交召开了讨论会。在此次会议后，星宇开始在新浪微博上展开企业社交的尝试。“但是交流一段时间后不算成功。”姚志鹏说，“我们的目的是员工之间、供应商之间的社交，毕竟新浪微博是一个对外的窗口，涉及到很多的朋友圈、客户圈。内部的信息很容易被覆盖掉，也没办法完全公开。随着应用的深入，很多工作方面的社交化企业应用在新浪上也比较难实现。”

星宇开始意识到自己需要的是一个私密的企业社交网络。2012年，星宇在考察了几家国内的企业社交产品之后，正式开始推进使用金蝶微博(KDweibo. com，后来升级为“云之家”)。

2. 无社交，不工作

为了推动全公司所有门店的使用，星宇以公司发文的形式，要求主管及以上、区域经理及店长以上员工，每天必须使用内部微博来进行业务交流。具体措施包括：每人每天至少发布两条信息；店长助理和储备干部，每天必须发布1条微博；未按照要求来发布的相关人员，将按照每条10元来罚款，并扣除对应门店1点积分。“我算是发言积极的，也还是被扣过50元，后来形成习惯就好了。”姚志鹏笑道，“不过，云之家帮助员工在其他方面避免了罚款。”

众所周知，零售连锁是做细节、做执行的行业，在门店管理执行中会有负激励，包括采购价格、零售卖高价格或卖低价，都涉及罚款。“之前的OA流程传递费时费力，一个制度出来后很难让全体员工了解，被罚后也不服气。”通过企业社交，信息可以很迅速地传递到所有员工，大家分享自己的心得，为公司营造了相互协作的公司文化，也使得门店之间、门店与总部之间、员工与员工之间的协作更为高效。

同时，企业社交在市场信息共享、门店陈列管理、客服经验分享、员工关怀、企业培训等方面都取得了良好效果。

星宇代理的手机产品通常有四五百个型号，不可能每个型号都能掌握到价格。“我们每天都在巡店，出差在外，掌握了一些价格，通过企业内部微博可以更好地交流市场信息，并传达给分店和员工。”姚志鹏说，“比如说我们要从几款产品中选一款进货，哪款产品比较好卖，我们现在都会发起投票，以前 10 个人的采购部，现在变成几百人的采购部，大家都给予意见。”

现在星宇的优秀员工晋升为储备店长的时候都会通过微博投票。以前参与评选的都是管理层，现在有了企业社交，普通员工都可以参与进来，选择过程公正、公平、公开。各门店建立团队账号，每天早上开门上传门店陈列照片，确保门店布置和商品摆放符合公司的统一规定。

“现在每天活跃的有 200 多人，日均微博有 120 多篇，比如有的员工今天卖了多少台手机，用什么方法卖的，然后在云之家上晒一下，其他员工都会对这些非常感兴趣。员工的工作积极性得到提高。”姚志鹏说，“对我们企业来说，真的发生了比较大的改变。各个部门像零售部、市场部、采购部都有小组进行内部信息的沟通，执行力提高不少。”

如图 10-1 所示，秘密的企业社交网络不仅帮助星宇公司成功解决了连锁经营企业管理的难题，而且成为星宇成长的助推剂。

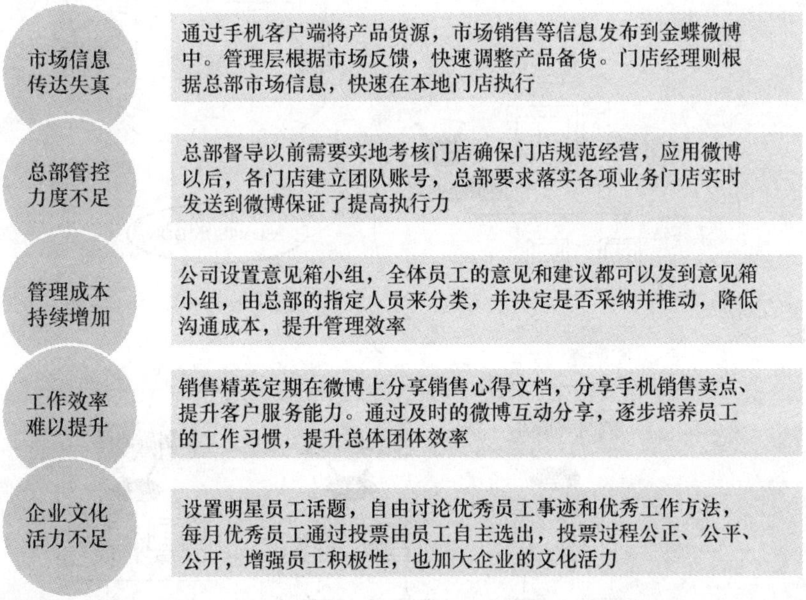

图 10-1　企业社交网站功能

（资料赤源：http://news.xinhuanet.com/tech/2012-08/21/c_123609398.htm）

思考题

1. 星宇的软件给企业带来了哪些转变？

2. 你如何看待星宇的这些转变？

技能训练

1. 调查你所在学校区域的连锁超市，它们在经营过程中是否采用的信息系统？如有都是什么？

2. 通过你的调查，能否为连锁经营企业的信息管理提出建议？

第二节　连锁经营企业管理信息系统

连锁经营企业管理信息系统由总部管理信息系统、连锁分店管理信息系统、配送中心管理信息系统及远程联网系统等四部分组成。每一部分都采用局域网络，各部分之间则采用广域网络，通过通信线路、电话线或其他传输介质实现异地数据通信。

连锁经营企业管理信息系统结构与网络，如图 10-2 所示。

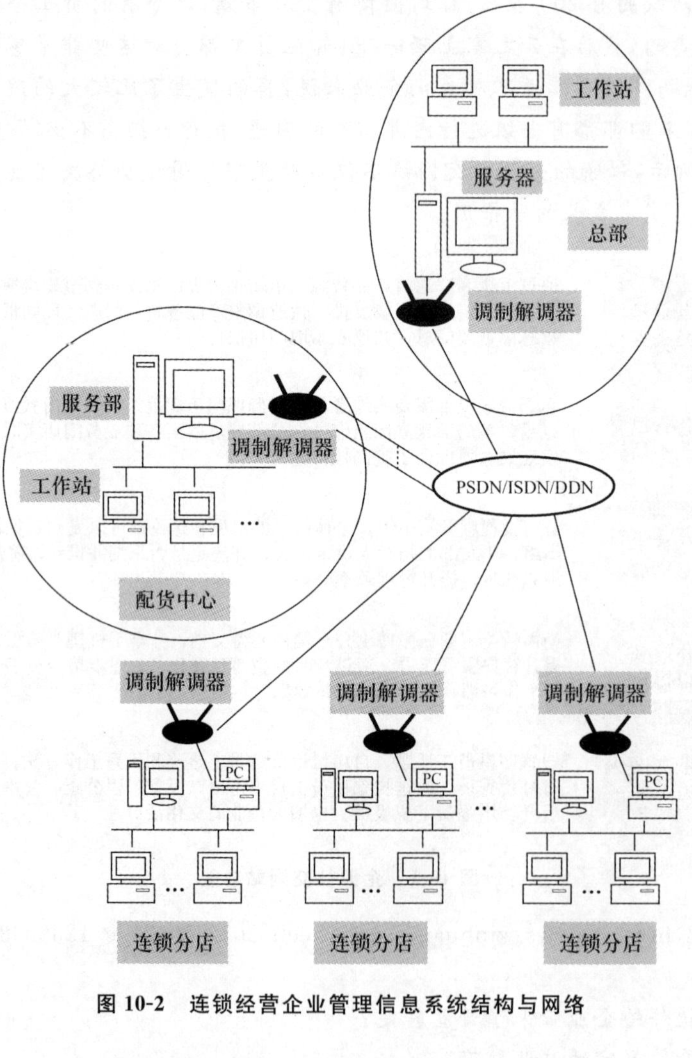

图 10-2　连锁经营企业管理信息系统结构与网络

一、连锁经营企业总部管理信息系统

连锁经营企业总部管理信息系统主要包括基础资料管理子系统、进货管理子系统、销售管理子系统、财务会计管理子系统、库存管理子系统、商品进销存分析子系统、人力资源管理子系统、连锁总部决策支持系统。

（一）基础资料管理子系统

基础资料是连锁经营企业开展日常工作的前提。只有准确及时地更新基本档案信息，才能保证连锁经营企业高效有序地完成工作。系统基础资料一般集中在商品资料、供应商客户两个方面。资料的建立、更改、删除都需要经专人填写，经签字确认后由系统维护人员进行系统资料的相关操作，系统将对相关操作事项、操作时间及操作人员进行自动记录。

（二）进货管理子系统

进货管理子系统，有时也称为订货系统，是为连锁经营企业采购部门定制的业务模块，协助采购人员开展日常的采购的退货等工作。进货管理系统的主要功能包括汇总分部的采购计划、结合库存情况和市场供应情况进行采购分析、制订采购计划、统一向供应商采购商品。

（三）销售管理子系统

销售管理子系统主要业务包括价格管理和销售信息管理等。价格管理主要包括查询市场价格信息，确定商品价格并供查询、修改，根据各分店的 DM(Direct Mail，快讯商品广告)促销计划制作相应的促销计划单、零售特价单、固定时间特价等。销售信息管理则是指对各分店的商品销售情况进行监督与管理，包括对零售情况的管理和对批发情况的管理。销售管理子系统的功能主要为按部门或商品类别汇总的销售信息，查询以商品为单位汇总日销售数量、金额、折扣等信息，查询按不同促销手段所产生的效果汇总销售信息等。

（四）财务会计管理子系统

财务会计管理子系统包括商品核算、会计核算、财务管理三个部分。财务会计管理的主要功能是核算商品进价成本，核算库存商品的实际成本及其变动；对连锁经营企业与供应商和客户之间的往来款项进行核算管理；计算与分配企业利润；进行资金分析；完成财务报表以及各项财务指标的计算与评价。

（五）库存管理子系统

库存管理子系统是对仓库商品实物进行管理。库存管理主要包括库存报表、批次库存表，以及盘点、组合拆分、库存调整等业务，并可对出入库业务进行查询及统计，保证库存在品种、规格、品牌、品质、数量、包装等各方面均符合要求。

（六）商品进销存分析子系统

通过商品进销存分析子系统，连锁经营企业管理人员可以及时发现企业经营中的问题，找出差距及原因；并对销售趋势做出预测，进行预先控制。商品进销存分析的主要内容有：总部配送中心与门店间的补货、调货分析；商品进货和进货合同执行情况分析；库存分析；销售品种分析；进货、库存管理费用分析；利润计划完成情况分析。

（七）人力资源管理子系统

人力资源管理子系统主要包括人事制度管理、职工档案管理、职业业绩管理、奖惩管理、培训管理、薪酬管理等。

（八）连锁总部决策支持系统

连锁总部决策支持系统是辅助管理者进行决策，以提高企业管理水平。系统对业务数据的分析处理，产生各类分析报表，提供方便的人—机对话接口，帮助决策者在制订决定时解决问题，支持决策者的决策判断，提高效率。

以上系统不仅要对其各职能部门实行管理，更重要的是指导、协调各部门之间的业务及采集配送中心、各连锁分店的信息，以便正确决策、统一指挥。

二、连锁分店管理信息系统

连锁分店管理信息系统通常由POS和后台管理系统组成，其主要功能包括收款机管理、补货管理、到货管理、盘点管理、数据统计、会员管理、系统管理、货位管理、销售管理、条码管理。

（一）收款机管理

通过对收款机进行管理，连锁分店可以实时监测POS机状态，清楚了解每次收付款的情况，方便财务部门对应收、应付款的控制与核对。

（二）补货管理

当连锁分店商品缺货时，可进行人工补货、利用系统补货申请单自动补货；可查询商品配送情况统计表和配货单统计报表。

（三）到货管理

到货管理可对连锁分店提出的补货申请商品进行到货处理，完成该申请的到货输入、确认和查询。

（四）盘点管理

盘点管理主要包括盘点清单生成、盘点清单打印、盘点数量输入、数据采集器数据的导入、漏盘商品打印、盘点商品确认、盘点结束确认、盘点损溢统计、库存成本查询等功能。通过盘点，可帮助连锁分店做出补货、促销等建议，并可在各连锁分店之间调配商品，使各连锁分店的库存趋于更加合理。

（五）数据统计

数据统计主要包括对商品到货、调拨、销售统计、毛利率统计、畅滞销商品查询、商品销售ABC分析、品项分析统计、库存周转率的分析、商品交叉贡献率的分析、销售日报表分析、销售周报表分析、销售月报表分析、供应商的销售情况统计比较、员工工作量和考勤分析等。系统将相关资料汇总到各相应的部门，方便其操作自动算账和生成报表。既方便了分类使用，又方便了控制与统计查询。

（六）会员管理

会员管理主要包括会员信息记录、会员卡管理、会员消费信息管理、客户信息管理等。

（七）系统管理

系统管理主要包括系统参数设定、月末结转等数据管理、权限设置等。

（八）货位管理

货位管理包括商品货位维护、货架人员维护、商品货位统计功能。

（九）销售管理

销售管理包括对任意时段的销售日报、周报、旬报、月报、季报、年报等情况的统计、比较、打印等功能；包括对销售排行情况、收款员业绩、收款机销售情况的管理。

（十）条码管理

条码管理对业务中涉及到的所有单据都采用行业专用的分色分码的输入和输出格式。条码打印主要是店内码的打印，也可进行商品原有条码的打印。系统可提供多套货品条码的生成的识别功能，对货品进行条码的管理，防止窜色窜码的现象。

三、配送中心管理信息系统

配送中心管理信息系统主要包括订单管理子系统、仓储管理子系统、配送管理子系统、运营绩效管理子系统、财务结算管理子系统等，其目的主要在于实现商品库存的静态和动态管理，统一调度商品流向、车辆运输及仓储管理等。

（一）订单管理子系统

配送中心的运作是以连锁经营企业订单为核心展开的，订单处理对配送中心至关重要。其订单管理子系统包含出入库订单处理和订单数据转换两大模块，涉及到的作业主要是对总部及门店订单的处理。具体体现在入库和出货订单的处理，相应的订单处理生成入库计划和发货计划，EDI数据转换。

（二）仓储管理子系统

仓储管理子系统主要包括采购入库、理货管理、销售分析与预测、流通加工与包装规划、出库管理、仓储管理六个功能模块。其中，采购入库管理又分为入库作业管理和采购管理两个子模块，分别对商品入库作业流程和商品采购流程进行管理。理货管理主要负责商品入库后的货物检验和复核，仓储区、货位的安排及货物在库保管维护、码放、备货、盘点作业相关的信息和流程的管理。

仓储管理是配送中心系统的核心，它为订货系统提供数据依据。仓储管理的目标是提高库存精确度；合理适时地补充库存；将库存损耗降到最低。

（三）配送管理子系统

配送管理子系统的主要功能是对配送计划、车辆调度、配送装车、在途监控和配送签收进行管理，完成供货商与配送中心之间、配送中心与各分店之间商品的运输配送业务。

（四）运营绩效管理子系统

运营绩效管理子系统由资源管理、运营管理以及绩效管理三个模块组成。

（五）财务结算管理子系统

财务结算管理子系统的主要功能是对应付账款管理、配送费用结算管理、工资管理、财务报表管理、费用设置管理等。

四、远程联网系统

远程联网系统是沟通总部、配送中心、各连锁分店之间的信息交流桥梁，是整个企业成为一个有机整体、发挥规模效益的重要环节。通过总部，配送中心和各连锁分店三部分管理信息系统的联网，总部能够及时获得配送中心和各连锁分店的有关业务资料，并能及时将有关信息反馈给配送中心和连锁分店，以加速信息的流转。

【案例分析】

信息化7年铸剑京客隆，实现“透明式”运维管理

京客隆高层非常关注信息技术发展及应用，积极推进信息化建设。

京客隆现已依靠信息技术，实现整个总部与门店之间、总部与配送中心之间、总部与网

站之间的物流信息的共享和交换，实现了“统一订货，统一配送，统一结算，统一定价”的管理模式，并在此基础上，建立了数据仓库进行数据采集、数据挖掘及数据分析。业务自动化通过引入商业自动化系统，京客隆达到了“三低三高”的经营目标，即低成本、高效能；低利率、高销量；低价格、高回报，做到了经营理念统一、企业识别系统统一、商品和服务技术统一以及经营管理动作统一。

根据简单化（Simplification）、专业化（Specialization）和标准化（Standardization）的3S管理原则，结合北京总部、配送中心、门店及网站的不同功能，整个京客隆商业自动化信息管理系统划分为总部管理系统、配送中心管理系统、门店管理系统及供应链管理系统四大部分。

上述四个系统之间通过信息技术达到了无缝连接，也使整个京客隆业务流程也完全实现了自动化，比如京客隆门店通过自动补货形成的订货单，每日会自动传到总部采购中心。系统在约定的时点进行自动分单，分别将订单传给配送中心和京客隆网站的供应链系统；门店可以随时看到订单的处理过程，包括审批情况、出库情况、在途、在订信息等；配送中心接到采购中心传来的商品订货信息后，在配中心的管理系统内自动分拣，出库后自动加计门店库存；厂家在京客隆网站上下载本公司的订单信息，进行拣货，配货工作；在实物验收后，验收信息自动回传到公司的结算中心，进行统一结算；所有的业务数据最终由系统自动转入财务系统，形成公司总的经营账目。

通过使用京客隆商业自动化信息管理系统，京客隆切实体会到信息化建设带来的显著效果。京客隆实施信息化建设的战略，在业务发展和市场占有率提升上取得了很大的成果。一方面，在信息系统的带动下，整个公司的工作效率大大提升，以往烦琐的业务流程变成了自动化和智能化，极大地降低了物流成本；另一方面，新开的分店在自动化、智能化的信息系统的带动下，很快进入了一个良性循环，继续高速、健康发展。运维管理由黑匣子变成了玻璃缸。

随着业务量的不断增加，企业的数据量也在呈几何数级的增加，对服务器、网络平台、数据库等核心设备的反应速度和安全性都提出了新的要求。为了保证核心业务系统的高效稳定运行，对京客隆的信息运维管理能力提出了重大的挑战。系统项目期时的“救火队”式运维管理方式，已不能维护信息管理的权威；在系统不能正常运行时，只有运维人员才知道发生了什么问题的“黑匣子”方式，丧失了企业对信息管理的监督力。

怎样才能让运维管理透明，怎样才能让运维主动出击，怎样才能使CIO高枕无忧，京客隆采取了一系列措施。

第一，为了保证核心数据的安全性，公司对总部、门店、配送中心、网站的服务器定期进行系统备份及数据备份，特别是对总部服务器的数据进行了异地备份。为了保证核心业务不间断运行，对关键服务器及核心网络系统都使用了双机热备的方式。为了提升核心系统的运行效率，公司使用了应用服务器及数据服务器分离的方式，达到了负载均衡。

第二，在保障了关键设备的稳定运行之后，而日常网络管理、设备运行状况、数据库运行状况及各种应用系统的运行状况不可能通过人工的方式进行每日巡检。而任何一个设备出现的微小问题，都可能造成重大的业务损失，面对前方消费者不能承受等待，甚至十秒钟不能收款的压力，面对如此庞大的信息应用系统及几千台设备的管理，京客隆应如何应对？虽然服务器、网络设备等基础平台的正常运行非常重要，但是公司更为关心的还是维系企业命脉的应用系统。京客隆的信息化建设已经非常完善，但是也很庞大，延伸到了企业的各个角落，应用系统已经成为最关键的业务运转通道。这些应用系统不仅类别众多，而且涉及到的部门、地域和人员也非常广泛，如何保障它们的高效运行，是京客隆一直都在积极思考的问题。只能从应用可用性、系统资源占用和数据库性能指标三个方面进行全面的监测管理，来确保企业应用系统的高效运行。

为此，京客隆采用北京游龙科技的 SiteView 一体化解决方案，对运维管理的各种设备及应用进行全面的监测管理。SiteView 一体化解决方案采取集中非代理式监测，对被监控对象的添加、删除非常方便，可将网络设备、服务器、应用系统等分组管理，提供方便(如资源管理器一样)的树型视图，还可以在京客隆任何地方随时通过浏览器远程管理。现在对京客隆的各种 Unix、Windows 服务器、Informix、Oracle、DB2 等大型的数据库，Websphere 等各种应用都添加监测器和分组管理，并通过拓扑管理实时监控网络状况，从而帮助京客隆商家轻松、简单地管理复杂的企业信息应用。在 SiteView 开始应用后，它帮助运维管理人员有效地预防或发现故障，警报将通过声音、Email、手机短信息、Post、脚本甚至光电等方式及时发送相关人员，实现责任到人，明确管理。同时，京客隆在 SiteView 的系统模式下，搭建了呼叫中心系统，该系统在出现故障时启用，京客隆系统内的各种故障都在该平台进行报障，系统将故障及时、准确地通知到运维人员(包括京客隆信息中心运维人员及各种设备、软件的外包商)，并跟踪故障解决的全过程，直到故障及时有效地解决。而且该系统可以记录下来所有设备的使用状态，完成设备配置管理的功能，为设备维修、报废、更新提供依据，也可以即时统计解决故障的时效、各种设备发生故障的频率、常见故障的解决方法等，这样不但可以完成对运维人员的量化考核，也可以有凭有据地进行外包商的考核，而且将各个运维人员的工作经验及技术知识沉淀下来，传承运维管理的技术能力，大大提高了运维人员解决问题的技术能力及严格考核的管理能力。

总之，以前运维系统内性能状况好比一个黑匣子，公司无法直观了解系统的具体资源占用、性能状况及运维人员对系统故障的反应能力和故障的解决能力。通过一体化的系统管理软件，实现了透明监测和量化管理，明显提升了运维管理人员的工作效率，让运维管理由黑匣子变成了玻璃缸，很好地提升了对京客隆商业信息系统的控管能力。

(资料来源：http://www.mallchina.net/new_48660.shtml)

思考题

1. 京客隆是如何进行信息化建设的？
2. 信息化建设给京客隆带来了什么？

技能训练

通过参观企业了解连锁经营企业的管理信息系统的构成及主要功能。

【本章复习题】

1. 连锁经营企业信息化的内容有哪些？
2. 连锁经营企业信息管理系统的设计原则有哪些？
3. 连锁经营企业信息管理系统由哪些部分构成？

参考文献

[1] 罗银舫，周敏，许海川. 企业连锁经营管理[M]. 大连：东北财经大学出版社，2013.

[2] 魏国平，缪兴峰. 连锁经营管理原理与实务[M]. 广州：华南理工大学出版社，2011.

[3] 邓汝春. 连锁经营管理原理[M]. 北京：电子工业出版社，2007.

[4] 王吉方. 连锁经营管理教程[M]. 北京：中国经济出版社，2004.

[5] 杨高英，宁秀君. 连锁企业经营管理与实务[M]. 北京：化学工业出版社，2012.

[6] 马龙龙. 流通产业组织[M]. 北京：清华大学出版社，2006.

[7] 季建华，邵晓峰. 物流案例[M]. 北京：高等教育出版社，2008.

[8] 朱菁. 沃尔玛与家乐福[M]. 北京：中国经济出版社，2006.

[9] 将令，杨立佳. 连锁经营管理基础[M]. 北京：机械工业出版社，2008.

[10] 王吉方. 连锁经营管理——理论・实务・案例[M]. 北京：首都经济贸易出版社，2010.

[11] 谢福星. 连锁经营原理与实务[M]. 北京：化学工业出版社，2008.

[12] 于恬，胡启亮. 连锁经营管理原理[M]. 北京：科学出版社，2008.

[13] 方名山. 连锁经营原理[M]. 北京：高等教育出版社，2008.

[14] 王槐林、刘明菲. 物流管理学[M]. 武汉：武汉大学出版社，2010.

[15] 黄中鼎. 现代物流管理[M]. 上海：复旦大学出版社，2009.

[16] 李锋，陈锦红. 采购管理必备制度与表格[M]. 北京：化工大学出版社，2011.

[17] 杨顺勇，魏拴成，郭伟. 连锁经营管理[M]. 上海：复旦大学出版社，2008.

[18] 赵晓明. 连锁企业商品采购[M]. 北京：北京交通大学出版社，2010.

[19] 国际商务职业资格考评委员会. 连锁经营管理师培训教程[M]. 北京：中国经济出版社，2007.

[20] 闫岩. 人力资源管理[M]. 北京：北京师范大学出版社，2011.

[21] 约翰・M. 伊万切维奇. 人力资源管理(英文版・第 9 版)[M]. 北京：机械工业出版社，2005.

[22] 胡贵彦，孙前进. 连锁企业采购与配送管理[M]. 北京：中国发展出版社，2010.

[23] 蒋祥龙. 连锁经营管理实务[M]. 北京：化学工业出版社，2010.

[24] 寇长华，曾庆云. 连锁企业物流配送管理[M]. 北京：中国财政经济出版社，2008.

[25] 寇长华，曾琢主编，连锁企业信息管理系统[M]. 北京：科学出版社，2009.

[26] 陈拥军. 连锁企业信息系统管理[M]. 北京：北京大学出版社，2009.

[27] 谢翠梅. 连锁企业采购管理[M]. 北京：对外经济贸易大学出版社，2010.

[28] 叶素贞. 麦当劳标准化管理手册[M]. 广州：广东经济出版社，2007.

[29] 乔赢. 永不言败——我挑战了麦当劳[M]. 北京：北京大学出版社，2005.

[30] 彭娟. 连锁经营管理基本原理与实务[M]. 北京：中国水利水电出版社，2011.

[31] 马凤棋,王菲.连锁经营管理原理与实务[M].大连：大连理工大学出版社,2011.
[32] 中国特许第一网,http://www.texu1.com
[33] 中国连锁经营协会,http://www.ccfa.org.cn
[34] 中国连锁经营实战网,http://www.flyhorses.com
[35] 国际加盟网,http://www.jm178.cn
[36] 中国加盟服务网 http://www.365jmw.com
[37] 中国百货商业协会 http://www.ccagm.org.cn
[38] 中国商务部 http://scjss.mofcom.gov.cn
[39] 连锁之家 http://www.chainus.com.cn
[40] 美国国际特许投资网 http://www.betheboss.com.cn